식품위생법 해설

BARUN LAW
법무법인(유한) 바른

법무법인(유한) 바른 식품의약팀

FOOD SANITATION
ACT

박영사

머 리 말

우리나라의 식품산업은 해마다 발전하고 있습니다. 2017년 기준 식품산업 생산은 약 75조원에 달하며 이는 국내 제조업 총생산 중 15.7%에 해당합니다. 2016년 대비 4% 증가한 수치입니다. 사람들의 생활방식, 식습관 등이 변화함에 따라 가정간편식(HMR), 고령친화식품, 기능성식품 등 새로운 시장이 창출되고 있고, 여기에 한류열풍에 힘입어 국내 식품제조 회사들이 활발하게 외국 시장에 진출함에 따라 우리나라의 식품산업은 앞으로 더욱 발전할 전망입니다.

그리고 이와 같은 식품산업의 발전, 새로운 식품 또는 식품첨가물의 등장과 함께, 식품으로 인하여 생기는 각종 위생상의 위해를 방지하고, 식품영양의 질적 향상을 도모하며, 국민들에게 식품에 관한 올바른 정보를 제공하고자 하는 식품위생법 등 식품에 관한 규제 법령 역시 발 빠르게 변화하고 있습니다. 일부 주요 산업 분야의 경우 탈규제가 주요 이슈로 대두되고 있지만, 국민 건강과 직결되는 식품의 안전에 대해서는 여전히 강도 높은 규제가 이루어지고 있고, 식품산업을 영위하는 기업 또는 개인들의 경우 이러한 규제의 변화를 쫓아가야만 하는 상황입니다.

그런데 이와 같은 식품산업의 발전 및 식품위생법령의 변화에도 불구하고, 그동안 식품산업에 종사하는 기업 또는 개인들이 참고할 수 있는 식품위생법의 해설서가 존재하지 않았습니다. 이에 법무법인(유한) 바른은 국내에서는 최초로 2018년부터 식품, 의약품, 화장품 등 산업 분야에 업무경험이 풍부한 변호사들로 식품의약팀을 구성하였고, 식품위생법 및 관련 법령에 대한 전반적인 연구를 진행하였으며, 그 성과로 본 식품위생법 해설서를 출간하게 되었습니다.

본 식품위생법 해설서는 식품위생법을 기초로 하여 그 하위 법령에 이르기까지 식품위생법상의 주요 쟁점들을 망라하고 있는 해설서입니다. 단순히 법령의 해석에 그치지 아니하고 쟁점별로 식품의약품안전처의 질의답변 사례가 존재하거나, 법원의 판결이 있는 경우에는 해당 사례들까지 모두 소개하고자 노력하였습니다. 논의의 순서는 식품위생법의 조문 순서를 따랐습니다(다만, 식품위생법 제8장 조리사 등, 제9장 식품위생심의위원회, 제10장 식품위생단체, 제12장 보칙 부분은 지나치게 기술적이거나 법령의 해석이 문제되는 부분이 아니어서 이 책에서는 기술하지 아니하였습니다).

　　몇 가지 특이사항은, (1) 기존 식품위생법의 표시·광고에 관한 조항들은 거의 모두 삭제되고, 별도의 법률인 「식품 등의 표시·광고에 관한 법률」이 제정되어 2019. 3. 14.부터 시행될 예정입니다. 이 책 제4장 표시 부분에서는 앞으로 시행될 「식품 등의 표시·광고에 관한 법률」의 내용을 기술하였고, 여기에 기존 식품위생법상 사례들을 함께 소개하였습니다. 식품제조·가공업, 식품소분·판매업 등 분야에서 식품의 표시·광고에 관한 사항은 항상 문제가 될 수 있는 부분이므로, 이러한 신설 법령의 해설은 관련 업종에 종사하는 기업과 개인들에게 많은 도움이 될 것입니다. (2) 그리고, 이 책 제6장 검사 등 부분에서는 식품으로 인하여 발생하는 위해를 직접적으로 방지하기 위한 위해평가, 위해요소가 포함된 위해식품에 대한 긴급대응, 유전자변형식품에 대한 안전성 심사, 유해물질이 검출되거나 위해발생 우려가 있는 식품 등에 대한 검사명령 등의 절차를 망라하였고, 「식품·의약품분야 시험·검사 등에 관한 법률」과 「수입식품안전관리 특별법」의 내용을 함께 다루었습니다. (3) 이 책 제7장 영업 부분에서는 각 영업별 시설기준, 영업허가·영업신고·영업등록의 구분, 기타 영업승계, 영업자의 준수사항을 다루었고, 특히 근래 들어 많은 관심을 끌고 있는 영업과 관련한 위해식품 등의 회수, 식품 등의 이물발견 보고, 위생등급, 식품안전관리인증기준(HACCP), 식품이력추적관리에 대해서 자세히 다루었습니다. (4) 마지막으로 식품위생법상 위반행위에 대한 제재 부분(제11장 시정명령과 허가취소 등 행정제재 및 제13장 벌칙)은 문제가 되는 각 부분에서 함께 기술하였고, 이 책 제8장 시정명령과 허가취소 등 행정 제재 부분에서 행정제재에 관한 일반론 및 구제방안을 함께 기술하였습니다. 이 책 제9장 부분에서는 벌칙 부분을 모아서 일목요연하게 정리하였습니다.

아직은 시작 단계이고, 식품위생법의 하부 법령 및 관련 법령의 양이 워낙 방대하여 일단 식품위생법 자체의 해설에 충실하였습니다. 앞으로 바른의 식품 의약팀은 더 많은 실무경험을 쌓고 식품위생법령에 대한 연구를 거듭하면서 식품위생법과 관련한 법령 전반을 망라할 수 있도록 할 계획입니다. 이로써 종 국적으로는 식품산업과 관련한 규제개선 및 식품산업의 발전에 기여할 수 있기를 희망합니다.

업무로 인해 바쁜 와중에도 이 책의 집필을 위하여 힘써준, 식품의약팀 김상훈(팀장), 황서웅, 최재웅, 김미연(간사), 김경수, 김남곤, 장은진, 김하연, 이지연 변호사에게 깊은 감사의 마음을 전합니다.

집필자를 대표하여
법무법인(유한) 바른
대표변호사 박 철

법무법인(유한) 바른 소개

법무법인(유한) 바른은 1998년 설립된 이래 눈부신 속도로 성장하여 현재 국내 7위의 대형로펌으로서 약 200여 명의 국내외 변호사와 회계사, 세무사를 포함하여 250여 명의 전문인력들이 업계 최고의 서비스를 고객들에게 제공한다는 목표 아래 역동적인 업무수행에 매진하고 있습니다. 법무법인(유한) 바른의 성장과 발전은 역량 있는 전문인력의 지속적인 충원과 법무법인(유한) 바른의 법률서비스를 경험한 고객들의 전폭적인 신뢰에 그 바탕을 두고 있습니다.

법무법인(유한) 바른은 법률문제를 단순하게 의뢰인의 요구에 따라 처리하는 데 그치지 않고, 분쟁의 예방에서부터 사후적 처리에 이르기까지, 이미 쟁점이 된 법률문제에서부터 잠재적·부수적 법률문제에 이르기까지, 의뢰인에게 최선의 결과를 가져올 수 있는 해법을 적극적으로 모색하고 제시함으로써 의뢰인에게 최상의 법률서비스를 제공하는 것을 목표로 하고 있습니다. 그리고 이러한 최상의 법률서비스 제공은 최고의 전문성으로 무장한 각 분야의 최정예 변호사들과 전문인력들이 가장 효율적이고 능동적인 협업을 통해 업무를 처리하기에 가능한 일입니다.

법무법인(유한) 바른은 오랜 재조(在曹) 경력을 가진 실력 있고 명망 있는 변호사들을 통해 국내 최고 수준의 소송 관련 법률서비스를 제공해 왔으며, 이러한 소송 관련 법률서비스의 경쟁력을 바탕으로 분쟁의 예방을 비롯한 각종 기업자문 법률서비스 분야에서도 괄목할 만한 성장을 하여 모든 분야에서 업계 최고 수준의 법률서비스를 제공하고 있습니다. 더욱 자세한 정보는 법무법인(유한) 바른의 웹사이트(www.barunlaw.com)를 참조하여 주시기 바랍니다.

식품의약팀 담당 변호사

박철 대표변호사

서울대학교 법과대학 졸업

사법연수원 제14기 수료

서울대학교 대학원 법학과 석사과정 수료

서울민사지방법원 판사, 대법원 재판연구관, 서울중앙지방법원 부장판사

대전고등법원 부장판사, 사법연수원 수석교수, 서울고등법원 부장판사(상사전담)

법무법인(유한) 바른 구성원 변호사, 대표 변호사

서울대학교 법학전문대학원 겸임교수

김상훈 변호사

고려대학교 법과대학 졸업

제43회 사법시험 합격

고려대학교 대학원 졸업(법학석사)

사법연수원 제33기 수료

고려대학교 대학원 졸업(법학박사)

미국 University of Southern California 로스쿨 졸업(LL.M.)

법무부 민법 상속편 개정위원회 위원

서울지방변호사회 증권금융연수원 강사

고려대학교 법학전문대학원 겸임교수

금융투자협회 신탁포럼 구성원

CHAMBERS HNW 2018 Private Wealth Law 분야 Top Tier 선정

법무법인(유한) 바른 구성원 변호사

황서웅 변호사

고려대학교 법과대학 졸업

제45회 사법시험 합격

사법연수원 제35기 수료

고려대학교 대학원 졸업(행정법 석사)

미국 University of Southern California 로스쿨 졸업(LL.M.)

공익법무관(법률구조공단, 수원지검 공판송무부, 서울고검 송무부 근무)

법무법인(유한) 바른 구성원 변호사

최재웅 변호사

제48회 사법시험 합격

고려대학교 법과대학 졸업

사법연수원 제38기 수료

고려대학교 일반대학원 법학과 수료(상법/금융법 전공)

서울대학교 공정거래법과정(공정거래의 새로운 지평)

중국인민대학교(Renmin University) 법학원 졸업(법학석사, 중국법)

서울대학교 금융법무과정(M&A의 이론과 실무)

삼일회계법인 남북경제협력 최고경영자과정 8기 수료

북한대학원대학교 북한학과 박사과정(법행정 전공)

北京德和衡律师事务所 근무

스페셜경제신문 자문위원

법무부 해외진출 중소기업 법률자문단 자문위원

통일부 교류협력 법제도 자문회의 자문위원

법무법인(유한) 바른 구성원 변호사

김미연 변호사

고려대학교 법학과 졸업

제49회 사법시험 합격

사법연수원 제39기 수료

미국 UC Berkeley 로스쿨 졸업(LL.M.)

수원지방검찰청 성남지청 검사

법무법인(유한) 바른 구성원 변호사

김경수 변호사

서울대학교 의과대학 졸업

제74회 의사 국가시험 합격(의사)

서울대학교 법학전문대학원 졸업(법학전문석사)

제2회 변호사시험 합격

서울대학교 법과대학 박사과정 수료(행정법)

서울행정법원(조세·도시정비 전담부), 서울고등법원(상사기업부) 재판연구원

법무법인(유한) 바른 소속 변호사

김남곤 변호사

성균관대학교 법학과 졸업

제54회 사법시험 합격

사법연수원 제44기 수료

법무법인(유한) 바른 소속 변호사

장은진 변호사

연세대학교 법과대학 졸업

연세대학교 법학전문대학원 졸업

제6회 변호사시험 합격

법무법인(유한) 바른 소속 변호사

이지연 변호사

고려대학교 법과대학 졸업

서울대학교 법학전문대학원 졸업

제7회 변호사시험 합격

법무법인(유한) 바른 소속 변호사

김하연 변호사

서울대학교 경영학과 졸업

고려대학교 법학전문대학원 졸업

제7회 변호사시험 합격

법무법인(유한) 바른 소속 변호사

차   례

제1장 총 칙

제2장 식품과 식품첨가물

제5장 식품 등의 공전(公典)

제6장 검사 등

제7장　영　업

제8장 시정명령과 허가 취소 등 행정 제재

제9장 벌 칙

제1장

총 칙

식품위생법 제1장은 식품위생법의 목적과 정의, 그리고 식품 등의 취급에 관하여 규정하고 있다. 이 장에서는 2009년에 전부 개정된 식품위생법의 주요 내용과 가장 최근인 2018년 3월 27일 개정된 법률의 개정 이유까지 살펴보았다. 그리고 식품위생법에서 말하는 '식품'과 '식품첨가물'의 개념이 무엇인지에 관하여 구체적인 판례 사안을 예로 들어 이해하기 쉽게 설명하였다.

총 칙

제1절 식품위생법의 목적과 개정법률의 주요내용

I. 목 적

식품위생법은 식품으로 인하여 생기는 위생상의 위해(危害)를 방지하고 식품영양의 질적 향상을 도모하며 식품에 관한 올바른 정보를 제공하여 국민보건의 증진에 이바지함을 목적으로 1962년 1월 20일 제정되었다(법 제1조). 식품위생이란 식품, 식품첨가물, 기구 또는 용기·포장을 대상으로 하는 음식에 관한 위생을 말한다(법 제2조 제11호).

식품위생법은 2009년 2월 6일 법률 제9432호로 전부개정된 이후 소폭의 일부개정이 몇 차례 있었을 뿐 기본적으로는 2009년 전부개정법률의 틀을 현재까지 유지하고 있다. 2009년 전부개정법률은 급증하는 식품위해사고 등에 효율적으로 대응하고 식품 등의 안전관리에 소비자가 직접 참여할 기회를 확대하기 위하여 일정한 조건 하에 소비자가 직접 식품의약품안전처[1]에 영업시설 등의 위생검사 등을 요청할 수 있도록 하고, 위해사고의 즉각적인 대응을

---

1) 2009년 전부개정 당시에는 '식품의약품안전청'이었으나 이하에서는 현재의 명칭인 '식품의약품안전처'라고 지칭한다.

위하여 위해식품 등으로 판단되는 경우 판매금지 등 긴급대응을 할 수 있도록 하는 등 종전 제도의 운영상 나타난 미비점을 전반적으로 개선·보완하기 위한 것이었다.

II. 2009년 전부개정법률의 주요 내용

1. 소비자 위생검사 등 요청제도 및 위해식품 등에 대한 긴급대응(법 제16조 및 제17조)

식품안전종합대책의 일환으로 식품안전에 대한 소비자의 직접참여를 보장하고, 식품위생상 위해가 발생하였거나 발생할 우려가 있을 때 즉각적으로 대응하기 위한 긴급조사체계를 마련할 필요가 있다. 이에 대통령령으로 정하는 일정한 요건을 충족하는 경우 소비자는 식품 또는 영업시설 등에 대하여 식품의약품안전처장[2]에게 위생검사 등을 요청할 수 있게 하였다. 그리고 식품의약품안전처장은 판매되고 있는 식품 등이 국내외에서 위해발생 우려가 제기되는 경우나 국민건강에 중대한 위해가 발생하거나 발생할 우려가 있을 때에는 국민에게 신속하게 전달[3]하는 등 제도를 마련하였다.

2. 식품 등의 이물 발견보고(법 제46조, 제98조 제2호 및 제101조 제3항 제3호)

소비자의 신고가 들어오면 보건당국에 즉시 알리도록 관련 법령을 정비하여 소비자 불만을 신속히 조사·처리하고, 재발을 방지하여 소비자 피해를 예방하며, 건전한 소비문화를 정착시킬 필요가 있다. 이에 소비자로부터 이물 검출 등 불만사례 등을 신고받는 경우 식품의약품안전처장이 정한 기준·절차 및 방법에 따라 식품의약품안전처장, 시·도지사 또는 시장·군수·구청장에게 신

---

2) 현행법에서는 식품의약품안전처장 뿐 아니라 시, 도지사 또는 시장, 군수, 구청장에게도 위생검사를 요청할 수 있도록 하고 있다(법 제16조 제1항).

3) 현행법에서는 위생검사를 요청한 소비자나 소비자단체에 알리는 것 뿐 아니라 인터넷 홈페이지에 게시할 의무까지 규정하고 있다(법 제16조 제2항).

속히 보고할 의무를 영업자에게 부과하는 근거를 마련하였다. 그리고 소비자로부터 이물 검출 등 불만사례 등을 신고받은 영업자가 식품의약품안전처장, 시·도지사 등에게 거짓으로 보고하면 1년 이하의 징역 또는 300만원 이하[4])의 벌금에 처하고, 보고를 하지 아니한 때에는 300만원 이하의 과태료를 부과하도록 하였다.

3. 식품안전정보센터 설립(법 제67조부터 제70조까지)

빈번한 식품안전사고 발생으로 국민의 불안감이 증대됨에 따라 식품 등의 안전정보를 체계적으로 관리할 필요성이 있다. 이에 식품이력추적관리에 관한 업무와 식품안전에 관한 정보수집 및 제공 등을 효율적으로 수행하기 위하여 법인인 식품안전정보센터[5])를 두도록 하였다. 이로 인하여 다원화되고 있는 식품정보를 통합하고 국내외 식품안전정보의 최근 동향 등을 소비자의 눈높이에 맞게 제공할 수 있는 대국민 정보서비스 체계가 마련되었다.

4. 위해식품 등 판매자에 대한 과징금 부과(법 제83조)

불법적인 경제적 이익을 몰수하기 위하여 위해식품 등의 판매 등으로 경제적 이득을 취한 영업자에 대하여는 해당 식품 등의 소매가격에 상당하는 금액을 과징금으로 부과하도록 하였다.

5. 집단급식소 제공 식품의 보관 의무(법 제88조 제2항 제2호)

집단급식소란 영리를 목적으로 하지 아니하면서 특정 다수인에게 계속하여 음식물을 공급하는 급식시설로서 대통령령으로 정하는 시설을 말한다.[6]) 기숙사, 학교, 병원, 사회복지사업법상의 사회복지시설, 산업체, 국가, 지방자치단체, 공공기관의 운영에 관한 법률상의 공공기관, 기타 후생기관 등이 그 예이다(법 제2조 제12호). 이러한 집단급식소에서 조리하여 제공한 식품을 섭취하고

---

4) 현행법에서는 1천만원 이하의 벌금에 처할 수 있도록 되어 있다(법 제98조).
5) 현행법에서는 '식품안전정보원'으로 명칭이 변경되었다(법 제67조).
6) 집단급식소는 1회 50명 이상에게 식사를 제공하는 급식소를 말한다(령 제2조).

식중독이 발생한 때에는 식중독의 원인이 어디에 있는지를 알기 위하여 해당 식품을 보관하도록 하고 있으나, 조리하지 아니하고 바로 제공한 식품에 대하여는 보관의무가 없어 책임 소재 규명이 어려우므로 이에 대한 보완이 필요하였다. 그리하여 집단급식소에서 조리하는 식품뿐만 아니라 바로 제공하는 식품도 보관하도록 하고, 보관기간을 72시간에서 144시간으로 연장하였다.

Ⅲ. 현행 법률 및 예정 법률의 주요 개정이유

1. 2017년 12월 19일 일부개정법률(2018. 6. 20. 시행)

종전 식품위생법 제44조의 '영업자 등의 준수사항' 규정에 대하여 헌법재판소는 수범자인 '영업자의 범위'와 '준수사항'을 법률에서 포괄위임하였다는 이유로 위헌결정하였으며(헌재 2014헌가6), 이후 하위 법령에 규정된 '준수사항'을 법률로 상향하여 위헌성을 일부 제거하였으나, 추가적으로 수범자가 법 제36조 제1항 각 호의 영업을 하는 자임이 명확하게 드러나도록 함으로써 국민의 예측가능성을 제고하였다(법 제44조 제1항). 그리고 현행 동업자조합은 공제회를 설치하여 공제사업을 영위할 수 있는데, 공제회가 법인으로 운영되지 못하여 공제사업의 추진 등에 어려움이 있으므로 공제회를 별도 법인으로 설립하도록 하고, 공제정관을 정하도록 하였다(법 제60조의2).

2. 2018년 3월 13일 일부개정법률(2019. 3. 14. 시행)

「식품 등의 표시·광고에 관한 법률」의 제정에 따라 현행법상 식품 등의 표시·광고의 기준과 표시·광고 심의 규정 및 이와 관련된 행정처분 및 벌칙 등 관련 조문을 정비하였다.

3. 2018년 3월 27일 일부개정법률(2020. 1. 1. 시행)

질환의 특성별 '군'별로 구분되어 있는 현행 감염병 분류체계를 감염병의 심각도·전파력·격리수준·신고시기 등을 중심으로 한 '급'별 분류체계로 개편

하고, 감염병 위기상황 발생 시 컨트롤타워 역할을 수행할 수 있는 긴급상황실의 설치·운영과 감염병환자와 접촉한 자를 격리할 수 있는 접촉자격리시설의 지정을 위한 법적 근거를 신설하며, 감염병관리위원회 위원장을 보건복지부차관에서 질병관리본부장으로 변경하는 등 감염병 발생 시 보다 효율적인 대처가 이루어질 수 있도록 현행 감염병 관리체계를 개선·보완하였다.

제2절 식품위생법상 식품의 개념과 식품 등의 취급

Ⅰ. 식품과 식품첨가물

1. 식 품

식품위생법에서 말하는 "식품"이란 의약으로 섭취하는 것을 제외한 모든 음식물을 말한다. 식품과 의약품의 구별이 명백하지 아니한 경우의 판단기준에 관하여는, 식품과 의약품의 구별이 명백하지 아니한 때에는 반드시 약리작용상 어떠한 효능의 유무와는 관계없이 그 성분, 형상(용기, 포장, 의장 등), 명칭 및 표시된 사용목적, 효능, 효과, 용법, 용량, 판매할 때의 선전 또는 설명 등을 종합적으로 판단하여 사회 일반인이 이를 일견하여 의약품으로 인식하는가 아니면 단순한 식품으로 인식하는가를 기준으로 하여 결정하여야 한다.[7]

여기의 식품에는 가공·조리된 식품뿐만 아니라 '자연식품'도 식품에 포함된다. 그런데 자연으로부터 생산되거나 채취·포획하는 산물이 어느 단계부터 자연식품으로서 식품위생법상 '식품'에 해당하는 것인지는, 식품으로 인한 위생상의 위해를 방지하고 국민보건의 증진에 이바지하고자 하는 식품위생법을 비롯한 식품 관련 법령의 문언, 내용과 규정 체계, 식품의 생산·판매·운반 등에 대한 위생 감시 등 식품으로 규율할 필요성과 아울러 우리 사회의 식습관이나

---

7) 대구지방법원 2003. 7. 16. 선고 2002노2690 판결(식품위생법령에 따라 기타 식품류의 즉석판매제조·가공업의 신고를 하고 흑염소집을 경영하는 자가 개가 인체에 주는 효능이 적힌 문구를 게시하고 24종의 한약재와 개고기를 넣고 혼합, 중탕하는 방법으로 제조·판매한 개소주를 약사법의 규제대상이 되는 의약품으로 보기 어렵다고 한 사례).

보편적인 음식물 관념 등을 종합적으로 고려하여 판단해야 한다(대법원 2017. 3. 15. 선고 2015도2477 판결). 이와 관련하여 다음과 같은 것이 식품에 해당하는지 여부가 문제된다.

가. 어류와 조개류

식품위생법에서 활어 등 수산물이 어느 단계부터 식품인지에 관하여 명확하게 규정하고 있지는 않지만, 식품위생 관련 법령의 규정내용, 문언과 체계, 우리 사회의 식습관이나 보편적인 음식물 관념 등을 종합해 보면, 바다나 강 등에서 채취·포획한 어류나 조개류로서 식용으로 사용할 수 있는 수산물은 가공하거나 조리하기 전에도 원칙적으로 식품으로 보아야 한다. 그 이유에 관하여 대법원은 다음과 같이 설시하고 있다(대법원 2017. 3. 15. 선고 2015도2477 판결).

① 식품위생법은 식품을 의약품을 제외한 모든 음식물이라고 하여 식품의 개념을 매우 포괄적으로 정하고 있으므로, 활어 등 수산물도 원칙적으로 식품이라고 보아야 한다.

② 식품위생법 시행령 제21조 제4호는 식품위생법의 위임에 따라 식품운반업에 관하여 정하면서, 어류와 조개류를 식품운반업의 대상으로 명시하고 있다. 이는 어류와 조개류가 식품이라는 점을 전제로 한 것이다.

③ 식품위생법 시행규칙 제5조 제1항은 원료로 사용되는 경우에도 식품이라는 점을 전제로 규정하고 있으므로, 어류와 조개류가 음식의 원료로 사용되는 경우 이를 가공하거나 조리하기 전이라도 식품으로 보아야 한다.

④ 식품위생법 제7조 제1항에 따라 식품의 기준과 규격을 정한 식품의약품안전처 고시인 '식품의 기준 및 규격(이는 식품공전에 수록되어 있다)'은 어류와 조개류 등을 수산물로 명시하고 있고, 2007년부터는 활어에 관해서도 명시적인 규정을 두면서 활어 등 수산물이 식품에 포함된다고 보고 있다.

⑤ 활어 등 수산물을 식품위생법상 식품에 해당하지 않는다고 본다면, 활어 등 수산물이 식품위생법의 규율대상에서 벗어나기 때문에 수산물에 대한 위생 감시에 중대한 공백이 생길 우려가 있다.

⑥ 우리 사회의 식습관, 음식문화와 조리기술, 보편적인 음식물 관념 등에

비추어, 식용으로 사용할 수 있는 <u>어류와 조개류는 식품이라는 것이 일반적 관념</u>이다. 이러한 관념은 위와 같은 식품위생법령을 비롯한 식품 관련 법령에 의하여 뒷받침되고 있어 사실적 차원을 넘어 규범적 차원에서도 승인되기에 이르렀다.

나. 양파와 건고추

부패가 진행 중인 양파와 건고추를 수입, 보관, 판매한 사건에서 대법원은 양파와 건고추는 그 자체로 식품위생법에서 정한 식품에 해당한다고 보았다(대법원 2017. 1. 12. 선고 2016도237 판결). 그 이유는 다음과 같다.

① 구 식품위생법(1976. 12. 31. 법률 제2971호로 개정된 것) 제6조의 위임에 따라 식품의 기준과 규격을 정한 보건사회부 고시 '식품 등의 규격 및 기준'이 1981. 4. 11. 보건사회부 고시 제81-26호로 개정되면서 콩나물의 수은함량에 관한 잠정기준 등 '자연식품'에 관한 일반 기준이 신설되었다.[8]

② 농업·농촌 및 식품산업 기본법 제3조 제7호 (가)목에 "사람이 직접 먹거나 마실 수 있는 농산물"을 식품으로 정의하는 규정이 추가되어 그 규정이 현재까지 유지되고 있다.

③ 식품위생법 제7조 제1항의 위임에 따라 식품의 기준과 규격을 정한 식품의약품안전처 고시인 '식품의 기준 및 규격' 중 "제2. 식품일반에 대한 공통 기준 및 규격"의 "5. 식품일반의 기준 및 규격"에서는 양파·고추를 비롯한 농산물의 중금속 기준뿐만 아니라, 건고추의 곰팡이독소 기준 및 농약 잔류허용기준을 규정하는 등 식품 관련 법령과 고시에서 양파와 건고추가 식품에 해당함을 전제로 하는 규정을 두고 있었다.

④ 우리 사회의 식습관 및 보편적인 음식물 관념상 가공·조리되지 않은 양파와 건고추는 식품으로 받아들여져 왔을 뿐만 아니라 소비자들에게 가공·조리되지 않은 상태로 판매되고 있으므로, 가공되지 않은 양파와 건고추를 식품으로 취급하여 위생을 감시할 필요성이 있다.

⑤ 양파와 건고추가 식품위생법상 식품에 해당하지 않는다고 해석하는 것

---

8) 콩나물은 두유의 종실을 흡수, 발아시킨 것으로서 식품위생법 제2조 소정의 식품에 해당한다(서울형사지방법원 1986. 8. 16. 선고 86노2246 판결).

은 사회통념상 국민들의 식습관에 부합하지 않을 뿐만 아니라 기존의 식품안
전관리체계에도 혼란을 초래할 수 있다.

2. 식품첨가물

"식품첨가물"이란 식품을 제조·가공·조리 또는 보존하는 과정에서 감미,
착색, 표백 또는 산화방지 등을 목적으로 식품에 사용되는 물질을 말한다. 이
경우 기구·용기·포장을 살균·소독하는 데에 사용되어 간접적으로 식품으로
옮아갈 수 있는 물질을 포함한다(법 제2조 제2호). 여기서 말하는 "기구"란 음식
을 먹을 때 사용하거나 담는 것 또는 식품이나 식품첨가물을 채취·제조·가공
·조리·저장·소분9)·운반·진열할 때 사용하는 것으로서 식품 또는 식품첨가물
에 직접 닿는 기계·기구 등을 말한다(법 제2조 제4호).10) 그리고 "용기·포장"이
란 식품 또는 식품첨가물을 넣거나 싸는 것으로서 식품 또는 식품첨가물을 주
고받을 때 함께 건네는 물품을 말한다(법 제2조 제5호).

II. 식품 등의 취급

누구든지 판매(판매 외의 불특정 다수인에 대한 제공을 포함한다. 이하 같다)를
목적으로 식품 또는 식품첨가물을 채취·제조·가공·사용·조리·저장·소분·운
반 또는 진열을 할 때에는 깨끗하고 위생적으로 하여야 한다. 그리고 영업에
사용하는 기구 및 용기나 포장은 깨끗하고 위생적으로 다루어야 한다. 위와 같
은 식품, 식품첨가물, 기구 또는 용기·포장(이하 "식품 등"이라 한다)의 위생적인
취급에 관한 기준은 총리령으로 정한다(법 제3조).

---

9) 완제품을 나누어 유통을 목적으로 재포장하는 것을 말한다(법 제2조 제4호 나목).
10) 단. 농업과 수산업에서 식품을 채취하는 데에 쓰는 기계·기구나 그 밖의 물건 및 「위생용
   품 관리법」 제2조 제1호에 따른 위생용품은 제외한다(법 제2조 제4호).

제2장

식품과 식품첨가물

식품위생법 제2장은 식품과 식품첨가물에 대해 규정하고 있고, 구체적으로는 위해식품의 유형을 열거하고, 위해식품 등의 판매 등 행위를 금지하는 규정을 포함하고 있으며, 식품과 식품첨가물 기준에 대해 정하고 있다. 이에 따라 본 장에서는 위해식품의 유형에 해당하는지 문제되는 사항들을 살펴보고, 위 금지규정의 위반행위에 대한 제재수단도 함께 소개함으로써 영업자들의 이해를 돕고자 하였다. 아울러, 식품과 식품첨가물에 대한 기준 및 규격을 고시한 식품공전과 식품첨가물공전에 대하여도 개괄적인 내용을 담았다.

02

식품과 식품첨가물

제1절 위해식품 판매 등 금지

I. 위해식품의 판매 등 금지(법 제4조)

1. 개 관

누구든지 위해식품 등을 판매하거나 판매 목적으로 채취·제조·수입·가공·사용·조리·저장·소분·운반 또는 진열[1]하는 행위를 하여서는 안 되며(법 제4조), 법은 위해식품의 유형으로 다음의 7가지를 들고 있다.

(1) 썩거나 상하거나 설익어서 인체의 건강을 해칠 우려가 있는 것(법 제4조 제1호)

(2) 유독·유해물질이 들어 있거나 묻어 있는 것 또는 그러할 염려가 있는 것(법 제4조 제2호)

(3) 병(病)을 일으키는 미생물에 오염되었거나 그러할 염려가 있어 인체의 건강을 해칠 우려가 있는 것(법 제4조 제3호)

---

1) 진열이란 사람들에게 보이기 위하여 식품을 벌여 놓는 것을 의미한다(대법원 2015. 9. 10. 선고 2015도9307 판결).

(4) 불결하거나 다른 물질이 섞이거나 첨가(添加)된 것 또는 그 밖의 사유로 인체의 건강을 해칠 우려가 있는 것(법 제4조 제4호)

(5) 유전자변형식품 등의 안전성 심사 대상인 농·축·수산물 등 가운데 안전성 심사를 받지 아니하였거나 안전성 심사에서 식용(食用)으로 부적합하다고 인정된 것(법 제4조 제5호)

(6) 수입이 금지된 것 또는 「수입식품안전관리 특별법」 제20조 제1항에 따른 수입신고를 하지 아니하고 수입한 것(법 제4조 제6호)

(7) 영업자가 아닌 자가 제조·가공·소분한 것(법 제4조 제7호)

2. 위해식품과 관련하여 몇 가지 문제되는 사항들

가. 유독·유해물질이 들어 있거나 묻어 있을 염려가 있는 식품(법 제4조 제2호)

법은 유독·유해물질이 들어 있거나 묻어 있는 것 또는 그러할 염려가 있는 식품, 식품첨가물의 판매 등을 금지하고 있고(법 제4조 제2호), 다만, 같은 제2호 단서에 의하여 식품의약품안전처장이 인체의 건강을 해칠 우려가 없다고 인정하는 것은 판매 등 금지대상에서 제외하고 있으며, 규칙 제3조는 법 제4조 제2호 단서에 따라 판매 등이 허용되는 식품의 범위를, ① 법 제7조 제1항에 따른 식품 등의 제조·가공 등에 관한 규격에 적합한 것과, ② 이러한 기준 및 규격이 정해지지 아니한 것으로서 식품의약품안전처장이 식품위생심의위원회의 심의를 거쳐 유해의 정도가 인체의 건강을 해칠 우려가 없다고 인정한 것으로 한정하고 있다.[2)]

영업자에 의해 유독·유해물질이 들어 있는 식품이 시중에 판매되는 경우, 다수의 소비자들이 위험성을 미처 인식하지 못하고 섭취하게 됨으로써 사람의

---

2) 대법원은 콩나물에 보통독성 농약인 치오파네이트 메틸과 카벤다짐이 들어 있었던 사안에서, 치오파네이트 메틸과 카벤다짐은 식품첨가물 등의 공전에 수록된 기준 규격에 적합하지 아니하고, 또한 보건사회부장관(법 개정 후에는 식품의약품안전처장)이 식품위생심의위원회의 심의를 거쳐 유해의 정도가 인체의 건강을 해할 우려가 없는 것으로 인정한 것도 아니므로, 이들이 들어 있는 콩나물은 법 제4조 제2호에서 금지하고 있는 유해 유독 물질이 들어있는 식품이라고 인정하였다(대법원 1995. 11. 7. 선고 95도1966 판결).

생명과 신체에 대한 피해가 광범위하고 급속하게 발생할 우려가 있고, 일단 피해가 발생하면 사후적인 구제는 별 효과가 없는 경우가 대부분이기 때문에, 이러한 피해의 특수성을 고려하여 유독·유해물질이 들어 있거나 묻어 있는 것 외에 그러할 염려가 있는 것에 대해서까지도 판매하는 등의 행위를 금지하는 것이다(대법원 2014. 4. 10. 선고 2013도9171 판결).

나. 그 밖의 사유로 인체의 건강을 해칠 우려가 있는 식품(법 제4조 제4호)

불결하거나 다른 물질이 섞이거나 첨가된 것 또는 그 밖의 사유로 인체의 건강을 해칠 우려가 있는 것은 판매 등이 금지된다(법 제4조 제4호). 식품의약품안전처장이 고시한 '식품첨가물의 기준 및 규격'(식품첨가물공전)에 식품에 사용 가능한 첨가물로 규정되어 있으나 그 사용량의 최대한도에 관하여는 아무런 규정이 없는 식품첨가물의 경우에도 그 식품첨가물이 1일 섭취한도 권장량 등 일정한 기준을 현저히 초과하여 식품에 첨가됨으로 인하여 그 식품이 인체의 건강을 해칠 우려가 있다고 인정된다면 그 식품은 '그 밖의 사유로 인체의 건강을 해칠 우려가 있는 식품'에 해당한다(대법원 2015. 10. 15. 선고 2015도2662 판결).3)

다. 영업자가 아닌 자가 제조·가공·소분한 식품(법 제4조 제7호)

영업자가 판매를 목적으로 하거나 영업상 사용할 목적으로 수입식품 등을 수입하려면 해당 수입식품 등을 식품의약품안전처장에게 수입신고를 하여야 한다(「수입식품안전관리 특별법」 제20조 제1항). 비록 사료로서 수입신고를 마쳤다고 하더라도 이를 식품으로 판매 등을 하는 경우에는 「수입식품안전관리 특별법」 제20조 제1항의 규정에 의하여 수입신고를 하여야 한다(대법원 2010. 2. 11.

---

3) 해당 대법원 판결 사안은 식품첨가물인 "니코틴산"이 포함된 식품과 관련한 사안이다. 대법원은 식품첨가물의 기준 및 규격에는 니코틴산을 사용가능한 첨가물로 규정하면서 사용량의 최대한도는 정하고 있지 않았지만, 식품의약품안전처가 한국영양학회와 공동으로 발간한 '건강기능식품에 사용되는 비타민·무기질 위해평가설명서(2007년)'에는 니코틴산의 부작용에 대하여 기재가 되어있고, '건강기능식품의 기준 및 규격'(식품의약품안전처 고시)에는 영양소인 나이아신의 원료에 해당하는 니코틴산의 1일 섭취량을 정하고 있다는 사정을 감안하여, 피고인이 판매한 식품을 식품위생법 제4조 제4호의 그 밖의 사유로 인체의 건강을 해칠 우려가 있는 식품에 해당한다고 판단하였다.

선고 2009도2338 판결). 다만, 정식으로 수입된 식품의 경우 수입용도와 다르게 유통된 것에 불과한 경우에는 수입신고를 하지 아니하고 수입한 식품 등에 해당한다고 볼 수는 없다(서울중앙지방법원 2009. 2. 18. 선고 2008노1297 판결).

제7장 영업 편에서 자세히 살펴보는 바와 같이, 식품 또는 식품첨가물의 제조업, 가공업, 운반업, 판매업 및 보존업 등의 영업을 하려는 자는 각 영위하고자 하는 영업의 종류별로 또는 영업소별로 영업허가를 받거나, 영업신고, 영업등록을 하여야하고, 이렇게 영업허가를 받거나 영업신고, 영업등록을 한 "영업자"4)만이 식품을 제조·가공·소분하여 판매 등을 할 수 있다. 여기서의 영업자가 제조·가공·소분이 가능한 식품제조·가공업, 식품첨가물제조업, 식품소분업영업자에 한정되는 것은 아니므로, 일반음식점 영업자도 법 제4조 제7호의 영업자에 해당할 수 있다(질의답변집 4면).

II. 병든 동물 고기 등의 판매 등 금지(법 제5조)

누구든지 질병에 걸렸거나 걸렸을 염려가 있는 동물이나 그 질병에 걸려 죽은 동물의 고기·뼈·젖·장기 또는 혈액을 식품으로 판매하거나 판매할 목적으로 채취·수입·가공·사용·조리·저장·소분 또는 운반하거나 진열하여서는 아니 된다(법 제5조).

여기서의 질병은, 「축산물 위생관리법」 시행규칙의 별표3 제1호 다목에 따라 도축이 금지되는 가축전염병으로 구제역, 조류인플루엔자 등이 이에 포함되고, 그 밖에도 리스테리아병, 살모넬라병, 파스튜렐라병 및 선모충증이 포함된다(규칙 제4조 제1호, 제2호).

---

4) 영업자란 법 제37조 제1항에 따라 영업허가를 받은 자나 같은 조 제4항에 따라 영업신고를 한 자 또는 같은 조 제5항에 따라 영업등록을 한 자를 말한다(법 제2조 제10호).

Ⅲ. 기준·규격이 정하여지지 아니한 화학적 합성품 등의 판매 등 금지(법 제6조)

누구든지, 법 제7조에 따라 식품에 관한 기준·규격(식품공전) 또는 식품첨가물에 관한 기준·규격(식품첨가물공전)이 정하여지지 아니한 화학적 합성품의 첨가물과 이를 함유한 물질을 식품첨가물로 사용하여서는 아니 되고, 또한 이와 같은 식품첨가물이 함유된 식품을 판매하거나 판매할 목적으로 제조·수입·가공·사용·조리·저장·소분·운반 또는 진열하는 행위를 하여서는 아니 된다. 다만, 식품의약품안전처장이 식품위생심의위원회의 심의를 거쳐 인체의 건강을 해할 우려가 없다고 인정하는 경우에는 그러하지 아니하다(법 제6조).

Ⅳ. 위반행위에 대한 제재

1. 위해식품 회수

판매의 목적으로 식품 등을 제조·가공·소분·수입 또는 판매한 영업자(수입식품 등 수입·판매업자를 포함)는 해당 식품 등이 제4조부터 제6조까지를 위반한 사실을 알게 된 경우에는 지체 없이 유통 중인 해당 식품 등을 회수하거나 회수하는 데에 필요한 조치를 하여야 한다. 이 경우 영업자는 회수계획을 식품의약품안전처장, 시·도지사 또는 시장·군수·구청장에게 미리 보고하여야 하며, 회수결과를 보고받은 시·도지사 또는 시장·군수·구청장은 이를 지체 없이 식품의약품안전처장에게 보고하여야 한다(법 제45조 제1항).

2. 폐기처분

식품의약품안전처장, 시·도지사 또는 시장·군수·구청장은(이하 본 항에서 '식품의약품안전처장 등') 영업자(수입식품 등 수입·판매업자를 포함)가 제4조부터 제6조까지를 위반한 경우에는 관계 공무원에게 그 식품 등을 압류 또는 폐기하게 하거나 용도·처리방법 등을 정하여 영업자에게 위해를 없애는 조치를 하도록 명하여야 한다(법 제72조 제1항).

3. 위해식품 공표

식품의약품안전처장 등은 법 제4조부터 제6조까지를 위반하여 식품위생에 관한 위해가 발생하였다고 인정되는 때 해당 영업자에 대하여 그 사실의 공표를 명할 수 있고, 식품위생에 관한 위해가 발생한 경우에는 공표를 명하여야 한다(법 제73조 제1항 제1호). 위해식품 등의 공표명령을 받은 영업자는 지체 없이 위해발생사실 또는 위해식품 등의 긴급회수문을 일간신문에 게재하고, 식품의약품안전처의 인터넷 홈페이지에 게재를 요청하여야 한다(법 제73조 제2항, 령 제51조 제1항).

4. 영업정지 및 영업소폐쇄 처분

식품의약품안전처장 등은 영업자가 법 제4조부터 제6조까지를 위반한 경우, 영업허가 또는 등록을 취소하거나 6개월 이내의 기간을 정하여 그 영업의 전부 또는 일부를 정지하거나 영업소 폐쇄를 명할 수 있다(법 제75조 제1항 제1호). 법 제4조부터 제6조까지를 위반하여 영업허가가 취소되고 5년이 지나기 전에 같은 자가 취소된 영업과 같은 종류의 영업을 하는 경우에는 영업허가를 받을 수 없다(법 제38조 제1항 제6호). 법 제4조부터 제6조까지를 위반하여 영업정지 등 처분을 받게 되는 경우에는 이에 갈음하여 과징금 처분을 할 수는 없다(법 제82조 제1항 단서). 규칙은, ① 식품제조·가공업 등, ② 식품판매업 등, ③ 식품접객업을 구분하여, 각 위반 횟수에 따라 영업정지 등 행정처분기준을 마련하고 있다(규칙 [별표 23 행정처분기준]).

5. 위해식품 판매 등에 따른 과징금 부과

식품의약품안전처장 등은 법 제4조 제2호·제3호 및 제5호부터 제7호까지의 규정을 위반하여 제75조에 따라 영업정지 2개월 이상의 처분, 영업허가 및 등록의 취소 또는 영업소의 폐쇄명령을 받은 자, 그리고 제5조, 제6조를 위반하여 제75조에 따라 영업허가 및 등록의 취소 또는 영업소의 폐쇄명령을 받은 자에 대하여는, 그가 판매한 해당 식품 등의 소매가격에 상당하는 금액을 과징금으로 부과한다(법 제83조 제1항 제1, 2호).

6. 형사처벌

법 제4조부터 제6조까지를 위반한 자에 대하여는 10년 이하의 징역 또는 1억원 이하의 벌금에 처하거나 이를 병과할 수 있다(법 제94조 제1항 제1호).

제2절 식품과 식품첨가물 등 기준

Ⅰ. 식품공전과 식품첨가물에 관한 공전(법 제7조)

1. 개 관

식품위생법은 식품으로 인한 위생상의 위해를 방지하고 식품영양의 질적 향상을 도모하며 식품에 관한 올바른 정보를 제공하여 국민보건의 증진에 이바지함을 목적으로 하고 있고(법 제1조), 이를 위하여 식품의약품안전처장으로 하여금 식품 또는 식품첨가물의 제조 등의 방법과 성분을 정하여 고시하도록 하고 있으며(법 제7조 제1항), 식품에 대한 기준 및 규격의 고시가 "식품공전"이고, 식품첨가에 대한 기준 및 규격의 고시가 "식품첨가물공전"이다(법 제14조). 이와 같이 기준과 규격이 정하여진 식품 및 식품첨가물은 그 기준에 따라 제조·수입·가공·사용·조리·보전되어야 하며 기준과 규격에 맞는 식품 및 식품첨가물만이 판매될 수 있다.

2. 식품 등의 한시적 기준 및 규격의 인정

식품의약품안전처장은 법 제7조 제1항에 따라 기준과 규격이 고시되지 아니한 식품 또는 식품첨가물의 기준과 규격을 인정받으려는 자에게, ① 제조·가공·사용·조리·보존 방법에 관한 기준 및 ② 성분에 관한 규격을 제출하게 하여 식품의약품안전처장이 지정한 식품전문 시험·검사기관 등의 검토를 거쳐

법 제7조 제1항에 따른 기준과 규격이 고시될 때까지 그 식품 또는 식품첨가물의 한시적인 기준과 규격으로 인정할 수 있다(법 제7조 제2항).

법 제7조 제2항에 따라 한시적으로 제조·가공 등에 관한 기준과 성분에 관한 규격을 인정받을 수 있는 것은, 식품의 경우는 국내에서 새로 식품원료로 사용하려는 농산물·축산물·수산물 및 미생물과 농산물·축산물·수산물 등으로부터 추출·농축·분리·배양 등의 방법으로 얻은 것으로서 식품으로 사용하려는 원료가 이에 해당한다. 식품첨가물은 법 제7조 제1항의 규정에 따라 개별기준 및 규격이 고시되지 아니한 식품첨가물이거나 유전자변형 미생물 유래 식품첨가물로서 최초로 수입하거나 개발 또는 생산하는 것이 이에 해당한다(규칙 제5조 제1항 및 식품 등의 한시적 기준 및 규격인정 기준, 식품의약품안전처고시 제2018-5호).

3. 수출할 식품 또는 식품첨가물의 예외

수출할 식품 또는 식품첨가물의 기준과 규격은 법 제7조 제1항 및 제2항에도 불구하고 수입자가 요구하는 기준과 규격을 따를 수 있다(법 제7조 제3항).

4. 기준과 규격에 맞지 아니하는 식품 또는 식품첨가물의 판매 등 금지

법 제7조 제1항 및 제2항에 따라 기준과 규격이 정하여진 식품 또는 식품첨가물은 그 기준에 따라 제조·수입·가공·사용·조리·보존하여야 하며, 그 기준과 규격에 맞지 아니하는 식품 또는 식품첨가물은 판매하거나 판매할 목적으로 제조·수입·가공·사용·조리·저장·소분·운반·보존 또는 진열하여서는 아니 된다(법 제7조 제4항). 식품첨가물공전의 허용기준을 초과하여 첨가되었는지 여부를 판단하기 위해서는 식품 자체에 함유된 식품첨가물의 양에 따라 판별하여야 하며, 이를 물에 세척하거나 삶았을 경우에 잔류하는 첨가물의 양에 따라 그 위반여부를 판단할 것은 아니다(대법원 1985. 10. 22. 선고 85도1681 판결).

가. 위해식품 회수, 폐기처분, 위해식품 공표

법 제7조 제4항을 위반하면, 영업자는 해당 식품 등을 회수하여야 하고(법 제45조 제1항), 식품의약품안전처장은 관계 공무원에게 그 식품 등을 압류 또는 폐기하게 하여야 하며(법 제72조 제1항), 식품의약품안전처장은 영업자에게 그 사실의 공표를 명할 수 있다(위해가 발생한 경우에는 명해야 함, 법 제73조 제1항 제1호).

나. 영업정지 및 영업소폐쇄 처분, 품목제조정지

법 제7조 제4항을 위반하는 경우 영업허가 또는 등록을 취소하거나 6개월 이내의 기간을 정하여 그 영업의 전부 또는 일부를 정지하거나 영업소 폐쇄를 명할 수 있고(법 제75조 제1항 제1호), 해당 품목 또는 품목류에 대하여 기간을 정하여 6개월 이내의 제조정지를 명할 수 있다(법 제76조 제1항 제1호). 규칙 [별표 23 행정처분기준]은 행정처분 기준을 아주 세분하고 있는데, 예를 들면 그 위반내용이 비소, 카드뮴, 납, 수은 등의 기준을 위반한 것인지, 방사능잠정허용기준을 위반한 것인지, 농산물 또는 식육의 농약잔류 허용기준을 위반한 것인지, 사용 또는 허용량 기준을 초과한 것인지 여부 등에 따라 구분하여 품목제조정지의 기간 또는 영업정지의 기간을 달리한다.

다. 형사처벌

법 제7조 제4항을 위반한 자에 대하여는 5년 이하의 징역 또는 5천만원 이하의 벌금에 처하거나 이를 병과할 수 있다(법 제95조 제1호).

II. 식품 등의 기준 및 규격 관리계획(법 제7조의4), 기준 및 규격의 재평가(법 제7조의5)

식품의약품안전처장은 관계 중앙행정기관의 장과의 협의 및 식품위생심의위원회의 심의를 거쳐 식품 등의 기준 및 규격 관리 기본계획(이하 "관리계획")을 5년마다 수립·추진할 수 있고,5) 식품의약품안전처장은 관리계획을 시행하

---

5) 관리계획에는 다음 각 호의 사항이 포함되어야 한다(법 제7조의4 제2항).
   1. 식품 등의 기준 및 규격 관리의 기본 목표 및 추진방향
   2. 식품 등의 유해물질 노출량 평가
   3. 식품 등의 유해물질의 총 노출량 적정관리 방안
   4. 식품 등의 기준 및 규격의 재평가에 관한 사항
   5. 그 밖에 식품 등의 기준 및 규격 관리에 필요한 사항

기 위하여 해마다 관계 중앙행정기관의 장과 협의하여 식품 등의 기준 및 규격
관리 시행계획(이하 "시행계획")을 수립하여야 한다(법 제7조의4 제1항, 제3항).

식품의약품안전처장은 관리계획에 따라 식품 등에 관한 기준 및 규격을
주기적으로 재평가하여야 한다(식품의약품안전처장은 이를 위하여 식품 등의 기준 및
규격 재평가 방법 및 절차에 관한 규정을 고시, 법 제7조의5 제1항).

III. 권장규격의 예시(법 제7조의2)

식품의약품안전처장은 판매를 목적으로 하는 제7조에 따른 기준 및 규격
이 설정되지 아니한 식품 등이 국민보건상 위해 우려가 있어 예방조치가 필요
하다고 인정하는 경우에는 그 기준 및 규격이 설정될 때까지 위해 우려가 있는
성분 등의 안전관리를 권장하기 위한 규격(이하 "권장규격")을 예시할 수 있으며,
이에 따라 권장규격을 예시할 때에는 국제식품규격위원회 및 외국의 규격 또
는 다른 식품 등에 이미 규격이 신설되어 있는 유사한 성분 등을 고려하여야
하고 심의위원회의 심의를 거치게 된다. 그리고 식품의약품안전처장은 영업자
가 제1항에 따른 권장규격을 준수하도록 요청할 수 있으며 이행하지 아니한
경우 그 사실을 공개할 수 있다(법 제7조의2).

IV. 농약 등의 잔류허용기준 설정 요청 등(법 제7조의3)

식품에 잔류하는 농약, 동물용 의약품의 잔류허용기준 설정이 필요한 자
는 식품의약품안전처장에게 신청하여야 한다. 식품의약품안전처장은 이러한
신청에 따라 잔류허용기준을 설정하는 경우 관계 행정기관의 장에게 자료제공
등의 협조를 요청할 수 있다. 이 경우 요청을 받은 관계 행정기관의 장은 특별
한 사유가 없으면 이에 따라야 한다(법 제7조의3 제1항, 제3항).

수입식품에 대한 농약 및 동물용 의약품의 잔류허용기준 설정을 원하는
자는 식품의약품안전처장에게 관련 자료[6]를 제출하여 기준 설정을 요청할 수

---

6) 규칙 제5조의2 제2항은 관련 자료를 다음과 같이 정하고 있다.

있다(법 제7조의 3 제2항).

　식품의약품안전처장은 위와 같은 신청 또는 요청 내용이 타당한 경우에는 잔류허용기준을 설정할 수 있으며, 잔류허용기준 설정 여부가 결정되면 지체 없이 그 사실을 신청인 또는 요청인에게 통보한다(규칙 제5조의2 제3항).

---

1. 농약 또는 동물용 의약품의 독성에 관한 자료와 그 요약서
2. 농약 또는 동물용 의약품의 식품 잔류에 관한 자료와 그 요약서
3. 국제식품규격위원회의 잔류허용기준에 관한 자료와 잔류허용기준의 설정에 관한 자료
4. 수출국의 잔류허용기준에 관한 자료와 잔류허용기준의 설정에 관한 자료
5. 수출국의 농약 또는 동물용 의약품의 표준품

제3장

기구와 용기·포장

APPARATUS, CONTAINERS AND PACKAGES

식품위생법 제3장은 기구와 용기·포장에 관한 사항을 규정하고 있다. 특히 이 장에서는 유독기구 등의 판매·사용 금지, 기구 및 용기·포장에 관한 기준 및 규격에 관한 내용이 포함되어 있다. 다만, 그 구체적인 내용은 식품의약품안전처고시인 「기구 및 용기·포장의 기준 및 규격」에 위임되어 있어, 본 장에서는 법률을 중심으로 개괄적인 내용을 담고자 하였다.

03

기구와 용기·포장

제1절 유독기구 등의 판매·사용 금지

Ⅰ. 유독기구 등의 판매·사용 금지

1. 관련 규정

유독·유해물질이 들어 있거나 묻어 있어 인체의 건강을 해칠 우려가 있는 기구 및 용기·포장과 식품 또는 식품첨가물에 직접 닿으면 해로운 영향을 끼쳐 인체의 건강을 해칠 우려가 있는 기구 및 용기·포장을 판매하거나 판매할 목적으로 제조·수입·저장·운반·진열하거나 영업에 사용하여서는 아니 된다(법 제8조).

2. 용기와 포장의 의미

사전적인 의미로서의 '용기'는 식품 또는 첨가물을 넣거나 싸는 물품으로서 그 자체 형태를 갖추고 있는 물품(예컨대 캔이나 병 등)을 의미하고, '포장'이란 식품 또는 첨가물을 넣거나 싸는 물품으로서 그 자체의 형태를 갖추고 있지 않는 물품(예컨대 종이, 헝겊, 폴리에스테르필름 등으로 식품 등을 싸는 경우의 종이, 헝

깊, 폴리에스테르필름)을 의미한다.

한편, 법규정에서는 "용기·포장이라 함은 식품 또는 첨가물을 넣거나 싸는 물품으로서 식품 또는 첨가물을 수수할 때 함께 인도되는 물품을 말한다"고만 정의하고 있을 뿐이며(법 제2조 5호) 그 내용물에 직접 접촉되는 것만을 용기로 한정하고 있지 않다. 즉, 법 제8조에서 사용하고 있는 '용기'와 '포장'은 이라는 용어는 위와 같이 사전적인 의미에서만 차이가 있을 뿐이므로, 식품 등을 넣거나 싸는 물품 중에서 내용물인 식품 등과 직접 접촉하는 물품만이 '용기'에 해당한다고 볼 수는 없다는 것이 법원의 입장이다. 따라서 햄 및 베이컨이 들어 있는 캔은 그 내용물인 햄 및 베이컨에 직접 접촉되지 않았다고 하더라도 용기에 해당한다(대법원 1994. 6. 10. 선고 94다1692 판결).

II. 위반행위에 대한 제재

1. 압류·폐기 처분

법 제8조를 위반한 기구 및 용기·포장은 압류 또는 폐기될 수 있다(법 제72조 제1항).

2. 영업허가·등록취소, 영업정지 및 영업소 폐쇄 처분

법 제8조를 위반한 경우 영업허가 또는 등록이 취소되거나 6개월 이내의 기간을 정하여 그 영업의 전부 또는 일부가 정지되거나 영업소가 폐쇄될 수 있다(법 제75조 제1항 제1호). 다만, 영업정지에 갈음하여 10억 원 이하의 과징금이 부과될 수 있다(법 제82조 제1항).

3. 과징금 부과

법 제8조를 위반하여 영업허가 및 등록의 취소 또는 영업소의 폐쇄명령을 받은 경우 판매한 해당 기구 및 용기·포장의 소매가격에 상당하는 금액이 과징금으로 부과된다(법 제83조 제1항 제2호).

4. 행정처분의 공표 및 영업자의 공표의무

위 행정처분이 확정된 영업자에 대한 처분 내용, 해당 영업소와 식품 등의 명칭 등 처분과 관련된 영업 정보는 공표된다(법 제84조). 법 제8조의 위반으로 식품위생에 관한 위해가 발생하였다고 인정되는 경우 해당 영업자는 이를 공표하여야 한다(법 제73조 제1항 제1호).

제2절 기구 및 용기·포장에 관한 기준 및 규격

Ⅰ. 기구 및 용기·포장에 관한 기준 및 규격

1. 식품용 기구·용기·포장의 안전기준

식품의약품안전처장은 국민보건을 위하여 필요한 경우에는 판매하거나 영업에 사용하는 기구 및 용기·포장에 관하여 i) 제조 방법에 관한 기준, ii) 기구 및 용기·포장과 그 원재료에 관한 규격 등을 정하여 고시하여야 한다(법 제9조 제1항).

이에 따라 식품의약품안전처는 식품 또는 식품첨가물에 직접 닿아 사용되는 기구 및 용기·포장에서 식품으로 이행될 수 있는 위해 물질에 대한 규격 등을 정하여 안전한 기구 및 용기·포장의 유통을 도모하고 국민보건상 위해를 방지하여 소비자의 안전 확보를 위하여, 「기구 및 용기·포장의 기준 및 규격」(식품의약품안전처고시 제2018-11호, 2018. 2. 27., 일부개정)에서 공통제조기준, 공통규격, 용도별 규격, 기구 및 용기·포장의 기준 및 규격 적용, 기준 및 규격의 적부판정, 검체의 채취 및 취급방법, 보존 및 유통기준에 관한 정보를 제공하고 있다.

포장된 식품의 외부를 포장하는 2차 포장용기와 같이 식품과 직접 접촉되어 사용되지 않는 용기는 「기구 및 용기·포장의 기준 및 규격」 적용 대상이 아니므로, 외부포장에는 일반용기의 사용도 가능하다.

2. 고시되지 아니한 기구 및 용기·포장의 기준과 규격

식품의약품안전처장은 「기구 및 용기·포장의 기준 및 규격」에 따라 기준과 규격이 고시되지 아니한 기구 및 용기·포장의 기준과 규격을 인정받으려는 자에게 i) 제조 방법에 관한 기준, ii) 기구 및 용기·포장과 그 원재료에 관한 규격에 관한 사항을 제출하게 하여 시험·검사기관의 검토를 거쳐 「기구 및 용기·포장의 기준 및 규격」에 그 기준과 규격이 고시될 때까지 해당 기구 및 용기·포장의 기준과 규격으로 인정할 수 있다(법 제9조 제2항).

3. 수출할 기구 및 용기·포장과 그 원재료에 관한 기준과 규격

수출할 기구 및 용기·포장과 그 원재료에 관한 기준과 규격은 법과 고시에서 정한 기준 및 규격에도 불구하고 수입자가 요구하는 기준과 규격을 따를 수 있다(법 제9조 제3항).

4. 기준과 규격에 맞지 아니한 기구 및 용기·포장의 판매 등 금지

법과 고시에 따라 기준과 규격이 정하여진 기구 및 용기·포장은 그 기준에 따라 제조하여야 하며, 그 기준과 규격에 맞지 아니한 기구 및 용기·포장은 판매하거나 판매할 목적으로 제조·수입·저장·운반·진열하거나 영업에 사용하여서는 아니 된다(법 제9조 제4항).

Ⅱ. 위반행위에 대한 제재

1. 압류·폐기 처분

기준과 규격을 위반한 기구 및 용기·포장은 압류 또는 폐기될 수 있다(법 제72조 제1항).

2. 영업허가·등록취소, 영업정지 및 영업소 폐쇄 처분

법 제9조 제4항을 위반한 경우 영업허가 또는 등록이 취소되거나 6개월 이내의 기간을 정하여 그 영업의 전부 또는 일부가 정지되거나 영업소가 폐쇄될 수 있으며(법 제75조 제1항 제1호), 영업정지에 갈음하여 10억 원 이하의 과징금이 부과될 수 있다(법 제82조 제1항).

3. 제조정지 처분

법 제9조 제4항을 위반한 경우 해당 품목 또는 품목류에 대하여 기간을 정하여 6개월 이내의 제조정지 처분이 내려질 수 있다(법 제76조 제1항 제2호).

4. 행정처분의 공표 및 영업자의 공표의무

위 행정처분이 확정된 영업자에 대한 처분 내용, 해당 영업소와 식품 등의 명칭 등 처분과 관련된 영업 정보는 공표된다(법 제84조). 법 제9조 제4항의 위반으로 식품위생에 관한 위해가 발생하였다고 인정되는 경우 해당 영업자는 이를 공표하여야 한다(법 제73조 제1항 제1호).

제4장

표 시

식품위생법 제4장은 표시 및 광고에 관한 사항을 규정하고 있다. 식품의 표시 및 광고에 관한 사항은 구 식품위생법에서 규정하고 있었으나, 2018. 3. 13. 「식품 등의 표시·광고에 관한 법률」(이하 "식품표시광고법")(시행 2019. 3. 14.)이 제정되면서 대부분의 규정이 구 식품위생법에서 삭제되었고, 삭제된 내용들은 식품표시광고법에서 규율되고 있다. 식품표시광고법에서는 표시 및 광고와 관련한 여러 사항들을 하위법령으로 정하도록 위임하고 있으나, 이러한 하위법령들이 아직 제정되지 않은 상태인 반면 구 식품위생법에서 삭제된 규정의 위임을 받아 제정된 하위법령은 여전히 남아 있는 상황이다. 따라서 이 장에서는 현행 식품위생법 하위법령을 중심으로 하여 표시의 기준, 영양표시, 나트륨 함량 비교 표시, 유전자변형식품 등의 표시 및 광고의 기준·실증·심의 등에 관한 내용을 소개하고자 한다. 다만, 추후 식품표시광고법 하위법령 제정 시 현행 식품위생법 하위법령이 그대로 반영되지 않을 수도 있다는 점을 유의해야 할 것이다.

표시에 관한 부분도 구체적인 내용이 식품의약품안전처고시인 「식품 등의 표시기준」 등 행정규칙에 상당 부분 위임되어 있으며, 행정규칙에서도 세부표시기준에 관한 사항은 별지에 마련하고 있다. 이로 인하여 영업자들이 법령만으로는 전체적인 모습을 알기 어려울 뿐만 아니라, 세부적인 내용 역시 어디에 규정되어 있는지를 찾기가 쉽지 않다. 이에 행정규칙의 내용을 인용하여 대략적인 표시사항 및 표시기준을 파악할 수 있도록 소개하였고, 세부적인 내용을 규정하고 있는 조항을 적시하여 방대한 규정으로 인하여 혼란을 겪을 영업자들에게 도움을 주고자 하였다.

식품의 광고는 영업이익과도 직결되는 부분으로, 영업자들에게 꼭 필요한 중요한 수단이다. 그러나 법령의 규정만으로는 어떠한 광고가 허용되는 광고이고, 어떠한 광고가 허용되지 않는 부당한 광고인지를 파악하기란 쉽지 않다. 예를 들어, 질병의 예방·치료에 효능이 있거나 의약품으로 인식할 우려가 있는 광고는 금지되는데, 인터넷 홈페이지를 통해 홍삼제품을 판매하는 사람이 분리된 게시 공간에서 홍삼의 일반적인 약리적 효능을 게시하였다면 부당한 광고에 해당하지 않지만, 법령의 문언만으로는 영업자들이 이를 알기 어렵다. 또한 거짓·과장되거나 소비자를 기만하는 광고는 금지되는데, 일반식품에 '식사대용' 표현은 허용되는 반면 '다이어트' 표현을 사용하는 것은 금지되지만, 영업자들이 이를 구분하기란 쉽지 않다. 이러한 점을 고려하여 실제 영업자들이 혼란을 겪어 온 사례들 중 식품의약품안전처의 공적 견해가 존재하는 주요 사례들을 소개함으로써, 법령이 실제로 적용되는 모습을 담고자 하였다.

표 시

제1절 식품 등의 표시·광고에 관한 법률의 제정과 그 주요내용

I. 식품 등의 표시·광고에 관한 법률의 제정[1]

구 식품위생법 제4장에서는 식품의 표시기준(법 제10조), 식품의 영양 표시 (법 제11조), 나트륨 함량 비교 표시(법 제11조의2), 유전자변형식품 등의 표시(법 제12조의2), 식품의 표시·광고의 심의(법 제12조의3), 광고심의 이의신청(제12조의 4), 허위표시 등의 금지(법 제13조)에 관하여 규정하고 있었다. 그런데 최근「식품 등의 표시·광고에 관한 법률」(이하 "식품표시광고법")(법률 제15483호, 2018. 3. 13., 제정, 시행 2019. 3. 14.)이 제정되면서 유전자변형식품 등의 표시(법 제12조의2)에 관한 규정을 제외한 나머지 규정들이 구 식품위생법에서 모두 삭제되었고, 삭제된 내용들은 식품표시광고법에서 규율되고 있다.

식품표시광고법은 식품위생법, 「건강기능식품에 관한 법률」(이하 이 장에서 "건강기능식품법") 및 「축산물 위생관리법」(이하 이 장에서 "축산물위생관리법")에 분

---

1) 식품 등의 표시·광고에 관한 법률[제정·개정이유], 법제처.

산되어 있는 식품, 건강기능식품, 축산물 등의 표시·광고에 관한 규정을 통합하는 동시에 식품 등의 표시의 기준에 관한 주요 내용을 법률로 규정함으로써 식품·건강기능식품·축산물·수입식품 등과 관련된 영업자들이 표시·광고 규제의 주요 내용을 보다 쉽게 파악할 수 있게 하였다. 또한, 식품표시광고법은 영업자가 식품 등에 관하여 국민들에게 정확한 정보를 제공하도록 하기 위하여, 사행심을 조장하거나 음란한 표현을 사용하여 공중도덕이나 사회윤리를 현저하게 침해하는 부당한 표시·광고를 금지하고 있으며, 식품위생법 및 건강기능식품법에 따른 기능성 표시·광고 사전심의를 폐지하고 식품 관련 단체에서 부당한 표시·광고행위를 자율적으로 심의하는 기구를 운영할 수 있는 근거를 마련하였다.

II. 식품표시광고법의 목적

식품표시광고법은 식품, 식품첨가물, 기구 또는 용기·포장(이하 "식품 등"이라 함)에 대하여 올바른 표시·광고를 하도록 하여 소비자의 알 권리를 보장하고 건전한 거래질서를 확립함으로써 소비자 보호에 이바지함을 목적으로 한다 (식품표시광고법 제1조).

III. 식품표시광고법의 주요내용[2]

1. 식품 등의 표시의 기준에 관한 주요 내용 명시(식품표시광고법 제4조)

종전에 식품의약품안전처장이 고시로 정하도록 한 식품, 식품첨가물, 기구 및 용기·포장의 표시에 관한 사항 중 주요 내용을 법률에서 직접 규정하도록 하여 식품·건강기능식품·축산물·수입식품 등과 관련된 영업자들이 표시·광고 규제의 주요 내용을 쉽게 파악하고 이해할 수 있도록 하였다.

---

2) 식품 등의 표시·광고에 관한 법률[제정·개정이유], 법제처.

2. 식품 등의 표시·광고 금지유형 확대(식품표시광고법 제8조 제1항 제8호)

종전에 건강기능식품법, 식품위생법 및 축산물위생관리법에서 금지한 식품 등의 표시·광고 유형 외의 유형으로서 사행심을 조장하거나 음란한 표현을 사용하여 공중도덕이나 사회윤리를 현저하게 침해하는 표시·광고를 금지유형에 추가하였다.

3. 식품 등의 표시·광고 내용의 실증(實證) 등(식품표시광고법 제9조)

식품 등을 표시·광고한 자는 자기가 한 표시·광고 중 사실과 관련한 사항에 대하여 그 실제를 증명할 수 있도록 하고, 식품의약품안전처장은 식품 등의 표시·광고가 부당한 표시·광고로서 실제적인 증명이 필요하다고 인정하는 경우에는 해당 식품 등을 표시·광고한 자에게 실증자료를 제출할 것을 요청할 수 있도록 하였다.

4. 식품 등의 표시·광고 자율심의(식품표시광고법 제10조)

현재 건강기능식품법 및 식품위생법에 따른 사전심의 제도를 폐지하고, 식품위생법에 따른 동업자조합, 한국식품산업협회 및 건강기능식품법 제28조에 따른 단체 중 부당한 표시·광고를 방지하기 위한 조직을 운영하는 자는 식품의약품안전처장에게 그 운영 사실을 등록한 후 자율적인 심의가 가능하도록 하였다.

Ⅳ. 식품표시광고법 관련 하위 법령

2019. 3. 14.부터 시행 예정인 식품표시광고법에서는 표시와 관련한 여러 사항들을 대통령령, 총리령, 고시 등 하위법령으로 정하도록 하고 있다. 그런데 이러한 하위법령들이 아직 제정되지 않은 반면, 구 식품위생법에서 삭제된 규정의 위임을 받아 제정된 하위 시행령 또는 시행규칙, 고시는 여전히 남아 있는 상황이다. 따라서 추후 식품위생법 시행령 및 시행규칙에서도 표시 관련 규

정들을 삭제하고 식품표시광고법상 하위 법령을 정비하여 표시 관련 세부적인
내용을 규율할 것으로 예상된다.

   이하에서는 일단 현행 식품위생법 시행령, 시행규칙, 고시를 중심으로 살
펴보기로 한다. 다만, 추후 식품표시광고법 하위 법령 제정 시 현행 식품위생
법 하위법령이 그대로 반영되지 않을 수도 있다는 점을 유의해야 할 것이다.

제2절 표시의 기준

Ⅰ. 표시의 기준 관련 규정

   식품표시광고법 제4조에서는 식품 등을 i) 식품, 식품첨가물 또는 축산물,
ii) 기구 또는 용기·포장, iii) 건강기능식품으로 구분하여 표시의무자, 표시사
항 및 글씨크기·표시장소 등 표시방법에 관한 사항을 표시하도록 하고 있다.

   기존에 i) 식품과 관련된 표시기준은 구 식품위생법 제10조 및 제11조 및
규칙 제6조, 식약처 고시 「식품 등의 표시기준」(식품의약품안전처고시 제2018-58
호, 2018. 8. 2., 일부개정, 시행 2018. 8. 2.)에서 정하고 있었으며, ii) 축산물과 관련
된 표시기준은 구 축산물위생관리법 제6조, 「축산물의 표시기준」(식품의약품안
전처고시 제2018-9호, 2018. 2. 23., 일부개정, 시행 2020. 1. 1.)에서 정하고 있었다.
iii) 또한, 건강기능식품과 관련된 표시기준은 구 건강기능식품법 제17조, 식약
처 고시 「건강기능식품의 표시기준」(식품의약품안전처고시 제2018-34호, 2018. 5.
2., 일부개정, 2018. 5. 2.시행)에서 정하고 있었다.

   그런데 식품표시광고법이 제정되면서 위 구 식품위생법 제10조 및 제11
조, 축산물위생관리법 제6조, 건강기능식품법 제17조가 모두 삭제되었고 식품
표시광고법에서 표시관련 기준을 통일적으로 규율하게 되었다. 따라서, 앞서
설명한 것처럼, 추후 2019. 3. 14.부터 시행되는 식품표시광고법에 따라 「식품
등의 표시기준」, 「축산물의 표시기준」, 「건강기능식품의 표시기준」을 종합적으
로 반영한 식품표시광고법의 하위 법령들이 정비될 것으로 예상된다.

이하에서는 일단 식품위생법의 하위 법령인 현행 「식품 등의 표시기준」, 「축산물의 표시기준」, 「건강기능식품의 표시기준」에 기초하여 식품, 식품첨가물, 기구, 용기·포장 등의 표시기준을 중심으로 살펴보기로 한다.

II. 표시대상 및 표시사항

1. 식품, 식품첨가물 또는 축산물

가. 표시대상

표시대상인 식품 또는 식품첨가물은 아래와 같다.[3]

- 식품제조·가공업의 등록 및 즉석판매제조·가공업의 신고를 하여 제조·가공하는 식품. 다만, 식용얼음의 경우에는 5킬로그램 이하의 포장 제품에 한한다.
- 식품첨가물제조업으로 등록하여 제조·가공하는 식품첨가물
- 식품소분업으로 신고하여 소분하는 식품 또는 식품첨가물
- 방사선으로 조사처리한 식품
- 수입식품 또는 수입식품첨가물
- 자연상태의 농·임·축·수산물로서 용기·포장에 넣어진 식품(수입식품을 포함한다)
- 제과점영업으로 신고하고 가맹사업으로서 그 직영점과 가맹점에서 제조·가공, 조리하여 용기·포장에 제품명을 표시하는 식품

한편, 표시대상인 축산물이란 식육·포장육·원유(原乳)·식용란(食用卵)·식육가공품·유가공품·알가공품(해외에서 국내로 수입되는 축산물을 포함한다)을 말한다(식품표시광고법 제2조 제6호, 축산물위생관리법 제2조 제2호). 좀 더 구체적으로 설명하면, 표시대상인 축산물이란 i) 축산물가공품,[4] ii) 축산물가공품 외의 그릇

---

3) 「식품 등의 표시기준」 I. 4. 참조.

4) 축산물가공품이란 축산물위생관리법에 따른 축산물가공업의 허가를 받은 영업자가 처리·제조·가공하는 축산물가공품, 「수입식품안전관리특별법」제20조 제1항에 따른 수입신고를 하여야 하는 축산물(이하 "수입축산물"이라 한다) 중 축산물가공품, 축산물위생관리법 시행령 제21조 제8호에 따른 식육즉석판매가공업 영업자가 만들거나 다시 나누어 판매하는 식육가공품을 의미한다(「축산물의 표시기준」 제3조 제1호).

또는 포장에 넣어진 축산물 중 수입축산물, iii) 축산물위생관리법에 따른 식육포장처리업의 허가를 받은 영업자가 생산하는 포장육, iv) 축산물위생관리법에 따라 포장대상 축산물로 정해진 닭·오리의 식육과 식용란 중 닭의 알(축산물의 개별기준에서 정함), v) iv)의 "식용란 중 닭의 알"의 개별기준에 따라 표시하고자 하는 오리, 메추리의 알을 의미한다.[5]

나. 표시사항

식품, 식품첨가물 또는 축산물에는 i) 제품명, 내용량 및 원재료명, ii) 영업소 명칭 및 소재지, iii) 소비자 안전을 위한 주의사항, iv) 제조연월일, 유통기한 또는 품질유지기한, v) 그 밖에 소비자에게 해당 식품, 식품첨가물 또는 축산물에 관한 정보를 제공하기 위하여 필요한 사항을 표시하여야 한다(식품표시광고법 제4조 제1항 제1호).

「식품 등의 표시기준」 [별지 1] 표시사항별 세부표시기준에서는 식품(수입식품 포함)에 관한 세부표시기준을 마련하고 있으며, 식품첨가물(수입식품첨가물 포함)의 경우 별도로 명시한 것을 제외하고는 식품의 세부표시기준을 준용하고 있다. 아래에서는 대략적인 표시사항 및 표시기준을 살펴보고 세부적인 표시방법은 「식품 등의 표시기준」 [별지 1] 표시사항별 세부표시기준을 참조하기로 한다.

(1) 제품명

제품명은 그 제품의 고유명칭으로서 허가관청(수입식품의 경우 신고관청)에 신고 또는 보고하는 명칭으로 표시하여야 하며, 제품명에 상호, 로고 또는 상표 등의 표현을 함께 사용할 수 있다. 다만, 원재료명 또는 성분명을 제품명 또는 제품명의 일부로 사용할 수 있는 경우도 있으니 이와 관련한 구체적인 내용은 「식품 등의 표시기준」 [별지 1] 표시사항별 세부표시기준을 참고하기 바란다.[6]

제품명에는 소비자를 오도, 혼동시키는 표현, 다른 유형의 식품과 오인, 혼동할 수 있는 표현(이 경우 건강기능식품법 및 축산물위생관리법 등 다른 법률에서

---

5) 「축산물의 표시기준」 제3조(표시대상) 참조.
6) 「식품 등의 표시기준」 [별지 1] 표시사항별 세부표시기준 1. 가. 참조.

정한 유형도 포함하되, 다만, 즉석섭취식품, 즉석조리식품, 소스류 및 드레싱류는 식품유형과 용도를 명확하게 표시하는 경우는 제외한다.) 등을 사용하여서는 아니 된다. 또한, 허위, 과대의 표시, 광고에 해당하는 표현 역시 사용하여서는 아니 된다(규칙 제8조).

한편, 수출국에서 표시한 수입식품의 제품명을 한글로 표시할 때 외래어의 한글표기법에 따라 표시하거나 번역하여 표시하여야 하며, 한글로 표시한 제품명은 표시기준에 적합하여야 한다.

(2) 내용량

내용물의 성상에 따라 중량, 용량 또는 개수로 표시하되, 개수로 표시할 때에는 중량 또는 용량을 괄호 속에 표시하여야 함을 원칙으로 한다. 이 경우 용기, 포장에 표시된 양과 실제량과의 부족량의 허용오차(범위), 중량 표시 시 제외하여야 하는 범위, 구체적인 표시방법은 「식품 등의 표시기준」 [별지 1] 표시사항별 세부표시기준을 참조하기 바란다.[7]

(3) 원재료명

식품에 대한 표시는 식품의 제조, 가공시 사용한 모든 원재료명(최종제품에 남지 않는 물은 제외한다. 이하 같다)을 많이 사용한 순서에 따라 표시하여야 한다. 다만, 중량비율로서 2% 미만인 나머지 원재료는 상기 순서 다음에 함량 순서에 따르지 아니하고 표시할 수 있다. 원재료명은 「식품의 기준 및 규격」(식품의약품안전처 고시), 표준국어대사전 등을 기준으로 대표명을 선정하며, 품종명을 원재료명으로 사용할 수 있다. 제조, 가공 과정을 거쳐 원래 원재료의 성상이 변한 것을 원재료로 사용한 경우에는 그 제조, 가공 공정의 명칭 및 성상을 함께 표시하여야 한다.[8] 복합원재료를 사용한 경우에는 그 복합원재료를 나타내는 명칭(제품명을 포함한다) 또는 식품의 유형을 표시하고 괄호로 물을 제외하고 많이 사용한 순서에 따라 5가지 이상의 원재료명 또는 성분명을 표시하여야 한다. 다만, 복합원재료가 당해 제품의 원재료에서 차지하는 중량 비율이 5% 미만에 해당하는 경우 또는 복합원재료를 구성하고 있는 복합원재료의 경우에

---

7) 「식품 등의 표시기준」 [별지 1] 표시사항별 세부표시기준 1. 마. 참조.
8) 예시: ○○농축액, ○○추출액, ○○발효액, 당화○○.

는 그 복합원재료를 나타내는 명칭(제품명을 포함한다) 또는 식품의 유형만을 표시할 수 있다.

다른 법령에서 별도의 원재료 및 성분의 표시방법을 규정하고 있는 경우에는 그 법령에서 정하는 바를 함께 표시하여야 하며, 보다 구체적인 표시방법은 「식품 등의 표시기준」 [별지 1] 표시사항별 세부표시기준을 참조하기로 한다.9)

한편, 식품첨가물의 경우에는 식품 「식품 등의 표시기준」 [표 4], [표 5], [표 6] 등에서 식품첨가물의 종류를 분류하고 있으며 각 종류의 식품첨가물 마다 표시방법을 달리 정하고 있다. 보다 구체적인 표시방법은 「식품 등의 표시기준」 [별지 1] 표시사항별 세부표시기준을 참조하기로 한다.10)

다만, 앞서 언급한 식품 및 식품첨가물의 원재료명 표시방법에도 불구하고 기타의 방법으로도 표시할 수 있는데, 관련한 구체적인 표시 방법11) 및 식품의 원재료로서 사용한 추출물(또는 농축액)의 함량을 표시하는 방법12)에 관해서는 역시 「식품 등의 표시기준」 [별지 1] 표시사항별 세부표시기준을 참조하기로 한다.

(4) 영업소 명칭 및 소재지13)

식품 등 제조, 가공업은 영업등록 또는 영업신고 시 등록 또는 신고 관청에 제출한 문서에 기재된 업소명 및 소재지를 표시하되, 업소 소재지 대신 반품교환업무를 처리하는 장소를 표시할 수 있다. 다만, 식품 제조, 가공업자가 제조, 가공시설 등이 부족하여 식품 제조, 가공업의 영업신고를 한 자에게 위탁하여 식품을 제조, 가공한 경우에는 위탁을 의뢰한 업소명 및 소재지를 표시하여야 한다.

유통전문판매업은 영업신고 시 신고관청에 제출한 문서에 기재된 업소명 및 소재지(또는 반품교환업무를 처리하는 장소)를 표시하고 해당 식품의 제조, 가

---

9) 「식품 등의 표시기준」 [별지 1] 표시사항별 세부표시기준 1. 바. 1) 참조.
10) 「식품 등의 표시기준」 [별지 1] 표시사항별 세부표시기준 1. 바. 1) 참조.
11) 「식품 등의 표시기준」 [별지 1] 표시사항별 세부표시기준 1. 바. 3) 참조.
12) 「식품 등의 표시기준」 [별지 1] 표시사항별 세부표시기준 1. 바. 4) 참조.
13) 「식품 등의 표시기준」 [별지 1] 표시사항별 세부표시기준 1. 나.

공업의 업소명 및 소재지를 함께 표시하여야 한다.

식품소분업은 영업신고 시 신고관청에 제출한 문서에 기재된 업소명 및 소재지(또는 반품교환업무를 처리하는 장소)를 표시하고 해당 식품의 제조, 가공업의 업소명 및 소재지를 함께 표시하여야 한다. 소분하고자 하는 식품이 수입식품인 경우 식품 등의 수입판매업소명 및 소재지도 함께 표시하여야 한다.

식품 등의 수입판매업은 영업등록시 등록관청에 제출한 문서에 기재된 업소명 및 소재지(또는 반품교환업무를 처리하는 장소, 이 경우 '반품교환업무 소재지'임을 표시하여야 한다)를 표시하되, 해당 수입식품의 제조업소명을 표시하여야 한다. 이 경우 제조업소명이 외국어로 표시되어 있는 경우에는 그 제조업소명을 한글로 따로 표시하지 아니할 수 있다.

그 밖에 판매업소의 업소명 및 소재지를 표시하고자 하는 경우에는 식품제조·가공업소의 활자크기와 같거나 작게 표시하여야 한다.

(5) 소비자 안전을 위한 주의사항

아래 Ⅲ. 표시기준 2. 소비자 안전을 위한 주의사항의 내용을 참조하기로 한다.

(6) 제조연월일[14], 유통기한 또는 품질유지기한[15]

제조연월일은 제조일로 표시할 수 있으며, 제조일은 "○○년○○월○○일","○○.○○.○○", "○○○○년○○월○○일" 또는 "○○○○.○○.○○"의 방법으로 표시하여야 한다. 제조일을 주표시면 또는 정보표시면에 표시하기가 곤란한 경우에는 해당위치에 제조일의 표시위치를 명시하여야 한다. 수입된 식품 등에 표시된 수출국의 제조일 "연월일" 표시순서가 위 기준과 다를 경우에는 소비자가 알아보기 쉽도록 "연월일"의 표시순서를 예시하여야 한다. 자연상태의 농·임·수산물 등 제조일자 표시대상 식품이 아닌 식품에 제조일자를 표시한 경우에는 표시된 제조일자를 지우거나 변경하여서는 아니 된다. 제조연월일이 서로 다른 각각의 제품을 함께 포장하였을 경우에는 그중 가장 빠른 제조연월일을 표시하여야 한다. 다만, 소비자가 함께 포함된 각 제품의 제조연월일

---

14) 「식품 등의 표시기준」 [별지 1] 표시사항별 세부표시기준 1. 다. 참조.
15) 「식품 등의 표시기준」 [별지 1] 표시사항별 세부표시기준 1. 라. 참조.

을 명확히 확인할 수 있는 경우는 예외로 한다.

유통기한의 경우에는 "○○년○○월○○일까지", "○○.○○.○○까지", "○○○○년○○월○○일까지", "○○○○.○○.○○까지" 또는 "유통기한: ○○○○년○○월○○일"로 표시하여야 한다.

품질유지기한은 "○○년○○월○○일", "○○.○○.○○", "○○○○년○○월○○일" 또는 "○○○○.○○.○○"로 표시하여야 한다. 다만, 구체적인 상황에서의 표시 방법 및 표시 순서 등은 「식품 등의 표시기준」 [별지 1] 표시사항별 세부표시기준을 참조하기로 한다.[16]

(7) 그 밖에 소비자에게 해당 식품, 식품첨가물 또는 축산물에 관한 정보를 제공하기 위하여 필요한 사항으로서 총리령으로 정하는 사항

「식품 등의 표시기준」 [별지 1] 표시사항별 세부표시기준에서는 성분명및 함량, 영양성분 등의 세부표시기준을 정하고 있다.

제품에 직접 첨가하지 아니한 제품에 사용된 원재료 중에 함유된 성분명을 표시하고자 할 때에는 그 명칭과 실제 그 제품에 함유된 함량을 중량 또는 용량으로 표시하여야 한다. 다만, 이러한 성분명을 영양성분 강조표시에 준하여 표시하고자 하는 때에는 영양성분 강조표시 관련 규정을 준용할 수 있다.

한편, 「식품 등의 표시기준」 [별지 1] 표시사항별 세부표시기준에서는 영양성분 등의 표시대상 식품, 표시대상 영양성분, 영양성분 표시단위 기준, 영양성분별 표시방법, 영양강조 표시기준, 영양성분 표시량과 실제 측정값의 허용오차 범위를 정하고 있으므로 구체적인 내용은 「식품 등의 표시기준」 [별지 1] 표시사항별 세부표시기준을 참조하기로 한다.[17]

2. 기구 또는 용기·포장

가. 표시대상

표시대상이 되는 기구 또는 용기·포장은 수입제품을 포함하며, 식품위생법 제9조 제1항 및 제2항의 규정에 따라 기준 및 규격이 정하여진 기구 또는

---

16) 「식품 등의 표시기준」 [별지 1] 표시사항별 세부표시기준 1. 라. 참조.
17) 「식품 등의 표시기준」 [별지 1] 표시사항별 세부표시기준 1. 아. 참조.

용기·포장과 옹기류를 의미한다.[18)]

나. 표시사항

기구 또는 용기·포장에는 i) 재질, ii) 영업소 명칭 및 소재지, iii) 소비자 안전을 위한 주의사항,[19)] iv) 그 밖에 소비자에게 해당 기구 또는 용기·포장에 관한 정보를 제공하기 위하여 필요한 사항으로서 총리령으로 정하는 사항[20)]을 표시하여야 한다.

옹기류의 경우 업소명(수입옹기류의 경우에는 식품 등 수입판매업소명) 및 소재지는 식품의 세부표시기준을 준용하여 표시하여야 한다.[21)] 옹기류 외의 기구 또는 용기·포장의 업소명 및 소재지 역시 식품의 세부표시기준을 준용하여 표시하여야 한다. 다만, 기구의 경우에는 제조업소명 대신 제조위탁업소명을 표시할 수 있으며, 수입기구에 제조위탁업소명을 표시하고자 하는 경우 원산지를 함께 표시하여야 한다.[22)23)]

3. 건강기능식품

가. 표시대상

표시대상인 건강기능식품이란 건강기능식품법 제3조 제1호에 따른 건강기능식품(해외에서 국내로 수입되는 건강기능식품을 포함한다)을 말한다(식품표시광고법 제2조 제5호).

나. 표시사항

건강기능식품에는 i) 제품명, 내용량 및 원료명, ii) 영업소 명칭 및 소재지, iii) 유통기한 및 보관방법, iv) 섭취량, 섭취방법 및 섭취 시 주의사항, v)

---

18) 「식품 등의 표시기준」 I. 4. 참조.
19) 아래 Ⅲ.공통 표시기준 및 표시사항에서 2. 소비자 안전을 위한 주의사항 표시를 참조하기로 한다.
20) 식품표시광고법 하위 법령이 아직까지 정비되지 않은 상황이다.
21) 「식품 등의 표시기준」 [별지 1] 표시사항별 세부표시기준 3. 가. 참조.
22) (예시) "제조업소명: ○○" 또는 "제조위탁업소명: ○○", 수입기구의 경우 "제조업소명: ○○" 또는 "제조위탁업소명: ○○(원산지)".
23) 「식품 등의 표시기준」 [별지 1] 표시사항별 세부표시기준 3. 나. 참조.

건강기능식품이라는 문자 또는 건강기능식품임을 나타내는 도안, vi) 질병의 예방 및 치료를 위한 의약품이 아니라는 내용의 표현, vii) 「건강기능식품에 관한 법률」 제3조 제2호에 따른 기능성에 관한 정보 및 원료 중에 해당 기능성을 나타내는 성분 등의 함유량, viii) 그 밖에 소비자에게 해당 건강기능식품에 관한 정보를 제공하기 위하여 필요한 사항으로서 총리령으로 정하는 사항을 표시하여야 한다.

Ⅲ. 표시기준

1. 식품 등, 기구 또는 용기·포장의 공통표시기준

「식품 등의 표시기준」에서는 i) 표시방법, ii) 알레르기 등 소비자의 안전을 위한 주의사항 표시, iii) 소비자가 오인·혼동하는 표시의 금지 등과 관련한 공통적인 표시기준을 정하고 있다. 또한, 개별 식품의 종류에 따라 개별표시사항 및 표시기준 역시 별도로 정하고 있다.

이하에서는 공통적인 표시기준을 중심으로 살펴보기로 하고 개별적인 표시기준은 「식품 등의 표시기준」 Ⅲ. 개별표시사항 및 표시기준 부분을 참조하기로 한다.

가. 소비자에게 판매하는 제품의 최소 판매단위별 용기·포장에 「식품 등의 표시기준」 'Ⅲ. 개별표시사항 및 표시기준'에 따른 표시사항을 표시하여야 한다. 다만, 포장된 과자류 중 캔디류·추잉껌, 초콜릿류 및 잼류가 최소판매 단위 제품의 가장 넓은 면 면적이 30㎠ 이하이고 여러 개의 최소판매 단위 제품이 하나의 용기·포장으로 진열·판매할 수 있도록 포장된 경우에는 그 용기·포장에 대신 표시할 수 있다.

나. 표시는 한글로 하여야 하나 소비자의 이해를 돕기 위하여 한자나 외국어를 혼용하거나 병기하여 표시할 수 있으며, 이 경우 한자나 외국어는 한글표시 활자와 같거나 작은 크기의 활자로 표시하여야 한다. 다만, 수입되는 식품 등과 「상표법」에 따라 등록된 상표 및 주류의 제품명은 한자나 외국어를 한글

표시활자보다 크게 표시 할 수 있다.

다. 표시사항을 표시할 때는 소비자가 쉽게 알아볼 수 있도록 눈에 띄게 주표시면 및 정보표시면으로 구분하여 바탕색의 색상과 대비되는 색상으로 다음에 따라 표시하여야 하며, 이 경우 「식품 등의 표시기준」 [도 2] 표시사항 표시서식도안을 활용할 수 있다. 다만, 회수하여 재사용하는 병마개 제품의 경우에는 그러하지 아니하다. 주표시면에는 제품명, 내용량 및 내용량에 해당하는 열량(단, 열량은 내용량 뒤에 괄호로 표시하되, 규칙 제6조의 규정에 따른 영양표시 대상 식품에 한한다)을 표시하여야 한다. 다만, 주표시면에 제품명과 내용량 및 내용량에 해당하는 열량 이외의 사항을 표시한 경우 정보표시면에는 그 표시사항을 생략할 수 있다. 정보표시면에는 식품유형, 업소명 및 소재지, 유통기한(제조연월일 또는 품질유지기한), 원재료명, 주의사항 등을 표시사항별로 표 또는 단락 등으로 나누어 표시하되, 정보표시면 면적이 100㎠ 미만인 경우에는 표 또는 단락으로 표시하지 아니할 수 있다.

라. 표시사항을 표시함에 있어 활자크기는 10 포인트 이상으로 하여야 한다. 단, 영양성분 등의 활자크기는 「식품 등의 표시기준」 [도 3]에 따른다.

마. 정보표시면의 면적(「식품 등의 표시기준」 [도 1]에 따른 정보표시면 중 주표시면에 준하는 최소 여백을 제외한 면적)이 부족하여 10 포인트 이상의 활자크기로 표시사항을 표시할 수 없는 경우에는 라.를 따르지 아니할 수 있다. 이 경우 정보표시면에는 「식품 등의 표시기준」에서 정한 표시(타법 포함)사항만을 표시하여야 한다.

바. 위 라.와 마.에도 불구하고 다른 법령에서 표시사항 및 활자크기를 규정하고 있는 경우에는 그 법령에서 정하는 바를 따른다.

사. 최소 판매단위 포장 안에 내용물을 2개 이상으로 나누어 개별포장(이하 "내포장"이라 한다)한 제품의 경우에는 소비자에게 올바른 정보를 제공할 수 있도록 내포장별로 제품명, 내용량 및 내용량에 해당하는 열량, 유통기한 또는 품질유지기한, 영양성분을 표시할 수 있다. 다만, 내포장한 제품의 표시사항 및 활자크기는 라.의 규정을 따르지 아니할 수 있다.

아. 용기나 포장은 다른 제조업소의 표시가 있는 것을 사용하여서는 아

니 된다. 다만, 식품에 유해한 영향을 미치지 아니하는 용기로서 일반시중에 유통·판매할 목적이 아닌 다른 회사의 제품원재료로 제공할 목적으로 사용하는 경우와 「자원의 절약과 재활용촉진에 관한 법률」에 따라 재사용되는 유리병(같은 식품유형 또는 유사한 품목으로 사용한 것에 한한다)의 경우에는 그러하지 아니할 수 있다.

자. 시각장애인을 위하여 제품명, 유통기한 등의 표시사항을 알기 쉬운 장소에 점자로 표시할 수 있다. 이 경우 점자표시는 스티커 등을 이용할 수 있다.

차. 국내 식품 영업자가 수출국 제조·가공업소에 계약의 방식으로 식품 생산을 위탁하여 주문자의 상표(로고, 기호, 문자, 도형 등)를 한글로 인쇄된 포장지에 표시하여 수입하는 주문자상표부착방식 위탁생산(OEM, Original Equipment Manufacturing) 식품 및 식품첨가물(유통전문판매업소가 표시된 제품은 제외한다)은 14포인트 이상의 활자로 주표시면에 「대외무역법」에 따른 원산지 표시의 국가명 옆에 괄호로 위탁생산제품임을 표시하여야 한다(다만, 농·임·수산물, 주류는 제외한다).24)

카. 세트포장(각각 품목제조보고 또는 수입신고 된 완제품 형태로 두 종류 이상의 제품을 함께 판매할 목적으로 포장한 제품을 말함) 형태로 구성한 경우, 세트포장 제품을 구성하는 각 개별 제품에는 표시사항을 표시하지 아니할 수 있지만 세트포장 제품의 외포장지에는 이를 구성하고 있는 각 제품에 대한 표시사항을 각각 표시하여야 한다. 이 경우 유통기한은 구성제품 가운데 가장 짧은 유통기한 또는 그 이내로 표시하여야 한다(다만, 소비자가 완제품을 구성하는 각 제품의 표시사항을 명확히 확인할 수 있는 경우는 제외한다).

타. 식품소분업소에서 식품을 소분하여 재포장한 경우, 즉석판매제조·가공업소에서 식품제조·가공업 영업자가 제조·가공한 식품을 최종 소비자에게 덜어서 판매하는 경우에는 해당 식품의 원래 표시사항을 변경하여서는 아니 된다. 다만, 내용량, 업소명 및 소재지, 영양성분 표시는 소분에 맞게 표시하여야 한다.

24) (예시: "원산지: ○○ (위탁생산제품)", "○○ 산 (위탁생산제품)", "원산지: ○○(위탁생산)", "○○ 산(위탁생산)", "원산지:○○(OEM)" 또는 "○○ 산(OEM)").

파. 법 제37조에 따른 품목제조보고를 하고 제조하는 제품은 품목보고번호를 표시하여야 한다.

하. 원재료명 등 표시사항은 QR 코드 또는 음성변환용 코드를 함께 표시할 수 있다.

거. 제품에 사용되는 합성수지제 또는 고무제의 용기 또는 포장지에는 포장재질을 합성수지제 또는 고무제의 재질에 따라「기구 및 용기·포장의 기준 및 규격」에 등재된 재질명칭인 염화비닐수지, 폴리에틸렌, 폴리프로필렌, 폴리스티렌, 폴리염화비닐리덴, 폴리에틸렌테레프탈레이트, 페놀수지, 실리콘고무 등으로 각각 구분하여 표시하여야 하며, 이 경우 약자로 표시할 수 있다. 또한,「자원의 절약과 재활용 촉진에 관한 법률」에 따라 폴리에틸렌(PE), 폴리프로필렌(PP), 폴리에틸렌테레프탈레이트(PET), 폴리스티렌(PS), 염화비닐수지(PVC)가 표시되어 있으면 별도 재질표시를 생략할 수 있다.

너. 주표시면에 조리식품 사진이나 그림을 사용하는 경우 사용한 사진이나 그림 근처에 "조리예", "이미지 사진", "연출된 예" 등의 표현을 10포인트 이상의 활자로 표시하여야 한다.

더. 다음의 식품에 대하여는 그 식품의 특성을 고려하여 다음과 같이 표시할 수 있다.

(1) 즉석판매제조·가공대상식품

즉석판매제조·가공업의 영업자가 규칙 [별표 15] 즉석판매제조·가공 대상식품에 따른 즉석판매제조·가공대상식품을 판매하는 경우(다만, 즉석판매제조·가공 대상식품 중 선식 및 우편 또는 택배 등의 방법으로 최종소비자에게 배달하는 식품의 경우는 제외),「주세법 시행령」제4조에서 정한 소규모주류제조자가 직접 제조한 탁주, 약주, 청주, 맥주를 해당 제조자가 같은 징소에서 운영하는 식품접객업소의 고객들에 한해 직접 판매하는 경우로서 표시사항을 진열상자에 표시하거나 별도의 표지판에 기재하여 게시하는 때에는 개개의 제품별 표시를 생략할 수 있다.

(2) 영양성분 표시를 생략할 수 있는 식품

영양성분 표시를 생략할 수 있는 식품에는, ⅰ) 즉석판매제조·가공업자가 제조·가공하는 식품, ⅱ) 최종 소비자에게 제공되지 아니하고 다른 식품을 제조·가공 또는 조리할 때 원료로 사용되는 식품, ⅲ) 식품의 포장 또는 용기의 주표시면 면적이 30㎠ 이하인 식품이 있다(규칙 제6조 제2항).

(3) 수출식품

수출식품 대하여는 수입국 표시기준에 따라 표시할 수 있다.

(4) 수입식품 등

가) 수출국에서 유통되고 있는 식품 등의 경우에는 수출국에서 표시한 표시사항이 있어야 하고, 한글이 인쇄된 스티커를 사용할 수 있으나 떨어지지 아니하게 부착하여야 하며, 원래의 용기·포장에 표시된 제품명, 유통기한 등 일자표시에 관한 사항 등 주요 표시사항을 가려서는 아니 된다.

나) 한글로 표시된 용기·포장으로 포장하여 수입되는 식품 등의 표시사항은 잉크·각인 또는 소인 등을 사용하여야 한다.

다) 수출국 및 제조회사의 표시는 한글표시 스티커에 해당 제품수출국의 언어로 표시할 수 있다. 자사의 제품을 제조·가공에 사용하기 위한 식품 등의 경우에는 제품명, 제조업소명과 제조연월일·유통기한 또는 품질유지기한만을 표시할 수 있고, 그 식품 등에 영어 또는 수출국의 언어 등으로 표시된 경우 한글표시를 생략할 수 있다.

라) 「대외무역법 시행령」 제26조의 규정에 따라 외화획득용으로 수입하는 식품 등은 한글표시를 생략할 수 있다. 다만, 같은 법 시행령 제26조 제1항 제3호의 규정에 따라 관광사업용으로 수입되는 식품 등은 제외한다.

마) 식품제조·가공업자가 최종소비자에게 판매되지 아니하는 식품을 「가맹사업거래의 공정화에 관한 법률」에 따른 가맹사업의 직영점과 가맹점에 제조·가공, 조리를 목적으로 공급하는 경우에는 제품명, 유통기한(제조일자 또는 품질유지기한), 보관방법 또는 취급방법, 업소명 및 소재지만을 표시할 수 있다. 다만, 여러 종류의 식품이 함께 포장된 덕용제품의 경우 제품명과 업소명 및

소재지를 가맹사업자가 POS(point of sales)시스템 등을 통해 이미 알고 있으면 그 표시를 생략할 수 있다.

러. 표시는 지워지지 아니하는 잉크·각인 또는 소인 등을 사용하여야 한다. 다만, 예외적으로 스티커, 라벨(Label) 또는 꼬리표(Tag)를 사용할 수 있으나 떨어지지 아니하게 부착하여야 한다. 예외적인 표시가 가능한 경우는 아래와 같다.

- 제품포장의 특성상 잉크·각인 또는 소인 등으로 표시하기가 불가능한 경우
- 통·병조림 및 병제품 등의 경우
- 소비자에게 직접 판매되지 아니하고 식품제조·가공업소 및 식품첨가물 제조업소에 제품의 원재료로 사용될 목적으로 공급되는 원재료용 제품의 경우
- 허가(등록 또는 신고)권자가 변경허가(등록 또는 신고)된 업소명 및 소재지를 표시하는 경우
- 제조연월일, 유통기한 또는 품질유지기한을 제외한 식품의 안전과 관련이 없는 경미한 표시사항으로 관할 허가 또는 신고관청에서 승인한 경우
- 자연상태의 농·임·축·수산물의 경우
- 식품제조·가공업소에서 제조·가공하여 식품접객업소 또는 집단급식소에만 납품 판매되는 제품으로서 "식품접객업소용" 또는 "집단급식소용"으로 표시한 경우 표시사항
- 「식품 등의 표시기준」[별지 2] 방사선조사식품의 세부표시기준에 따른 방사선조사 관련 문구를 표시하고자 하는 경우
- 즉석판매제조·가공 대상식품 중 선식 및 우편 또는 택배 등의 방법으로 최종소비자에게 배달하는 식품의 경우

머. 탱크로리 제품의 표시사항은 차 내부에 비치할 수 있으며, 소비자에게 직접 판매되지 아니하고 식품제조·가공업소 및 식품첨가물제조업소에 제품의 원료로 사용될 목적으로 공급되는 원료용 제품의 경우에는 제품명, 제조일자 또는 유통기한, 보관방법 또는 취급방법, 업소명 및 소재지만 표시할 수 있다.

버. 식품 등의 개별표시사항은 「식품 등의 표시기준」 Ⅲ. 개별표시사항 및 표시기준, [별지 1] 표시사항별 세부표시기준에 따라 표시한다.

2. 소비자 안전을 위한 주의사항 표시

소비자 안전을 위한 주의사항 표시에는 알레르기 유발물질 표시, 혼입가능성이 있는 알레르기 유발물질 표시, 무글루텐(Gluten Free)의 표시, 그 밖의 주의사항을 표시할 수 있으며 상세한 내용은 아래와 같다.

가. 알레르기 유발물질 표시 제도[25]

(1) 목 적

알레르기 유발 식품을 제품에 표시하여 소비자에게 정보를 제공함으로써 식품 알레르기[26]를 예방하는 제도이다. 알레르기 유발식품에는 난류(가금류에 한함), 우유, 메밀, 땅콩, 대두, 밀, 고등어, 게, 새우, 돼지고기, 복숭아, 토마토, 아황산류(이를 첨가하여 최종제품에 SO2로 10mg/kg 이상 함유한 경우에 한함), 호두, 닭고기, 쇠고기, 오징어, 조개류(굴, 전복, 홍합 포함) 등이 포함되어 있으며 기존 21개 품목에 1개(잣)가 추가되어 총 22개 품목으로 확대될 예정이다.

(2) 알레르기 표시대상

i) 알레르기 유발 식품과 ii) 알레르기 유발 식품으로부터 추출 등의 방법으로 얻은 성분, iii) 위 식품 및 성분을 함유한 식품 또는 식품첨가물을 원료로 사용한 경우 표시하여야 하며, 알레르기 유발식품은 제품에 함유된 양과 관계없이 표시하여야 한다.

(3) 알레르기 표시방법

원재료명 표시란 근처에 바탕색과 구분되도록 별도의 알레르기 표시란을 마련하여 알레르기 표시대상 원재료명을 표시하여야 한다[27]. 예컨대, "계란, 메밀, 새우, 우유, 이산화황, 조개류(굴) 함유"라고 별도로 표시하여야 한다.

---

25) 「식품 등의 표시기준」 Ⅱ. 2. 가., 「2018년도 식품안전관리지침」 250면 참조.
26) 식품 알레르기는 정상인에게는 무해한 식품이지만 특정인이 섭취하였을 경우 그 식품에 대해 과도한 면역반응이 일어나는 것으로, 특정 음식을 섭취하거나 접촉할 때마다 반복되고 식품의 양과는 관계없이 아주 극소량으로도 발생한다.
27) 「축산물의 표시기준」 제6조 5. 가. 2) 가).

(4) 알레르기 주의표시 사항

알레르기 유발 성분을 사용하는 제품과 사용하지 않은 제품을 같은 제조과정(작업자, 기구, 제조라인, 원료보관 등 모든 과정)을 통하여 생산하게 될 경우 불가피하게 혼입 가능성이 있다는 내용을 표시하여야 한다.[28] 예컨대, "이 제품은 메밀을 사용한 제품과 같은 제조시설에서 제조하고 있습니다." 등의 방식으로 표시하여야 한다.

다만, 제조과정에서 혼입가능성을 차단한 경우라면 제조사의 책임하에 혼입가능성 주의문구를 표시하지 않을 수 있으며, 알레르기 유발물질 혼입 가능성이 표시되어 있는 제품을 원재료로 사용하여 제조·가공하는 제품의 경우, 알레르기 유발물질 혼입가능성에 대한 주의사항은 표시하지 않아도 된다.

(5) 알레르기 표시 의무 대상자

식품접객업소(일반음식점영업, 휴게음식점영업 등)에서 조리하여 제공하는 식품은 표시기준에 따른 표시대상 식품에 해당하지 않는다. 반면, 법 제36조 제1항 제3호에 따른 식품접객영업자 중 어린이 기호식품을 조리·판매하는 업소로서 대통령령으로 정하는 영업자가 조리·판매하는 식품에 대해서는 알레르기 물질을 포함하는 식품의 원재료에 대한 표시를 의무화하고, 이를 위반할 경우에는 과태료를 부과한다.

나. 무글루텐(Gluten Free) 표시

밀, 호밀, 보리, 귀리 및 이들의 교배종을 원재료로 사용하지 않으면서 총 글루텐 함량이 20mg/kg 이하인 식품 또는 밀, 호밀, 보리, 귀리 및 이들의 교배종에서 글루텐을 제거한 원재료를 사용하여 총 글루텐 함량이 20mg/kg 이하인 식품은 무글루텐(Gluten Free)의 표시를 할 수 있다.

다. 기타 식품의 주의사항의 표시

기타 장기보존식품 중 냉동식품, 과일·채소류음료 등 개봉 후 부패·변질될 우려가 높은 식품, 음주 전후 및 숙취해소 등의 표시 제품, 아스파탐을 첨가

---

28) 「축산물의 표시기준」 제6조 5. 나. 참조.

사용한 제품, 당알코올류 사용 제품, 선도유지제 포함제품, 일정 수준 이상의 카페인 함량 함유한 식품, 용기 또는 포장 등에 질소가스 등 충전 제품, 통조림 제품, 아마씨(아마씨유 제외)를 원재료로 사용한 제품의 경우에는 「식품 등의 표시기준」 Ⅱ. 2. 라.에 따라 일정한 주의사항을 표시하여야 한다.

라. 기타 식품첨가물의 주의사항 표시

수산화암모늄, 초산, 빙초산, 염산, 황산, 수산화나트륨, 수산화칼륨, 차아염소산나트륨, 차아염소산칼슘, 액체 질소, 액체 이산화탄소, 드라이아이스, 아산화질소 등 식품첨가물에는 「식품 등의 표시기준」 Ⅱ. 2. 마.에 따라 일정한 주의사항을 표시하여야 한다.

마. 기타 기구 또는 용기·포장의 주의사항 표시

기타 기구 또는 용기·포장의 주의사항에 대해서는 「식품 등의 표시기준」 Ⅱ. 2. 바에 따라 일정한 주의사항을 표시하여야 한다.

3. 소비자가 오인·혼동하는 표시 금지[29]

가. 「식품첨가물의 기준 및 규격」에서 해당 식품에 사용하지 못하도록 한 합성보존료, 색소 등의 식품첨가물에 대하여 사용을 하지 않았다는 표시를 하여서는 아니 된다. 예컨대, 면류, 김치 및 두부제품에 "보존료 무첨가" 등의 표시를 하여서는 아니 된다.

나. 영양성분의 함량을 낮추거나 제거하는 제조·가공의 과정을 하지 아니한 원래의 식품에 해당 영양성분 함량이 전혀 들어 있지 않은 경우 그 영양성분에 대한 강조표시를 하여서는 아니 된다.

다. 합성향료만을 사용하여 원재료의 향 또는 맛을 내는 경우 그 향 또는 맛을 뜻하는 그림, 사진 등의 표시를 하여서는 아니 된다.

라. 이온수, 생명수, 약수 등의 용어를 사용하여서는 아니 된다.

마. 합성향료·착색료·보존료 또는 어떠한 인공이나 수확 후 첨가되는 합성성분이 제품 내에 포함되어 있거나, 비식용부분의 제거 또는 최소한의 물리

---

29) 「식품 등의 표시기준」 Ⅱ. 3.

적 공정 이외의 공정을 거친 식품인 경우에는 "천연"이라는 용어를 사용하여서는 아니 된다.

바. 표시대상 원재료 이외에 어떠한 물질도 첨가하지 아니한 경우가 아니라면 "100%"의 표시를 할 수 없다. 다만, 농축액을 희석하여 원상태로 환원하여 사용하는 제품의 경우 환원된 표시대상 원재료의 농도가 100%이상이면 제품 내에 식품첨가물(표시대상 원재료가 아닌 원재료가 포함된 혼합제제류 식품첨가물은 제외)이 포함되어 있다 하더라도 100%의 표시를 할 수 있으며, 이 경우 100% 표시 바로 옆 또는 아래에 괄호로 100% 표시와 동일한 활자크기로 식품첨가물의 명칭 또는 용도를 표시하여야 한다{예시: 100% 오렌지주스(구연산 포함), 100% 오렌지주스(산도조절제 포함)}.

사. 「식품첨가물의 기준 및 규격」에서 고시한 명칭 이외의 명칭을 표시하여서는 아니 된다. 예컨대, "MSG"라고 표시하여서는 아니 된다.

아. 주류 이외의 식품에 알코올 식품이 아니라는 표현(예시: Non-alcoholic), 알코올이 없다는 표현(예시: Alcohol free), 알코올이 사용되지 않았다는 표현(예시: No alcohol added)을 사용하는 경우에는 이 표현 바로 옆 또는 아래에 괄호로 성인이 먹는 식품임을 같은 크기의 활자로 표시하여야 한다. 다만, 알코올 식품이 아니라는 표현을 사용하는 경우에는 "에탄올(또는 알코올) 1% 미만 함유"를 같은 크기의 활자로 함께 표시하여야 한다.[30]

4. 축산물의 표시의 기준

앞서 설명한 바와 같이, 구 식품위생법 및 구 축산물위생관리법하에서는 「축산물의 표시기준」을 별도로 규정하고 있었다. 추후 식품표시광고법이 시행되면 하위법령의 정비가 예상되나 여기서는 현행 「축산물의 표시기준」을 간단히 살펴보기로 한다.

「축산물의 표시기준」 역시 일반적인 표시방법을 규정하고 있으며 「식품 등의 표시기준」과 비교하여 특이사항은 발견되지 않는다. 구체적인 표시방법

---

[30] {예시: "비알코올(에탄올 1% 미만 함유, 성인용)", "Non-alcoholic(에탄올 1% 미만 함유, 성인용)", "무알코올(성인용)", "Alcohol free(성인용)", "알코올 무첨가(성인용)"}.

은 「축산물의 표시기준」을 참조하기로 한다.[31] 다만, 축산물을 처리·제조·가공·수입하는 영업자는 해동 후 재냉동 금지, 부패·변질될 우려가 높은 축산물과 관련한 주의사항, 통조림 제품 관련 주의사항, 알레르기 표시, 선도유지제 관련 표시 등과 관련하여 축산물에 소비자의 안전을 위한 주의 사항을 표시하여야 하고 소비자가 오인·혼동하는 표시는 금지된다. 구체적인 내용은 「축산물의 표시기준」을 참조하기로 한다.[32]

한편, 축산물의 특성을 고려하여, 표시사항을 스티커, 라벨, 꼬리표를 사용하여 표시할 수 있는 경우, 수입축산물의 표시방법, 수출축산물에 대하여 수입자의 요구에 따라 표시할 수 있다. 또한 식육즉석판매가공업 영업자가 식육가공품을 만들거나 다시 나누어 판매하는 경우로서 표시사항을 진열상자에 표시하거나 별도의 표지판에 기재하여 게시하는 때에는 개개의 제품별 표시를 생략할 수 있다. 그 밖에 기타 표시를 생략할 수 있는 경우 등에 관하여는 표시사항의 적용특례 규정을 두고 있으므로 관련 내용은 「축산물의 표시기준」을 참조하기로 한다.[33] 기타 축산물의 세부표시기준[34] 및 중량 등의 허용오차[35] 와 관련하여서도 별도의 구체적인 규정을 두고 있으므로 관련 내용은 「축산물의 표시기준」을 참조하기로 한다.

5. 건강기능식품 표시의 기준

건강기능식품의 표시는 소비자가 쉽게 알아 볼 수 있는 곳에 하여야 함이 원칙이며, 건강기능식품 표시(건강기능식품 도안), 제품명, 내용량은 반드시 주표시면에 하여야 한다. 주표시면 외의 정보표시면에 일괄표시하여야 하는 사항을 표시면적이 적어 정하여진 크기로 표시하기가 곤란한 경우에는 최소 판매단위별 용기·포장에 업소명 및 소재지, 유통기한 및 보관방법, 섭취량 및 섭취방법

---

31) 「축산물의 표시기준」 제5조(표시방법) 참조.
32) 「축산물의 표시기준」 제6조(소비자 안전을 위한 주의사항 표시), 제7조(소비자가 오인·혼동하는 표시금지) 참조.
33) 「축산물의 표시기준」 제8조(표시사항의 적용특례) 참조.
34) 「축산물의 표시기준」 제9조(축산물의 세부표시기준) [별표 1] 축산물의 세부표시기준 참조.
35) 「축산물의 표시기준」 제9조(축산물의 세부표시기준) [별표 2] 표시된 양과 실제량의 허용오차 참조.

관련 사항만을 표시할 수 있으며, 그 밖의 사항은 제품설명서에 따로 기재하여 함께 포장할 수 있고, 이 경우 '제품설명서 참조'라는 표시를 하여야 한다.

기타 일반적인 표시방법,[36] 표시사항별 세부적인 표시기준 및 표시방법,[37] 중량등의 허용오차,[38] 일반적인 표시방법 및 표시기준에도 불구하고 건강기능식품의 특성을 고려한 적용특례[39]와 관련한 자세한 내용은 「건강기능식품의 표시기준」을 참조하기로 한다.

한편, 「건강기능식품의 표시기준」에 관하여 이 규정으로 정하지 아니한 식품첨가물, 기구 또는 용기·포장, '알레르기', '무글루텐', '방사선조사', '포장재질', '인삼의 유래 기본문안', '영양성분 기준치', '한국인 영양섭취기준', '명칭과 용도를 함께 표시하여야 하는 식품첨가물', '식품첨가물의 간략명 및 주용도' 등에 대하여는 「식품위생법」 제10조에 따른 「식품 등의 표시기준」을 준용하고, 유전자변형 건강기능식품은 「유전자변형식품 등의 표시기준」을 준용한다.[40]

Ⅳ. 위반행위에 대한 제재

식품표시광고법 제4조 제1항에 따른 표시가 없거나 제4조 제2항에 따른 표시방법을 위반한 식품 등은 판매하거나 판매할 목적으로 제조·가공·소분·수입·포장·보관·진열 또는 운반하거나 영업에 사용해서는 아니 된다(식품표시광고법 제4조 제3항). 여기서 '영업상 사용'이라는 용어는 식품 및 식품첨가물의 경우에도 적용되는 것이며 그 의미를 기구와 용기·포장에 한하여 적용되는 것이라고 한정적으로 해석할 수는 없다. 따라서 건새우를 시장에서 구입하여 음식재료로 사용하기 위해 보관한 경우에도 동항이 금지하는 행위에 해당할 수 있다(대법원 2005. 5. 12. 선고 2005두548 판결).

한편 "표시에 관한 기준이 정하여진 식품, 첨가물, 기구와 용기, 포장은 그

---

36) 「건강기능식품의 표시기준」 제5조(표시방법) 참조.
37) 「건강기능식품의 표시기준」 제6조(세부표시기준 및 방법) 참조.
38) 「건강기능식품의 표시기준」 제7조(중량등의 허용오차) 참조.
39) 「건강기능식품의 표시기준」 제8조(중량등의 허용오차) 참조.
40) 「건강기능식품의 표시기준」 제9조(중량등의 허용오차) 참조.

기준에 맞는 표시가 없으면 이를 판매하거나 판매의 목적으로 진열 또는 운반하거나 영업상 사용하지 못한다."고 규정한 구 식품위생법 제9조 제2항의 취지는 식품제조허가를 받은 업자에 대한 처벌을 규정한 것이 명백하므로, 무허가 업자의 경우 이를 위반하더라도 죄가 되지 않는다(대법원 1974. 6. 18. 선고 73노428).

1. 시정명령

식품표시광고법 제4조 제3항을 위반하여 표시가 없거나 표시방법을 위반한 식품 등을 판매하거나 판매할 목적으로 제조·가공·소분·수입·포장·보관·진열 또는 운반하거나 영업에 사용한 자는 시정명령을 받을 수 있다(식품표시광고법 제14조 제1호).

2. 영업자의 회수의무

판매의 목적으로 식품 등을 제조·가공·소분 또는 수입하거나 식품 등을 판매한 영업자는 해당 식품 등이 식품표시광고법 제4조 제3항을 위반한 사실을 알게 된 경우 지체 없이 유통 중인 해당 식품 등을 회수하거나 회수하는 데에 필요한 조치를 하여야 한다(식품표시광고법 제15조 제1항). 이 경우 영업자는 회수계획을 식품의약품안전처장, 시·도지사 또는 시장·군수·구청장에게 미리 보고하여야 한다(식품표시광고법 제15조 제2항).

3. 압류·폐기 등 처분

영업자가 식품표시광고법 제4조 제3항을 위반한 경우 식품 등은 압류 또는 폐기되거나 영업자는 용도·처리방법 등을 정하여 위해를 없애는 조치를 명받을 수 있다(식품표시광고법 제15조 제3항).

4. 영업허가·등록 취소, 영업정지 및 영업소 폐쇄 처분

허가를 받거나 등록을 한 영업자가 식품표시광고법 제4조 3항을 위반하여 식품 등을 판매하거나 판매할 목적으로 제조·가공·소분·수입·포장·보관·진열 또는 운반하거나 영업에 사용한 경우, 6개월 이내의 영업의 전부 또는 일부의 정지를 명받을 수 있고, 영업허가 또는 등록이 취소될 수 있다(식품표시광고법 제16조 제1항 제1호). 영업신고를 한 영업자의 경우 6개월 이내의 영업의 전부 또는 일부의 정지나 영업소 폐쇄를 명받을 수 있다(식품표시광고법 제16조 제3항 제1호). 위 영업정지 등이 이용자에게 심한 불편을 주거나 그 밖에 공익을 해칠 우려가 있을 때에는 그에 갈음하여 10억원 이하의 과징금이 부과될 수 있다(식품표시광고법 제19조 제1항).

5. 제조정지 처분

식품표시광고법 제4조 제3항을 위반하여 식품 등을 판매하거나 판매할 목적으로 제조·가공·소분·수입·포장·보관·진열 또는 운반하거나 영업에 사용한 경우, 영업자는 식품 등의 품목 또는 품목류에 대하여 6개월 이내의 제조정지를 명받을 수 있다(식품표시광고법 제17조 제1항 1호). 위 제조정지가 이용자에게 심한 불편을 주거나 그 밖에 공익을 해칠 우려가 있을 때에는 그에 갈음하여 10억원 이하의 과징금이 부과될 수 있다(식품표시광고법 제19조 제1항).

6. 행정처분의 공표

압류·폐기나 영업정지, 품목 제조정지 등이 확정된 영업자에 대한 처분 내용, 해당 영업소와 식품 등의 명칭 등 처분과 관련한 영업 정보는 공표된다(식품표시광고법 제21조 제1항).

7. 형사처벌

식품표시광고법 제4조 제3항을 위반하여 건강기능식품을 판매하거나 판매할 목적으로 제조·가공·소분·수입·포장·보관·진열 또는 운반하거나 영업에 사용한 자는 5년 이하의 징역 또는 5천만원 이하의 벌금에 처하거나 이를 병과할 수 있다(식품표시광고법 제27조 제1호). 또한 식품표시광고법 제4조 제3항을 위반하여 건강기능식품을 제외한 식품 등을 판매하거나 판매할 목적으로 제조·가공·소분·수입·포장·보관·진열 또는 운반하거나 영업에 사용한 자는 3

년 이하의 징역 3천만원 이하의 벌금에 처한다(식품표시광고법 제28조 제1호).

제3절 영양표시

Ⅰ. 정의 및 근거 법령

"영양표시"란 식품, 식품첨가물, 건강기능식품, 축산물에 들어있는 영양성분의 양(量) 등 영양에 관한 정보를 표시하는 것을 말한다(식품표시광고법 제2조 제8호). 구 식품위생법 제11조에서는 영양표시와 관련한 규정을 두고 있었으며, 식품표시광고법 역시 식품 등(기구 및 용기·포장은 제외한다. 이하 같다.)을 제조·가공·소분하거나 수입하는 자는 총리령으로 정하는 식품 등에 영양표시를 하여야 한다고 규정하고 있다(식품표시광고법 제5조 제1항). 영양성분 및 표시방법 등에 관하여 필요한 사항은 총리령으로 정하도록 하고 있다(식품표시광고법 제5조 제2항).

다만, 식품표시광고법의 하위 규정들이 아직 정비되지 않은 상황이어서 이하에서는 현행 식품위생법의 하위규정을 중심으로 살펴보기로 한다.

한편, 영양표시가 없거나 표시방법을 위반한 식품 등은 판매하거나 판매할 목적으로 제조·가공·소분·수입·포장·보관·진열 또는 운반하거나 영업에 사용해서는 아니 된다(식품표시광고법 제5조 제3항).

Ⅱ. 가공식품의 영양표시[41]

1. 대상영업자

대상영업자에는 식품제조·가공업자, 수입식품 등 수입·판매업자, 식품소분업자가 있다(식품표시광고법 제5조 제1항).

---

41) 2018년도 식품안전관리지침 45면 참조.

2. 대상식품

대상식품은 장기보존식품(레토르트식품만 해당), 과자, 캔디류 및 빙과류, 빵류 및 만두류, 초콜릿류, 잼류, 식용 유지류, 면류, 음료류, 특수용도식품, 어육가공품 중 어육소시지, 즉석섭취식품 중 김밥, 햄버거, 샌드위치, 커피(볶은커피, 인스턴트커피 제외), 장류(한식메주, 재래한식간장, 한식된장, 청국장 제외), 영양표시를 하고자 하는 식품이다(규칙 제6조 제1항).

다만, i) 즉석판매제조·가공업자가 제조·가공하는 식품, ii) 최종 소비자에게 제공되지 아니하고 다른 식품을 제조·가공 또는 조리할 때 원료로 사용되는 식품, iii) 식품의 포장 또는 용기의 주표시면 면적 30㎠ 이하 식품은 영양표시 대상식품으로 보지 아니한다(규칙 제6조 제2항).

예컨대, 양갱이 캔디류라면 식품위생법에 따른 영양성분 표시대상 식품이나, 최종 판매 제품이 상기 규정에 따라 식품의 포장 또는 용기의 주표시면 면적이 30㎠ 이하인 식품이라면 영양표시 대상식품으로 보지 않으므로 영양성분을 표시하지 않아도 된다.

3. 대상성분

가. 표시대상 성분

i) 필수영양표시성분에는 열량, 나트륨, 탄수화물(당류), 지방(트랜스지방, 포화지방), 콜레스테롤, 단백질이 있으며,[42] ii) 임의영양표시성분에는 칼슘, 철분 등 비타민류 및 무기질류 등이 있다.[43]

나. 표시방법

구체적인 영양성분의 표시단위 기준, 공통적 표시사항, 영양성분별 세부적 표시방법, 영양강조 표시기준, 영양성분 표시량과 실제 측정값의 허용오차 범위는 「식품 등의 표시기준」을 참조하기로 한다.[44]

---

42) 「식품 등의 표시기준」 [별지 1] 표시사항별 세부표시기준 1. 아. 참조.
43) 「식품 등의 표시기준」 [별표 3] 1일 영양성분 기준치 참조.
44) 「식품 등의 표시기준」의 [별지 1] 표시사항별 세부표시기준 1. 아. 참조.

Ⅲ. 위반행위에 대한 제재

1. 시정명령

식품표시광고법 제5조 제3항을 위반하여 표시가 없거나 표시방법을 위반한 식품 등을 판매하거나 판매할 목적으로 제조·가공·소분·수입·포장·보관·진열 또는 운반하거나 영업에 사용한 자는 시정명령을 받을 수 있다(식품표시광고법 제14조 제1호).

2. 영업허가·등록 취소, 영업정지 및 영업소 폐쇄 처분

허가를 받거나 등록을 한 영업자가 제5조 제3항을 위반하여 식품 등을 판매하거나 판매할 목적으로 제조·가공·소분·수입·포장·보관·진열 또는 운반하거나 영업에 사용한 경우, 6개월 이내의 영업의 전부 또는 일부의 정지를 명받을 수 있고, 영업허가 또는 등록이 취소될 수 있다(식품표시광고법 제16조 제1항 제1호). 영업신고를 한 영업자의 경우 6개월 이내의 영업의 전부 또는 일부의 정지나 영업소 폐쇄를 명받을 수 있다(식품표시광고법 제16조 제3항 제1호). 위 영업정지 등이 이용자에게 심한 불편을 주거나 그 밖에 공익을 해칠 우려가 있을 때에는 그에 갈음하여 10억원 이하의 과징금이 부과될 수 있다(식품표시광고법 제19조 제1항).

3. 행정처분의 공표

영업정지 등이 확정된 영업자에 대한 처분 내용, 해당 영업소와 식품 등의 명칭 등 처분과 관련한 영업 정보는 공표된다(식품표시광고법 제21조 제1항).

제4절 나트륨 함량 비교 표시[45)]

Ⅰ. 나트륨 함량 비교 표시의 의미 및 제도의 취지

"나트륨 함량 비교 표시"란 식품의 나트륨 함량을 동일하거나 유사한 유형의 식품의 나트륨 함량과 비교하여 소비자가 알아보기 쉽게 색상과 모양을 이용하여 표시하는 것을 말한다(식품표시광고법 제2조 제9호). 이는 나트륨 함량 비교 표시 기준 및 방법에 관한 사항을 명시하여 소비자가 동일하거나 유사한 식품을 구분하고 나트륨 함량을 비교하여 선택하는데 도움을 줌으로써 우리 국민의 나트륨 섭취를 줄이는데 기여하는 것을 목적으로 한다.[46)]

근거법령에는 식품표시광고법 제6조(나트륨 함량 비교 표시)(구 식품위생법 제11조의2) 및 령 제67조 별표 2(과태료), 규칙 제7조(나트륨 함량 비교 표시 대상 식품), 「나트륨 함량 비교 표시 기준 및 방법」(식품의약품안전처고시 제2017-34호, 2017. 5. 2., 제정)이 있다.

식품표시광고법에 따르면, 식품을 제조·가공·소분하거나 수입하는 자는 총리령으로 정하는 식품에 나트륨 함량 비교 표시를 하여야 하며, 나트륨 함량 비교 표시의 기준 및 표시방법 등에 관하여 필요한 사항은 총리령으로 정하도록 하고 있다(식품표시광고법 제6조 제1항, 제2항). 한편, 나트륨 함량 비교 표시가 없거나 제2항에 따른 표시방법을 위반한 식품은 판매하거나 판매할 목적으로 제조·가공·소분·수입·포장·보관·진열 또는 운반하거나 영업에 사용해서는 아니 된다(식품표시광고법 제6조 제3항).

---

45) 2018년도 식품안전관리지침 46면 참조.
46) 「나트륨 함량 비교 표시 기준 및 방법」 제1조(목적) 참조.

II. 나트륨 함량 비교 표시 기준

1. 대상영업자

대상영업자에는 식품제조·가공업자, 수입식품 등 수입·판매업자, 식품소분업자가 있다.

2. 대상식품 및 비교 표시기준

나트륨 함량비교표시 대상 식품에는 국수(국물형－비국물형), 유탕면(스프포함)(국물형－비국물형), 냉면(국물형－비국물형), 즉석섭취식품(햄버거, 샌드위치)이 있다. 나트륨 함량 비교단위는 총 내용량으로 한다. 다만, 개 또는 조각 등으로 나눌 수 있는 단위 제품에서 그 단위 내용량이 100g 이상이거나 1회 섭취참고량 이상인 식품의 비교단위는 단위 내용량으로 한다.[47]

구체적인 나트륨 함량 비교 표시 대상 및 대상 식품의 나트륨 함량의 비교를 위한 식품유형별 세부분류 및 세부분류별 비교단위당 비교표준값은 「나트륨 함량 비교 표시 기준 및 방법」을 참조하기로 한다.[48]

3. 나트륨 함량 비교 표시 사항 및 비교 표시 방법

나트륨 함량 비교 표시 대상 식품은 세부분류별 비교표준값에 대한 비율(%) 및 비교단위당 나트륨 함량을 표시하여야 하며,[49] 나트륨 함량을 비교 표시하려는 자는 나트륨 함량 비교 표시사항을 주표시면 또는 정보표시면에 표시하거나 QR코드 등과 연계하여 전자적으로 표시하여야 한다.[50] 구체적인 나트륨함량 비교표시 방법은 「나트륨 함량 비교 표시 기준 및 방법」을 참조하기로 한다.[51]

---

47) 「나트륨 함량 비교 표시 기준 및 방법」 제3조(나트륨 함량 비교 표시 기준) 제1항 참조.
48) 「나트륨 함량 비교 표시 기준 및 방법」 제3조(나트륨 함량 비교 표시 기준) 제2항 [별표 1] 나트륨 함량 비교 표시 기준 참조.
49) 「나트륨 함량 비교 표시 기준 및 방법」 제4조(나트륨 함량 비교표시 사항).
50) 「나트륨 함량 비교 표시 기준 및 방법」 제5조(나트륨 함량 비교표시 방법) 제1항.
51) 「나트륨 함량 비교 표시 기준 및 방법」 제5조(나트륨 함량 비교표시 방법) 제2항 [별표 2]

III. 위반행위에 대한 제재

1. 시정명령

식품표시광고법 제6조 제3항을 위반하여 표시가 없거나 표시방법을 위반한 식품 등을 판매하거나 판매할 목적으로 제조·가공·소분·수입·포장·보관·진열 또는 운반하거나 영업에 사용한 자는 시정명령을 받을 수 있다(식품표시광고법 제14조 제1호).

2. 영업허가·등록 취소, 영업정지 및 영업소 폐쇄 처분

허가를 받거나 등록을 한 영업자가 제6조 제3항을 위반하여 식품 등을 판매하거나 판매할 목적으로 제조·가공·소분·수입·포장·보관·진열 또는 운반하거나 영업에 사용한 경우, 6개월 이내의 영업의 전부 또는 일부의 정지를 명받을 수 있고, 영업허가 또는 등록이 취소될 수 있다(식품표시광고법 제16조 제1항 제1호). 영업신고를 한 영업자의 경우 6개월 이내의 영업의 전부 또는 일부의 정지나 영업소 폐쇄를 명받을 수 있다(식품표시광고법 제16조 제3항 제1호). 위 영업정지 등이 이용자에게 심한 불편을 주거나 그 밖에 공익을 해칠 우려가 있을 때에는 그에 갈음하여 10억원 이하의 과징금이 부과될 수 있다(식품표시광고법 제19조 제1항).

3. 행정처분의 공표

영업정지 등이 확정된 영업자에 대한 처분 내용, 해당 영업소와 식품 등의 명칭 등 처분과 관련한 영업 정보는 공표된다(식품표시광고법 제21조 제1항).

나트륨 함량 비교 표시 방법 참조.

제5절   유전자변형식품 등의 표시

I. 정의 및 제도의 취지

식품위생법 유전자변형식품이란 인위적으로 유전자를 재조합하거나 유전자를 구성하는 핵산을 세포 또는 세포 내 소기관으로 직접 주입하는 기술 또는 분류학에 따른 과(科)의 범위를 넘는 세포융합기술의 생명공학기술을 활용하여 재배·육성된 농산물·축산물·수산물 등을 원재료로 하여 제조·가공한 식품 또는 식품첨가물(이하 "유전자변형식품 등"이라 한다)을 의미한다. 다만, 제조·가공 후에 유전자변형 디엔에이(DNA, Deoxyribonucleic acid) 또는 유전자변형 단백질이 남아 있는 유전자변형식품 등에 한정한다.

유전자변형식품 등은 유전자변형식품임을 표시하여야 한다(법 제12조의2 제1항). 유전자변형식품 등의 표시와 관련한 표시의무자, 표시대상 및 표시방법 등에 관한 필요한 사항은 식품의약품안전처장이 정하도록 하고 있다. 관련 식품의약품안전처 고시에는 「식품의 기준 및 규격」(식품의약품안전처고시 제2018-60호, 2018. 8. 16., 일부개정), 「유전자변형식품 등의 표시기준」(식품의약품안전처고시 제2018-65호, 2018. 8. 27., 일부개정)이 있다.

유전자변형식품 등에 표시의무에 따른 표시가 없으면 판매하거나 판매할 목적으로 수입·진열·운반하거나 영업에 사용하여서는 아니 된다(법 제12조의2 제2항).

II. 유전자변형식품 등의 표시기준

1. 표시대상

국내에서 식품용으로 승인된 유전자변형농축수산물(대두, 옥수수, 면화, 카놀라, 사탕무, 알팔파)과 이를 원재료로 하여 제조·가공 후에도 유전자변형 DNA가 남아있는 경우 유전자변형식품임을 표시하여야 한다.[52]

---

52) 「유전자변형식품 등의 표시기준」 제3조 제1항.

다만, i) 고도의 정제과정 등으로 유전자변형 DNA 또는 유전자변형 단백
질이 전혀 남아 있지 않아 검사불능인 당류 유지류 등의 경우와 ii) 유전자변형
농산물이 비의도적으로 3% 이하인 농산물과 이를 원재료로 사용하여 제조·가
공한 식품 또는 식품첨가물의 경우에는 표시대상에 해당하더라도 예외적인 경
우에는 유전자변형식품임을 표시하지 아니할 수 있다. 후자의 경우에는 구분유
통증명서, 정부증명서 또는 「식품·의약품분야 시험·검사 등에 관한 법률」 제6
조 및 제8조에 따라 지정되었거나 지정된 것으로 보는 시험·검사기관에서 발
행한 유전자변형식품 등 표시대상이 아님을 입증하는 시험·검사성적서 중 어
느 하나에 해당하는 서류를 갖추어야 한다.53)

2. 표시의무자

유전자변형식품 등의 표시의무자는 크게 유전자변형농축수산물 표시의무
자와 유전자변형식품 표시의무자가 있다. 유전자변형농축수산물의 경우에는
유전자변형농축수산물을 생산하여 출하·판매하는 자 또는 판매할 목적으로
보관·진열하는 자에게 표시의무가 있으며, 유전자변형식품의 경우에는 령 제
21조에 따른 식품제조·가공업, 즉석판매제조·가공업, 식품첨가물제조업, 식품
소분업, 유통전문판매업 영업을 하는 자, 「수입식품안전관리 특별법 시행령」
제2조에 따른 수입식품 등 수입·판매업 영업을 하는 자, 건강기능식품법 제2
조에 따른 건강기능식품제조업, 건강기능식품유통전문판매업 영업을 하는 자
또는 축산물위생관리법 시행령 제21조에 따른 축산물가공업, 축산물유통전문
판매업 영업을 하는 자에게 표시의무가 있다.54)

3. 표시방법

표시대상 중 유전자변형식품 등을 사용하지 않은 경우로서, 표시대상 원
재료 함량이 50% 이상이거나 또는 해당 원재료 함량이 1순위로 사용한 경우에
는 "비유전자변형식품, 무유전자변형식품, Non-GMO, GMO-free" 표시를

---

53) 「유전자변형식품 등의 표시기준」 제3조 제2항.
54) 「유전자변형식품 등의 표시기준」 제4조.

할 수 있다.[55] 표시대상 유전자변형농축수산물이 아닌 농축수산물 또는 이를 사용하여 제조·가공한 제품에는 "비유전자변형식품, 무유전자변형식품, Non－GMO, GMO－free" 또는 이와 유사한 용어를 사용하여 소비자에게 오인·혼동을 주어서는 안 된다.[56] 예컨대, 유전자변형식품으로 개발 또는 승인되지 않은 쌀, 사과, 바나나, 오렌지 등에 비유전자변형식품(Non－GMO) 표시를 하게 될 경우, 소비자는 비유전자변형식품(Non－GMO) 표시를 하지 않은 농산물 또는 그 가공식품을 유전자변형식품인 것으로 오인·혼동할 소지가 있으므로 비유전자변형식품(Non－GMO) 표시를 할 수 없다.

보다 자세한 표시방법에 관하여는 「유전자변형식품 등의 표시기준」 제5조 (표시방법)을 참조하기로 한다.

4. 표시사항의 적용특례

앞서 설명한 표시의무에도 불구하고 예외적으로 표시를 생략할 수 있는 경우가 있다. 즉석판매제조·가공업의 영업자가 자신이 제조·가공한 유전자변형식품을 진열 판매하는 경우로서 유전자변형식품 표시사항을 진열상자에 표시하거나 별도의 표지판에 기재하여 게시하는 때에는 개개의 제품별 표시를 생략할 수 있으며, 두부류를 운반용 위생 상자를 사용하여 판매하는 경우로서 그 위생 상자에 유전자변형식품 표시사항을 표시하거나 별도의 표지판에 기재하여 게시하는 때에는 개개의 제품별 표시를 생략할 수 있다.[57]

Ⅲ. 위반행위에 대한 제재

1. 영업자의 회수의무

판매의 목적으로 식품 등을 제조·가공·소분·수입 또는 판매한 영업자는 해당식품이 제12조의2 제2항에 위반한 사실을 알게 된 경우 지체 없이 유통 중

---

55) 「유전자변형식품 등의 표시기준」 제5조 제8호.
56) 「유전자변형식품 등의 표시기준」 제5조 제9호.
57) 「유전자변형식품 등의 표시기준」 제6조.

인 해당 식품 등을 회수하거나 회수하는 데에 필요한 조치를 하여야 한다. 이 경우 영업자는 회수계획을 식품의약품안전처장, 시·도지사 또는 시장·군수·구청장에게 미리 보고하여야 한다(「식품위생법」 제45조 제1항). 회수에 필요한 조치를 성실히 이행한 영업자는 해당 식품 등으로 인하여 받게 되는 허가취소나 품목 제조정지 등의 처분을 감면받을 수 있다(「식품위생법」 제45조 제2항).

2. 압류·폐기 등 처분

제12조의2 제2항을 위반한 경우 그 식품 등은 압류 또는 폐기되거나 영업자는 용도·처리방법 등을 정하여 위해를 없애는 조치를 명받는다(「식품위생법」 제72조 제1항).

3. 영업허가·등록취소, 영업정지 및 영업소 폐쇄 처분

제12조의2 제2항을 위반한 경우 영업허가 또는 등록이 취소되거나 6개월 이내의 영업의 전부 또는 일부의 정지를 명받거나 신고한 영업의 경우 영업소 폐쇄를 명받을 수 있다(「식품위생법」 제75조 제1항 제1호).

4. 제조정지 처분

제12조의2 제2항을 위반한 영업자는 해당 품목 또는 품목류에 대하여 6개월 이내의 제조정지를 명받을 수 있다(「식품위생법」 제76조 제1항 제3의2호).

5. 형사처벌

제12조의2 제2항을 위반한 자는 3년 이하의 징역 또는 3천만원 이하의 벌금에 처한다(「식품위생법」 제97조 제1호).

제6절 광고의 기준

Ⅰ. 식품표시광고법상 광고의 기준

식품표시광고법상 "광고"란 라디오·텔레비전·신문·잡지·인터넷·인쇄물·간판 또는 그 밖의 매체를 통하여 음성·음향·영상 등의 방법으로 식품 등에 관한 정보를 나타내거나 알리는 행위를 말한다(식품표시광고법 제2조 제10호).

식품 등을 광고할 때에는 제품명 및 업소명을 포함시켜야 하며, 이 외에 식품 등 광고할 때 준수하여야 할 사항은 총리령으로 정하도록 하고 있다(식품표시광고법 제7조, 구 식품위생법 제11조). 다만, 아직까지 식품표시광고법의 하위법령이 정비되지 않은 상황이며, 구체적인 준수사항은 추후 마련될 것으로 보인다.

Ⅱ. 위반행위에 대한 제재

1. 시정명령

식품표시광고법 제7조를 위반하여 광고의 기준을 준수하지 않은 자는 시정명령을 명받을 수 있다(식품표시광고법 제14조 제2호).

2. 과태료 부과

식품표시광고법 제7조를 위반하여 광고한 자에게는 300만원 이하의 과태료를 부과한다(식품표시광고법 제31조 제2항).

제7절 부당한 표시 또는 광고행위의 금지

Ⅰ. 부당한 표시 또는 광고행위의 금지

식품표시광고법은 누구든지 식품 등의 명칭·제조방법·성분 등 대통령령으로 정하는 사항에 관하여, i) 질병의 예방·치료에 효능이 있는 것으로 인식할 우려가 있는 표시 또는 광고, ii) 식품 등을 의약품으로 인식할 우려가 있는 표시 또는 광고, iii) 건강기능식품이 아닌 것을 건강기능식품으로 인식할 우려가 있는 표시 또는 광고, iv) 거짓·과장된 표시 또는 광고, v) 소비자를 기만하는 표시 또는 광고, vi) 다른 업체나 다른 업체의 제품을 비방하는 표시 또는 광고, vii) 객관적인 근거 없이 자기 또는 자기의 식품 등을 다른 영업자나 다른 영업자의 식품 등과 부당하게 비교하는 표시 또는 광고, viii) 사행심을 조장하거나 음란한 표현을 사용하여 공중도덕이나 사회윤리를 현저하게 침해하는 표시 또는 광고, ix) 식품표시광고법 제10조 제1항에 따라 광고의 심의를 받지 아니하거나 심의를 받은 자는 심의 결과에 따라 식품 등의 표시·광고를 하여야 함에도 불구하고 심의 결과에 따르지 아니한 표시 또는 광고를 하여서는 아니 된다고 규정하고 있다(식품표시광고법 제8조 제1항, 제10조 제1항 제4항).

또한, 표시 또는 광고의 구체적인 내용과 그 밖에 필요한 사항은 대통령령으로 정한다고 보고 있으나(식품표시광고법 제8조 제2항), 관련 하위 법령이 아직 정비되지 않은 상황이다.

다만, 현행 식품위생법 시행규칙에서는 허위표시, 과대광고, 비방광고 및 과대포장의 범위를 정하고 있는데, 용기·포장 및 라디오·텔레비전·신문·잡지·음악·영상·인쇄물·간판·인터넷, 그 밖의 방법으로 식품 등의 명칭·제조방법·품질·영양가·원재료·성분 또는 사용에 대한 정보를 나타내거나 알리는 행위 중 아래 어느 하나에 해당하는 것을 허위표시, 과대광고, 비방광고 및 과대포장으로 보고 있다(규칙 제8조 제1항).

- 「수입식품안전관리 특별법」제20조에 따라 수입신고한 사항이나 법 제37조 또는 「수입식품안전관리 특별법」제15조에 따라 허가받거나 신고·등록 또는 보고한 사항과 다른 내용의 표시·광고
- 질병의 예방 또는 치료에 효능이 있다는 내용의 표시·광고
- 식품 등의 명칭·제조방법, 품질·영양표시, 식품이력추적표시, 식품 또는 식품첨가물의 영양가·원재료·성분·용도와 다른 내용의 표시·광고
- 제조 연월일 또는 유통기한을 표시함에 있어서 사실과 다른 내용의 표시·광고
- 제조방법에 관하여 연구하거나 발견한 사실로서 식품학·영양학 등의 분야에서 공인된 사항 외의 표시·광고. 다만, 제조방법에 관하여 연구하거나 발견한 사실에 대한 식품학·영양학 등의 문헌을 인용하여 문헌의 내용을 정확히 표시하고, 연구자의 성명, 문헌명, 발표 연월일을 명시하는 표시·광고는 제외한다.
- 각종 상장·감사장 등을 이용하거나 "인증"·"보증" 또는 "추천"을 받았다는 내용을 사용하거나 이와 유사한 내용을 표현하는 표시·광고. 다만, i) 제품과 직접 관련하여 받은 상장, ii) 「정부조직법」제2조부터 제4조까지의 규정에 따른 중앙행정기관·특별지방행정기관 및 그 부속기관, 「지방자치법」제2조에 따른 지방자치단체 또는 「공공기관의 운영에 관한 법률」제4조에 따른 공공기관으로부터 받은 인증·보증, iii) 「식품산업진흥법」제22조에 따른 전통식품 품질인증, 「산업표준화법」제15조에 따른 제품인증 등 다른 법령에 따라 받은 인증·보증, vi) 식품의약품안전처장이 고시하는 절차와 방법에 따라 식품 등에 대한 인증·보증의 신뢰성을 인정받은 기관으로부터 받은 인증·보증에 해당하는 내용을 사용하는 경우는 제외한다.
- 외국어의 사용 등으로 외국제품으로 혼동할 우려가 있는 표시·광고 또는 외국과 기술제휴한 것으로 혼동할 우려가 있는 내용의 표시·광고
- 다른 업소의 제품을 비방하거나 비방하는 것으로 의심되는 표시·광고나 "주문 쇄도" 등 제품의 제조방법·품질·영양가·원재료·성분 또는 효과와 직접적인 관련이 적은 내용 또는 사용하지 않은 성분을 강조함으로써 다른 업소의 제품을 간접적으로 다르게 인식하게 하는 표시·광고
- 미풍양속을 해치거나 해칠 우려가 있는 저속한 도안·사진 등을 사용하는 표시·광고 또는 미풍양속을 해치거나 해칠 우려가 있는 음향을 사용하는 광고
- 화학적 합성품의 경우 그 원료의 명칭 등을 사용하여 화학적 합성품이 아닌 것으로 혼동할 우려가 있는 광고
- 판매사례품 또는 경품 제공·판매 등 사행심을 조장하는 내용의 표시·광고(「독점

규제 및 공정거래에 관한 법률」에 따라 허용되는 경우는 제외)
  – 소비자가 건강기능식품으로 오인·혼동할 수 있는 특정 성분의 기능 및 작용에 관
    한 표시·광고
  – 체험기를 이용하는 광고

Ⅱ. 금지되는 표시·광고의 구체적 사례

아래에서는 2017년 식품위생법질의답변집(이하 '질의답변집') 및 식품분야
자주묻는 질의응답집(이하 '질의응답집')에 나타난 금지되는 표시·광고의 구체적
인 사례 몇 가지를 살펴보기로 한다.

1. 질병의 예방·치료에 효능이 있는 것으로 인식할 우려가 있는 표시 또는 광고(질병 효능 광고)

○ 식품 중 성분 함량 광고 가부

일반 식품에 '안토시아닌' 성분이 있는 경우 제조사의 책임 하에 사실에
입각하여 안토시아닌 성분이 함유되었다는 내용을 광고하는 것은 가능하다. 또
한 쑥진액을 판매하면서 원재료인 '쑥'에 자세오시딘과 유파틸린의 성분이 함
유되어 있다는 내용이 논문 등 객관적인 방법으로 입증가능한 사실인 경우라
면 광고할 수 있다. 다만, 해당 성분과 연계하여 질병의 예방 및 치료에 효능·
효과가 있거나 의약품 또는 건강기능식품으로 오인·혼동할 우려가 있는 내용
의 표시·광고는 하여서는 안 된다(질의응답집 99면).

○ 식품 중 원재료의 효능 광고 가부

백년초 및 양파를 원재료로 하여 가공한 제품을 판매하면서 해당 제품의
원재료인 백년초에 대하여 '기관지 천식, 가래, 비염, 축농증, 어린이 백일해에
탁월한 효과' 등으로, 양파에 대하여는 '평소 혈압이 높으신 분, 소화가 잘 안돼
서 속이 불편한 분' 등으로 인터넷에 광고하거나, '복분자주'를 판매하면서 복
분자주의 원재료인 복분자의 질병 치료 효과를 광고하는 것은 금지되는 표시·

광고에 해당한다(질의응답집 99면). 반면 식품접객업소에서 조리한 식품의 원재료에 대한 효능 광고는 허위·과대광고에 해당하지 않는다.

○ 당뇨식단 등으로 광고 가부

특수의료용도등식품이 아닌 일반가공식품에 '당뇨관리', '신장질환용', '당뇨 개선 또는 예방에 도움', '당뇨 환자', '당 조절에 도움'으로 표현하는 것은 특수의료용도등식품(당뇨환자용식품, 신장질환자용 식품 등)으로 오인·혼동할 우려가 있으므로 광고에 사용하여서는 안 된다(질의응답집 100면).

○ 질병 치료에 효과 광고 가부

발효아로니아 제품을 판매하면서 '시력개선, 혈류개선, 동맥경화, 항암 등에 효능·효과가 있다'라고 광고하는 경우 질병의 예방 및 치료에 효능·효과가 있는 내용의 표시·광고에 해당된다(질의응답집 101면).

○ '해독주스' 또는 '디톡스주스' 표현 가부

디톡스, 해독주스라는 표현이 소비자가 검색할 때 검색이 되도록 하거나, 검색포털 광고 시 디톡스, 해독주스 등의 표현을 사용하는 것은 소비자를 오인·혼동시킬 우려가 있는 표시·광고에 해당한다(질의답변집 91면).

○ '생리통 완화' 표현 가부

일반식품을 판매하면서 해당 제품에 대해 '생리통완화, 갱년기 여성에게 좋다, 부인병, 수족냉증 완화' 등의 표현을 하시는 것은 소비자로 하여금 해당 제품을 질병의 예방 또는 치료에 효능이 있거나 의약품 또는 건강기능식품으로 오인·혼동케 할 우려가 있어 허위·과대광고에 해당한다(질의답변집 101면).

○ 판매장 내 게시한 인쇄물에 질병 치료 효능 광고 가부

식품제조·가공업자가 제품을 판매하면서 판매장 내 게시한 인쇄물에 해당 제품이 질병의 치료에 효능이 있다는 내용의 표시·광고를 한 것은 허위·과대광고에 해당한다(질의답변집 98면).

○ 식품외 용도 표시 가부

식품 등의 명칭·제조방법, 품질·영양표시, 식품이력추적표시, 식품 또는 식품첨가물의 영양가·원재료·성분·용도와 다른 내용의 표시·광고는 할 수 없다(규칙 제8조 제1항 제3호). 따라서 화장품이 아닌 식품, 예컨대 코코넛 오일에 '모발과 피부에 수분공급' 등의 표현은 용도에 대해 소비자가 오인·혼동할 우려가 있어 표시할 수 없다(질의응답집 98면).

2. 식품 등을 의약품으로 인식할 우려가 있는 표시 또는 광고(의약품 혼동 광고)

가. 의약품과 혼동할 우려가 있는 광고의 의미 및 위법성 판단 기준

'식품에 관하여 의약품과 혼동할 우려가 있는 광고'란 라디오·텔레비전·신문·잡지·음악·영상·인쇄물·간판·인터넷, 그 밖의 방법으로 식품 등의 품질·영양가·원재료·성분 등에 대하여 질병의 치료에 효능이 있다는 정보를 나타내거나 알리는 행위를 의미한다. 따라서 식품 판매자가 식품을 판매하면서 특정 구매자에게 그 식품이 질병의 치료에 효능이 있다고 설명하고 상담하였다고 하더라도 금지하는 '광고'를 하였다고 볼 수 없고, 그와 같은 행위를 반복하였다고 하여 마찬가지다(대법원 2014. 4. 30. 선고 2013도15002 판결).

한편, 식품표시광고법은 식품 등을 의약품으로 인식할 우려가 있는 표시 또는 광고를 금지하고 있다. 이 규정이 식품의 약리적 효능에 관한 표시·광고를 전부 금지하고 있다고 볼 수는 없고, 그러한 내용의 표시·광고라 하더라도 그것이 식품으로서 갖는 효능이라는 본질적 한계 내에서 식품에 부수되거나 영양섭취의 결과 나타나는 효과임을 표시·광고하는 것과 같은 경우에는 허용된다고 보아야 한다. 결국 위 조항은 식품 등에 대하여 마치 특정 질병의 치료·예방 등을 직접적이고 주된 목적으로 하는 것인 양 표시·광고하여 소비자로 하여금 의약품으로 혼동·오인하게 하는 표시·광고만을 규제한다고 한정적으로 해석하여야 하며, 어떠한 표시·광고가 식품광고로서의 한계를 벗어나 의약품으로 혼동·오인하게 하는지는 사회일반인의 평균적 인식을 기준으로 법적

용기관이 구체적으로 판단하여야 한다(대법원 2006. 11. 14. 선고 2005도844 판결).

나. 별도의 웹페이지인 건강정보란에 약리적 효능을 게시한 경우

인터넷 홈페이지를 통해 홍삼제품을 판매하는 사람이 홈페이지에서 판매용 홍삼제품을 설명하는 웹페이지와 구분된 별도의 웹페이지인 건강정보란에 다른 건강 관련 정보와 함께 일반적으로 널리 알려진 홍삼의 약리적 효능 및 효과에 관한 글을 게시한 사례에서, 판례는 구 식품위생법 제11조 제1항에서 금지하는 '의약품과 혼동·오인하게 할 우려가 있는 표시 또는 광고'에 해당하지 않는다고 판시하였다(대법원 2008. 8. 21. 선고 2007도7415 판결).

또한, 인터넷 홈페이지를 통해 빛소금을 판매하는 사람이 이와 별도의 분리된 게시 공간에서 '소금 관련 정보'라는 제목으로 소금의 일반적인 효능을 게시한 사례에서, 판례는 이러한 게시물에 특정 질병을 치료하거나 예방하는 데 도움이 된다는 내용이 포함되어 있다고 하더라도, 빛소금 제품의 판매를 촉진하고자 하는 의도에서 인터넷 홈페이지를 이용하는 소비자들에게 소금의 약리적 효능 및 효과에 대한 정보를 제공하는 정도에 그친다고 보고, 이러한 광고는 식품으로서 갖는 효능이라는 본질적 한계를 벗어나지 않은 것으로서, 소비자로 하여금 의약품과 혼동·오인하게 할 우려가 있는 표시 또는 광고를 하였다고 보기는 어렵다고 판시하였다(대법원 2015. 7. 9. 선고 2015도6207 판결).

한편, 비타민 음료와 영지버섯 음료를 판매하는 자가 인터넷 홈페이지에서 판매제품을 설명하는 웹페이지와 구분된 별도의 웹페이지인 '정보마당' 페이지에 비타민C와 영지버섯의 효능 및 효과에 관한 글을 게시한 사례에서, 판례는 위 '정보마당' 페이지는 '제품정보' 페이지와 별도로 나뉘어져 있어, 제품 자체에 대한 광고와는 시간적, 장소적, 상황적으로 관련되지 않으므로, 비타민c와 영지버섯에 관한 게시내용은 판매제품이 의약품으로 혼동될 만한 내용으로 표시한 것이라고는 할 수 없다고 판단하였다(전주지방법원 2006. 7. 6. 선고 2005구합2619 판결).

다. 해당 식품의 특성을 설명한 내용에 불과한 경우

인터넷 홈페이지에 자신이 판매하는 백미가 다이어트 기능용 쌀로서 체중

감량뿐만 아니라 당뇨병, 변비, 고혈압, 동맥경화 환자에게 월등한 효과를 보인다는 내용의 글을 게시한 사례에서, 판례는 위와 같은 설명은 위 백미의 벼 품종이 가지는 특성을 설명하는 내용과 표현의 전체적인 취지상 구 식품위생법 제11조 제1항이 규정하는 과대광고에 해당하지 않는다고 판시하였다(대법원 2007. 9. 6 선고 2007도3831 판결).

또한, 법인의 대표가 법인 인터넷 홈페이지에 마늘의 효능에 관하여 위염, 위궤양 등에 치료효과가 있다는 내용의 글을 게재한 사례에서, 판례는 그와 같은 내용은 널리 알려진 마늘의 약리적 효능이고 자신이 판매하는 깐마늘 고유한 것이라는 내용이 포함되어 있지 않은 점에 비추어 단순히 판매 촉진 의도의 게시한 것으로 보았다. 또한 사회일반인의 관점에서 위 게시내용을 보게 된다고 하여 깐마늘을 의약품으로 혼동할 우려가 있다고 보기 어려우므로, 허위·과대광고를 한 경우에 해당하지 않는다고 판시하였다(대법원 2006. 11. 24. 선고 2005도844 판결).

라. 그 밖의 예

○ 식품에 '약국용' 표시 가부

「약사법」에 따르면 '약국'이란 약사나 한약사가 수여할 목적으로 의약품 조제 업무를 하는 장소를 말한다. 따라서, 혼합음료에 '약국용' 등을 표시하는 것은 소비자들로 하여금 일반식품을 의약품으로 오인·혼동시키거나 의약품에 해당하는 효능을 가지고 있다고 오인·혼동시킬 수 있는 표현에 해당한다. 다만, 객관적인 사실을 바탕으로 '약국에서 판매하는 일반식품입니다.' 등을 표시하는 것은 가능할 것이나 이 경우에도 소비자에게 '약국'의 본래 기능과 연관지어 제품이 특정 효능을 가지고 있는 것처럼 오인·혼동케 하는 표시·광고를 해서는 안 된다(질의응답집 101면).

○ '환우들이 많이 찾는', '면역력에 도움 되는' 표현 가능 여부

예컨대, 차가버섯분말을 광고함에 있어 '면역력', '환우' 등에 효과가 있는 것처럼 표현하여 의약품 또는 건강기능식품으로 오인·혼동할 우려가 있는 내용의 허위·과대광고를 하여서는 안 된다(질의답변집 95면).

3. 건강기능식품이 아닌 것을 건강기능식품으로 인식할 우려가 있는 표시 또는 광고

○ '건강한 혈관', '혈관청소부' 표현 가부

가공식품을 판매하면서 해당 식품 및 그 원재료 또는 성분에 대하여 '건강한 혈관, 혈관청소부'의 표현을 하는 것은 소비자로 하여금 해당 식품이 의약품 또는 건강기능식품으로 오인·혼동케 할 우려가 있어 적절하지 않을 것으로 판단된다. 따라서 말린 비트를 판매하며 '건강한 혈관을 위해 비트를 먹어보아요!', '혈관청소부 비트'라는 표현은 사용할 수 없다. 참고로 '비타민, 칼슘, 철분, 미네랄, 식이섬유가 가득한 레드비트, 함유'라고 표현하는 경우에도 '가득', '함유' 등의 표현은 「식품 등의 표시기준」에서 정하는 기준을 준용하여 표현해야 한다(질의답변집 99면).

○ 건강기능식품에 '항산화', '면역력' 표시 가부

건강기능식품의 표시·광고는 「건강기능식품에 관한 법률」 제18조의 적용을 받는다. 동조 제1항 제2호는 사실과 다르거나 과장된 표시·광고를 금지하고 있다. 예컨대, 프로폴리스추출물 건강기능식품의 주원료(기능성원료)가 프로폴리스추출물 한 가지일 경우 기능성 내용은 '항산화·구강에서의 항균작용에 도움을 줄 수 있음(구강에서의 항균작용은 구강에 직접 접촉할 수 있는 형태에 한함)'이며, '면역력 증가'는 기능성을 벗어나는 내용의 표시·광고에 해당하여 사실과 다르거나 과장된 표시·광고로 위의 허위·과대·비방의 표시·광고에 해당하여 표시할 수 없다(질의응답집 263면).

4. 거짓·과장된 표시 또는 광고(과장 광고)

○ 특허 내용 광고 가부

식품 광고 시 해당 제품에 대한 특허 출원이 아닌 등록 사실을 광고하는 것은 가능할 것으로 판단되나, 해당 특허 내용에 허위표시, 과대광고, 비방광고 및 과대포장의 범위에 관하여 상세히 규정하고 있는 규칙 제8조에 저촉되는 사항이 있는 경우라면 해당 특허를 광고할 수 없다(질의답변집 93면).

○ 다이어트 카테고리 내 분류 판매 가부

일반가공식품에 대하여 다이어트 식품 등의 카테고리로 구분하는 경우 일반가공식품이 '다이어트'에 효과가 있는 제품으로 오인·혼동할 우려가 있는 허위·과대광고에 해당한다(질의답변집 93면).

○ '숙취해소' 표현 가부

일반식품에 대한 광고 시 '숙취해소에 좋다'라는 표현을 하거나, 음주전후 먹었을 때 숙취해소에 효과가 있다는 내용을 광고하는 경우에는 해당 제품이 실제 숙취해소의 효과가 있어야 하며, 제조자의 책임 하에 객관적·과학적으로 입증할 수 있는 경우에 사용 가능하다. 다만, 일반식품에 대한 광고 시 '간에 좋다'라는 문구를 사용하는 경우 건강기능식품 등으로 오인·혼동할 우려가 있는 과대광고에 해당되어 적절하지 않다(질의답변집 93면).

○ '한정수량 ○○개' 표현 가부

판매 방송 중 '한정수량 ○○개'라는 표현을 하는 것은 객관적인 사실에 근거하여 표현이 가능하다(질의답변집 94면).

○ '○○명 주문', '○○명 동시주문 중', '○○세트 판매 돌파', '전체수량 비상' 표현 가부

판매 방송 중 '○○명 주문', '○○명 동시주문 중', '○○세트 판매 돌파', '전체수량 비상'이라는 표현은 객관적인 사실에 근거하여 표현이 가능하다(질의답변집 94면).

○ '식사대용', '한끼대용', '대체식' 표현 가부

일반가공식품을 광고함에 있어 '식사대용', '한끼 대용', '대체식'의 표현을 사용하는 경우는 허위·과대광고에 해당하지 않는다(질의답변집 95면).

○ 농산물의 '춘곤증을 이기는 음식' 광고 가부

농산물을 판매하시면서 '봄 춘곤증을 이기는 음식'으로 광고하는 것은 허

위·과대광고에 해당하지 않는다(질의답변집 95면).

○ 발효마늘에 '남성의 자신감회복' 광고 가부

일반가공식품 광고 시 '음경의 해면체 충만하게 하여 남자의 자존심회복에 도움, 피로회복에 도움, 위액 분비를 촉진하여 정장 및 소화작용 촉진, 살균 및 항균작용, 항산화 작용' 등으로 표현하는 것은 허위·과대광고에 해당되어 적절하지 않다(질의답변집 96면).

○ '체중감소' 기사 삽입하여 광고 가부

두유(가공식품)을 광고함에 있어 기사를 발췌하여 광고에 사용하는 행위 자체를 제한하고 있지는 않으나, 두유의 원료인 흰강낭콩 및 파세올라민에 대하여 체중 감소 효과가 있다는 내용의 기사는 허위·과대광고에 해당되어 광고에 사용할 수 없다(질의답변집 97면).

○ 냉동 수산물 또는 냉동 후 해동한 수산물에 '생물' 표시 가부

수산물의 표시·광고에서 '생물'은 포획 후 냉동하지 않은 채 살아 있거나 그에 준할 정도로 신선한 상태로 유통되는 수산물을 표현하는 용어로 '냉동'과 구별되는 개념으로 사용되고 있다. 일반적으로 수산물이 생물인지 냉동인지 아니면 냉동 후 해동한 것인지에 따라 보관기간이나 보관방법 등이 달라진다. 나아가 수산물을 구입하는 데 신선도는 가장 중요한 품질 평가요소 중 하나로서, 통상 냉동 수산물보다는 생물인 수산물이 신선도가 더욱 높다고 여겨지고 있고, 이에 따라 냉동 수산물보다는 생물인 수산물이 더 비싸게 거래되고 있다. 따라서 냉동 수산물 또는 냉동 후 해동한 수산물에 생물이라고 표시·광고하는 것은 수산물의 품질에 관하여 사실과 다른 표시·광고를 한 것으로 보아야 한다(대법원 2017. 4. 7. 선고 2016도19084 판결).

○ 체험기를 이용한 광고 가부(체험기 광고)

규칙에 따르면 체험기를 이용하는 광고는 금지된다(규칙 제8조 제1항 제13호). 영업자가 이용후기를 홈페이지에 노출시키는 경우 그 이용후기는 식품 등에 대한 정보로서 그 홈페이지의 이용후기 게시판을 접속한 소비자들에게 알

려질 수밖에 없으므로, 이는 식품 등에 대한 정보를 인터넷을 통하여 나타내거나 알리는 행위로서 광고에 해당한다(질의응답집 100면).

또한 이용후기 게시판을 만들어 소비자로 하여금 자신의 제품에 대한 정보를 알릴 수 있는 공간을 마련하고 질병의 예방 또는 치료에 효능이 있다는 내용 등으로 소비자의 체험기를 그대로 놔두는 행위는 소비자들의 이용후기 게시행위를 이용하여 체험기를 이용한 광고를 한 것에 해당하므로 규칙 제8조 제 1항 제13호의 체험기를 이용하는 광고에 해당된다. 따라서 영업자 또는 쇼핑몰운영자는 고객 후기 게시판을 운영함에 있어 후기 내용이 규칙 제8조에 저촉되지 않도록 관리하여 한다(질의응답집 100면).

블로그, 카페, SNS상 식품 리뷰를 식품판매사이트에 링크 하는 경우, 소비자가 해당 상품에 대해 기재한 리뷰 내용에 질병이나 치료 등에 효과가 있다는 등의 규칙 제8조에 따른 허위·과대광고의 내용이 포함된 경우 규칙 제8조 제1항 제13호에 따른 '체험기를 이용한 광고'에 해당하여 적절하지 않으나, 소비자의 리뷰 내용에 규칙 제8조 등 허위·과대광고에 해당하는 내용이 없고 단순히 맛이 좋다, 배송이 빠르다 등의 후기내용인 경우 '체험기를 이용한 광고'에 해당하지 않으므로 이를 링크하여 광고로 활용하는 것은 가능하다(질의답변집 92면).

다만, 제품의 섭취편의성, 맛, 디자인 등의 체험기를 '인용'한 광고는 가능하다. 규칙 제8조에 따른 과대광고에 해당하지 않는 내용의 고객 후기를 발췌하여 홈쇼핑에 광고하는 경우는 「식품위생법」상 체험기를 이용한 광고 등 허위·과대광고에 해당하지 않는다. 따라서 생식함유제품 광고 시 고객후기(우유에 타먹으면 맛있다, 파우치로 되어 있어 간편하다, 파우치 디자인이 예쁘다 등)를 인용하여 광고할 수 있다(질의답변집 100면).

○ 고객후기 중 질병명을 일부 가린 후 광고 가부
'고**', '붓*', '다**트', '콜***롤 수치 감소' 등 특정 질병 명칭 또는 특정 효과 명칭을 일부 가린다하더라도 당해 광고문구 및 전반적인 광고 정황으로 하여 소비자가 '붓기', '다이어트', '콜레스테롤 수치 감소' 등으로 유추할 수 있

는 점이 있으므로 예시와 같이 특정 질병 명칭 및 특정 효과 명칭을 기재하는
것은 허위·과대광고에 해당한다(질의답변집 99면).

○ 일반음식점 조리식품 효능효과 광고 가부

일반음식점영업소에서 조리·판매하는 식품에 대해서 광고하는 경우에는
허위·과대광고 금지 규정에도 불구하고 허위광고·과대광고로 보지 아니 하므
로,[58] 일반음식점에서 취식토록 제공하는 쌈채소를 광고함에 있어 '항암효과',
'혈액순환', '성인병 예방'과 같은 표현을 사용하는 경우는 허위·과대광고로 보
지 않는다(질의답변집 96면).

○ 제과점 원재료 효능 광고 가부

제과점 영업을 통해서 조리·판매하는 식품의 경우에는 허위·과대광고 금
지 규정에도 불구하고 허위·과대광고로 보지 않으므로,[59] 제과점에서 조리·판
매하는 식품에 대한 광고 시 '혈액 순환에 도움을 줌, 콜레스테롤 저감화에 도
움을 줌'으로 광고하는 것은 허위·과대광고에 해당하지 않는다(질의답변집 98면).

○ 인증 표시·광고 가부

안전관리인증기준(HACCP), ISO 22000, 할랄(Halal), 코셔(Kosher), 우수제조
기준(GMP), 비건(Vegan) 표시·광고는 허용된다.[60] 이에 따라 식품의약품안전처
장이 고시하는 절차와 방법에 따라 인증·보증의 신뢰성을 인정받은 기관으로
부터 받은 인증·보증인 경우에 표시·광고할 수 있으며, 신뢰성을 인정받은 기
관은 식약처 홈페이지(www.mfds.go.kr) 공고 게시판에서 확인할 수 있다(질의응답
집 162면).

○ NFC 표시 가부

착즙 형태로 생산하는 과일주스에 'NFC(Not From Concentrate)방식으로 생
산'이라는 표시는, 해당 제품이 과일의 착즙액으로만 구성되어진 경우라면 제

---

58) 규칙 제8조 제2항 제1호.
59) 규칙 제8조 제2항 제1호.
60) 규칙 제8조 제1항 제6호 라목 및 「식품 및 축산물 표시·광고 인증·보증기관의 신뢰성 인
    정에 관한 규정」 참조.

조사 책임 하에 객관적 사실에 근거하여 농축하지 않았다는 의미로 NFC 표시를 하는 것은 가능하다(질의응답집 98면).

○ 상장 인용 광고 가부

정부표창규정에 따라 제품과 직접 관련하여 받은 상장 이외에 각종 상장·감사장 등을 인용하거나 인증·보증·추천을 받았다는 내용 및 이와 유사한 내용을 표현하는 것은 허위·과대광고에 해당한다.[61] 표창의 종류는 대통령상(표창), 국무총리상(표창), 기관장상(표창)으로 정하고 있다.[62]

따라서 식품 광고시 '전국 명과 대품평회 최우수 명예상 베이커리브랜드(일본왕실주최)'를 인용하거나, 와인에 한국국제소믈리에협회 등 관련 협회에서 받은 '소믈리에' 수상 실적을 광고하거나, 주류에 '몽드셀렉션' 등 국제주류품평회에서 받은 수상 실적을 광고하는 것은, 당해 상장이 「정부표창규정」, 「정부조직법」 등에서 규정하는 상장에 해당되지 않으므로 적절하지 않다(질의응답집 160면).

5. 객관적인 근거 없이 자기 또는 자기의 식품 등을 다른 영업자나 다른 영업자의 식품 등과 부당하게 비교하는 표시 또는 광고(비교광고)

○ '최고', '가장 좋은', '으뜸인'의 표현 가능 범위를 「구 식품위생법」상 제한하고 있지 않으나, 「표시·광고의 공정화에 관한 법률」 제3조 및 같은 법 시행령에 따라 공정거래위원회에서 고시한 「부당한 표시·광고 행위의 유형 및 기준」 제15호 나목에 따라 자기 자신이 자기가 공급하는 상품이 경쟁사업자의 것보다 현저히 우량 또는 유리하다고 나타내기 위하여 '최대', '최고', '최초', '제일', '유일' 등 배타성을 띤 절대적 표현의 용어를 사용하여 소비자를 오인시킬 우려가 있는 표시·광고행위는 부당한 표시·광고에 해당되어 금지하고 있다(질의답변집 101면).

---

61) 규칙 제8조 제1항 제6호.
62) 「정부표창규정」 제3조.

III. 위반행위에 대한 제재

1. 시정명령

식품표시광고법 제8조 제1항을 위반하여 표시 또는 광고를 한 자는 시정 명령을 받을 수 있다(식품표시광고법 제14조 제3호).

2. 영업자의 회수의무

판매의 목적으로 식품 등을 제조·가공·소분 또는 수입하거나 식품 등을 판매한 영업자는 해당 식품 등이 제8조 제1항을 위반한 사실을 알게 된 경우 지체 없이 유통 중인 해당 식품 등을 회수하거나 회수하는 데에 필요한 조치를 하여야 한다(식품표시광고법 제15조 제1항). 이 경우 영업자는 회수계획을 식품의 약품안전처장, 시·도지사 또는 시장·군수·구청장에게 미리 보고하여야 한다 (식품표시광고법 제15조 제2항).

3. 압류·폐기 등 처분

영업자가 제8조 제1항을 위반한 경우 식품 등은 압류 또는 폐기되거나 영 업자는 용도·처리방법 등을 정하여 위해를 없애는 조치를 명받을 수 있다(식품 표시광고법 제15조 제3항).

4. 영업허가·등록취소, 영업정지 및 영업소 폐쇄 처분

허가를 받거나 등록을 한 영업자가 제8조 제1항을 위반하여 표시 또는 광 고를 한 경우, 6개월 이내의 영업의 전부 또는 일부의 정지를 명받을 수 있고, 영업허가 또는 등록이 취소될 수 있다(식품표시광고법 제16조 제1항 제2호). 영업 신고를 한 영업자의 경우 6개월 이내의 영업의 전부 또는 일부의 정지나 영업 소 폐쇄를 명받을 수 있다(식품표시광고법 제16조 제3항 제2호). 위 영업정지 등이 이용자에게 심한 불편을 주거나 그 밖에 공익을 해칠 우려가 있을 때에는 그에 갈음하여 10억원 이하의 과징금이 부과될 수 있다(식품표시광고법 제19조 제1항).

5. 제조정지 처분

식품표시광고법 제8조 제1항을 위반하여 표시 또는 광고를 한 경우, 영업자는 식품 등의 품목 또는 품목류에 대하여 6개월 이내의 제조정지를 명받을 수 있다(식품표시광고법 제17조 제1항 제2호).

과즙사과요구르트에 대한 과대광고를 한 경우에, 광고문안 자체에서 약으로 오인하지 말라는 점을 밝혔고 요구르트의 효능, 효과를 기재한 객관적인 학술서적을 인용하였을 뿐 아니라 요구르트가 그 자체로는 위해식품이 아닌데다가 원고 회사가 양질의 우유를 수집, 사용하고 살균방법을 달리함으로써 제품의 질적 향상을 도모하고 있다면, 과대광고에 대한 품목제조정지 3개월의 처분이 너무 가혹하여 재량권을 남용한 위법한 처분이 된다고 본 판례가 있다(대법원 1991. 7. 12. 선고 90누6606 판결).

위 제조정지가 이용자에게 심한 불편을 주거나 그 밖에 공익을 해칠 우려가 있을 때에는 그에 갈음하여 10억원 이하의 과징금이 부과될 수 있다(식품표시광고법 제19조 제1항).

6. 과징금 부과

식품표시광고법 제8조 제1항 제1호부터 제3호까지의 규정을 위반하여 2개월 이상의 영업정지 처분, 영업허가 및 등록의 취소 또는 영업소의 폐쇄명령을 받은 자에 대하여는 그가 판매한 식품 등의 판매가격에 상당하는 금액의 과징금을 부과한다(식품표시광고법 제20조 제1항).

7. 행정처분의 공표

압류·폐기나 영업정지, 품목 제조정지, 부당한 표시·광고에 따른 과징금 부과 등이 확정된 영업자에 대한 처분 내용, 해당 영업소와 식품 등의 명칭 등 처분과 관련한 영업 정보는 공표된다(식품표시광고법 제21조 제1항).

8. 형사처벌

식품표시광고법 제8조 제1항 제1호부터 제3호까지의 규정을 위반하여 표시 또는 광고를 한 자는 10년 이하의 징역 또는 1억원 이하의 벌금에 처하거나 이를 병과할 수 있다(식품표시광고법 제26조 제1항). 위 죄로 형을 선고받고 그 형이 확정된 후 5년 이내에 다시 위 죄를 범한 자는 1년 이상 10년 이하의 징역에 처하고(동조 제2항), 해당 식품 등을 판매하였을 때에는 그 판매가격의 4배 이상 10배 이하에 해당하는 벌금을 병과한다(동조 제3항). 식품표시광고법 제8조 제1항 제4호부터 제9호까지의 규정을 위반하여 표시 또는 광고를 한 자는 5년 이하의 징역 또는 5천만원 이하의 벌금에 처하거나 이를 병과할 수 있다(식품표시광고법 제27조 제2호).

Ⅳ. 허위·과대광고의 관리

1. 건강기능식품의 허위·과대광고 관리[63]

건강기능식품을 질병의 예방 및 치료에 효능이 있거나, 의약품으로 혼동할 우려가 있는 표시·광고 등 소비자를 오인 혼동시킬 우려가 있는 허위·과대 표시·광고로부터 소비자 피해 사전 예방 및 건전한 유통·판매를 도모할 필요가 있다(구 건강기능식품에 관한 법률 제18조, 같은 법 시행규칙 제21조). 이에 식약처, 시·도, 시·군·구는 각 광고매체별 모니터링 전담자를 지정·운영하여 인터넷, 신문, 방송 등 광고매체에 대한 모니터링이 강화되고 있으며,「식품행정통합시스템」모니터링정보망을 통하여 허위·과대광고에 대하여 신속한 조치가 이루어지고 있다. 모니터링 운영시 표시·광고 내용에 대하여 구 건강기능식품에 관한 법률 제16조에 따른 기능성 표시·광고 심의를 받았는지도 확인하고 있다.

---

63) 2018년도 식품안전관리지침, p. 242. 건강기능식품의 허위·과대광고 관리 참조.

2. 수입식품의 허위·과대광고 관리[64]

수입식품(해외직구식품, 구매대행 식품 포함)을 질병의 예방 및 치료에 효능이 있는 것처럼 허위·과대광고하거나, 의약품으로 혼동할 우려가 있는 표시·광고를 하는 행위 등으로부터 소비자 피해를 사전에 예방할 필요가 있다(구 식품위생법 제13조, 같은 법 시행규칙 제8조, 구 건강기능식품에 관한 법률 제18조, 같은 법 시행규칙 제21조).

수입식품과 관련하여서는 모니터링 인력 부족 및 신문, 잡지 등의 허위·과대광고 감소 추세로 온라인 단속에 집중하고 있으며 명절 등의 일정한 시기에는 TV 홈쇼핑 추가 모니터링을 하기도 한다. 수입식품 모니터링은 식약처에서 주도적으로 실시하고 행정처분이 필요할 경우 수입식품법상 영업자는 관할 지방식약청, 그 외 영업자는 관할 지자체로 이첩하고 있으며 지방자치단체는 수입식품 모니터링 의무는 없지만 식약처에서 접하기 힘든 지역신문, 방송 등의 모니터링에 협조하고 있다.

한편, 정식 수입된 건강기능식품 표시·광고는 구 건강기능식품에 관한 법률 제16조에 따른 기능성 표시·광고 심의 확인을 한다.

제8절 표시 또는 광고 내용의 실증

I. 표시 또는 광고 내용의 실증

구 식품위생법에서는 식품의 표시 광고 내용의 실증에 관하여 별도 규정을 두지 않았으나, 식품표시광고법이 제정되면서 식품 등에 표시를 하거나 식품 등을 광고한 자는 자기가 한 표시 또는 광고에 대하여 실증(實證)할 수 있어야 한다(식품표시광고법 제9조 제1항).

식품의약품안전처장은 식품 등의 표시 또는 광고가 부당한 표시 또는 광

---

64) 2018년도 식품안전관리지침, p. 360. 수입식품의 허위·과대광고 관리 참조.

고행위 금지 원칙을 위반할 우려가 있어 해당 식품 등에 대한 실증이 필요하다고 인정하는 경우에는 그 내용을 구체적으로 밝혀 해당 식품 등에 표시하거나 해당 식품 등을 광고한 자에게 실증자료를 제출할 것을 요청할 수도 있다(식품표시광고법 제9조 제2항). 실증자료의 제출을 요청받은 자는 요청받은 날부터 15일 이내에 그 실증자료를 식품의약품안전처장에게 제출하여야 한다. 다만, 식품의약품안전처장은 정당한 사유가 있다고 인정하는 경우에는 제출기간을 연장할 수 있다(식품표시광고법 제9조 제3항). 식품의약품안전처장은 실증자료의 제출을 요청받은 자가 제출기간 내에 이를 제출하지 아니하고 계속하여 해당 표시 또는 광고를 하는 경우에는 실증자료를 제출할 때까지 그 표시 또는 광고 행위의 중지를 명할 수 있다(식품표시광고법 제9조 제4항).

실증자료의 제출을 요청받은 자가 실증자료를 제출한 경우에는 「표시·광고의 공정화에 관한 법률」 등 다른 법률에 따라 다른 기관이 요구하는 자료제출을 거부할 수 있다. 다만, 식품의약품안전처장은 제출받은 실증자료에 대하여 다른 기관이 「표시·광고의 공정화에 관한 법률」 등 다른 법률에 따라 해당 실증자료를 요청한 경우에는 특별한 사유가 없으면 이에 따라야 하는데, 식품의약품안전처장이 제출받은 실증자료를 다른 기관에 제공할 수 없는 경우에는 자료제출을 거부해서는 아니 된다(식품표시광고법 제9조 제5항, 제6항).

구체적인 실증의 대상, 실증자료의 범위 및 요건, 제출방법 등에 관하여 필요한 사항은 총리령으로 정하도록 하고 있다(식품표시광고법 제9조 제7항). 다만, 아직까지 구체적인 하위 규정이 정비되지 않은 상황이다.

II. 위반행위에 대한 제재

1. 시정명령

식품표시광고법 제9조 제3항을 위반하여 실증자료를 제출하지 아니한 자는 시정명령을 받을 수 있다(식품표시광고법 제14조 제4호).

2. 형사처벌

식품표시광고법 제9조 제4항에 따른 중지명령을 위반하여 계속하여 표시 또는 광고를 한 자에 대하여는 1년 이하의 징역 또는 1천만원 이하의 벌금에 처하거나 이를 병과할 수 있다(식품표시광고법 제29조 제1호).

제9절 표시 또는 광고의 자율심의

Ⅰ. 표시 또는 광고의 자율심의

식품 등에 관하여 표시 또는 광고하려는 자는 해당 표시·광고에 대하여 제2항에 따라 등록한 기관 또는 단체(이하 "자율심의기구"라 한다)로부터 미리 심의를 받아야 한다. 다만, 자율심의기구가 구성되지 아니한 경우에는 대통령령으로 정하는 바에 따라 식품의약품안전처장으로부터 심의를 받아야 한다(식품표시광고법 제10조 제1항). 표시·광고의 심의를 받으려는 자는 자율심의기구 등에 수수료를 납부하여야 한다(식품표시광고법 제10조 제5항).

한편, 식품 등의 표시·광고에 관한 심의를 하고자 하는 i)「식품위생법」제59조 제1항에 따른 동업자조합, ii)「식품위생법」제64조 제1항에 따른 한국식품산업협회, iii)「건강기능식품에 관한 법률」제28조에 따라 설립된 단체, iv)「소비자기본법」제29조에 따라 등록한 소비자단체는 식품표시광고법 제11조에 따른 심의위원회 등 대통령령으로 정하는 요건을 갖추어 식품의약품안전처장에게 등록하여야 한다(식품표시광고법 제10조 제2항). 다만, 구체적인 요건에 관하여 하위법령이 정비되지 않은 상황이다.

자율심의기구는 식품표시광고법상 표시기준, 영양표시, 나트륨 함량 비교표시, 광고의 기준, 부당한 표시 또는 광고행위 금지 관련 규정에 따라 공정하게 심의하여야 하며, 정당한 사유 없이 영업자의 표시·광고 또는 소비자에 대한 정보 제공을 제한해서는 아니 된다(식품표시광고법 제10조 제3항). 식품의약안전처장은 자율심의기구가 이러한 사항을 위반한 경우에는 그 시정을 명할 수 있으며(식품표시광고법 제10조 제6항), 자율심의기구가 i) 식품표시광고법상 등록 요건을 갖추지 못하게 된 경우, ii) 식품표시광고법상 기준에 반하여 공정하게 심의하지 아니하거나 정당한 사유 없이 영업자의 표시·광고 또는 소비자에 대한 정보 제공을 제한한 경우, iii) 식품의약품안전처장의 시정명령을 정당한 사유 없이 따르지 아니한 경우에는 그 등록을 취소할 수 있다(식품표시광고법 제10조 제7항).

자율 심의 대상, 자율심의기구의 등록 방법·절차, 그 밖에 필요한 사항은 총리령으로 정하도록 하고 있으나(식품표시광고법 제10조 제9항), 아직까지 하위 규정이 정비되지 않은 상황이다. 다만, 이하에서는 구 식품위생법 및 구 건강기능식품법상 표시광고의 심의와 관련한 규정을 참고적으로 살펴보기로 한다.

II. 식품 및 건강기능식품의 표시 또는 광고의 심의

1. 건강기능식품 기능성표시 또는 광고 심의[65]

가. 목적 및 근거 법령

건강기능식품의 허위·과대광고를 방지하여 올바른 정보 제공 및 건전한 유통·판매를 도모하기 위한 제도이며, 구 건강기능식품에 관한 법률 제16조 및 제16조의2, 제18조, 식약처 고시 「건강기능식품 표시 및 광고 심의기준」(식품의약품안전처고시 제2014-29호, 2014. 2. 12., 일부개정)에 기초하여 운영되어 왔다.

나. 심의기관 및 심의대상

식품의약품안전처에서 고시한 「건강기능식품의 기준 및 규격」에서 규정하고 있는 기능성 내용을 그대로 표시·광고하는 경우 별도의 심의를 받지 않아도 된다. 다만 위 기준 및 규격에 정하고 있는 기능성 표현 이외의 표시를 하고자 하는 경우에는 심의를 받아야 하며, 식품의약품안전처에서는 표시·광고 심의 업무는 건강기능식품에 관한 법률 제28조에 따라 설립된 사단법인 한국

---

65) 2018년도 식품안전관리지침 243면 참조.

건강기능식품협회에 업무를 위탁하고 있다. 따라서 제조 또는 수입하고자 하는 건강기능식품에 「건강기능식품의 기준 및 규격」에서 정하고 있는 기능성 내용 외의 기능성 내용 표시에 대한 확인을 받고자 하는 경우, 사단법인 한국건강기능식품협회 광고심의팀(031−628−2300)에 세부절차와 방법을 문의하면 된다.

다. 심의기준

구체적인 심의기준은 다음과 같다.

- 국민의 건강증진 및 소비자보호에 관한 국가의 건강기능식품정책에 부합하여야 함
- 인체의 구조 및 기능에 대하여 생리학적 작용 등과 같은 보건용도에 유용한 효과에 대한 표현이어야 함
- 객관적이고 과학적인 근거자료에 의해 표현되어야 함
- 이해하기 쉽고 올바른 문장이나 용어를 사용하여 명확하게 표현하여야 함
- 안전성 및 기능성에 관한 건강기능식품의 기준·규격 또는 원료·성분으로 고시되었거나 인정된 내용에 부합하여야함
- 구 건강기능식품에 관한 법률 제17조의 규정에 의한 표시기준에 적합하여야 함
- 구 건강기능식품에 관한 법률 제18조의 규정에 따른 허위과대의 표시·광고 범위에 해당되어서는 아니됨

라. 재심의

기능성 표시·광고 심의를 마친 광고 중 심의기준에 맞지 않는 기능성 표시·광고에 대하여, 식품의약품안전처장은 행정처분에 앞서 「건강기능식품 표시 및 광고 심의기준」 제6조의 2(재심의 권고)에 따라 심의기관에 재심의를 권고할 수 있고 이 경우 재심의를 권고받은 심의기관은 특별한 사유가 없는 한 이에 따라야 한다.

2. 특수용도식품 표시 및 광고 심의절차[66]

가. 목적 및 관련 법령

구 식품위생법상 일반 식품 및 식품첨가물의 광고 심의절차는 별도로 규정하고 있지 않다. 다만, 특수용도식품에 대한 표시·광고심의를 함에 있어 그 기준과 방법 및 절차 등을 규정하여 심의의 효율성과 공정성을 높이고 허위·과대의 표시·광고를 방지하여 올바른 정보 제공 및 건전한 유통·판매를 도모하고자, 영유아식, 체중조절용 조제식품, 특수의료용 식품, 임산부·수유부용 식품 등 특수용도식품의 경우에 한하여 「특수용도식품 표시 및 광고 심의기준」 (식품의약품안전처고시 제2014-172호, 2014. 10. 15., 일부개정)에 따라 심의를 받도록 규정하고 있다(구 식품위생법 제12조의3 제1항).

나. 심의기관 및 심의대상

특수용도식품의 용기·포장에 적힌 문자, 숫자 또는 도형 등 표시, 특수용도식품에 대하여 방송, 신문, 인터넷 신문, 정기간행물, 옥외광고물, 전기통신, 인터넷 멀티미디어 방송, 인터넷 등의 매체를 이용하는 광고가 심의대상이며, 식품의약품안전처장은 식품의 표시·광고의 사전심의에 관한 업무를 한국식품산업협회에 위탁하고 있다(구 식품위생법 제12조의3 제1항, 제2항, 령 제3조 제1항, 제2항).

다. 심의기준

• 객관적이고 과학적인 근거자료에 의해 표현되어야 한다.
• 이해하기 쉽고 올바른 문장이나 용어를 사용하여 명확하게 표현하여야 한다.
• 구 식품위생법상 식품 등의 공전 규정에 따라 안전성에 관한 식품의 기준·규격 또는 원료·성분으로 고시되었거나 인정된 내용에 부합하여야 한다.

---

66) 2018년도 식품안전관리지침 제43면 참조.

구 식품위생법상 표시기준 및 영양표시 규정에 따른 표시기준에 적합하여야 한다.

구 식품위생법 및 동시행 규칙상 허위표시, 과대광고 및 과대포장에 해당되어서는 아니 된다.

라. 심의절차

심의신청을 받은 심의기관은 신청받은 날로부터 20일 이내에 심의하여 그 결과를 신청인에게 문서로 통지하여야 하며, 심의 받은 내용을 단순 수정·변경한 내용은 따로 심의 받지 아니할 수 있으나 표시·광고 전에 신청인이 심의기관에 통보하여야 한다. 심의기관은 심의결과를 신청인의 영업등록 기관에 통보하여야 한다.

마. 심의결과 표시

심의를 거친 광고물을 광고할 때에는 "광고심의필" 문구[67]를 삽입하여야 하며, "광고심의필" 문구의 크기, 위치, 기타 세부사항은 심의기관이 따로 정한다.

바. 기 타

보다 구체적인 심의절차, 이의신청 방법, 운영 등에 필요한 사항은 「특수용도식품 표시 및 광고 심의기준」을 참조하기로 한다(구 식품위생법 제12조의4 제3항).

---

67) 「특수용도식품 표시 및 광고 심의기준」 [서식4] 광고심의필 문구 참조.

제5장

식품 등의 공전(公典)

식품위생법 제5장은 식품 등의 공전에 관한 사항을 규정하고 있다. 식품의약품안전처장은 식품 또는 식품첨가물, 기구 및 용기·포장의 기준과 규격에 관한 식품 등의 공전을 작성하여 보급하여야 한다. 이에 따라 식품의약품안전처는 식품공전 사이트를 운영하여 식품 등의 공전 및 고시규정에 관한 상세한 정보를 제공하고 있다. 본 장에서는 영업자들이 위와 같은 정보를 인터넷을 통해 손쉽게 확인할 수 있도록, 위 식품의약품안전처가 운영하는 사이트(http://www.foodsafetykorea.go.kr/foodcode)를 소개하고 있다.

05

식품 등의 공전(公典)

제1절 식품 등의 공전

　　식품의약품안전처장은 식품위생법 제7조 제1항에 따른 식품 또는 식품첨가물의 기준과 규격 및 동법 제9조 제1항에 따라 정하여진 기구 및 용기·포장의 기준과 규격에 관한 식품 등의 공전을 작성 보급하여야 한다(법 제14조). 이에 식품의약품안전처는 식품공전 사이트(http://www.foodsafetykorea.go.kr/food−code)를 운영하여 식품공전에 관한 규정 및 고시정보를 제공하고 있다. 이 사이트에서는 식품일반에 대한 공통기준 및 규격, 식품유형별 기준규격, 식품첨가물의 기준 및 규격, 기구 및 용기포장의 기준 및 규격 등 관련한 상세한 정보를 제공하고 있다.

제6장

검사 등

식품위생법 제6장은 식품, 식품첨가물, 기구, 용기·포장에 존재하여 인체 건강에 유해영향을 일으킬 수 있는 위해요소의 발견을 위한 위해평가, 위해요소가 포함된 위해식품에 대한 긴급대응, 유전자변형식품에 대한 안전성 심사, 유해물질이 검출되거나 위해발생 우려가 있는 식품 등에 대한 검사명령, 식품·의약품분야 시험·검사에 관한 사항, 특정 식품 등의 수입·판매 금지에 대한 사항, 영업자의 자가품질검사 의무, 식품위생감시, 수입식품의 안전관리에 대한 사항을 규정하고 있고, 본 장에서 위 각 규율사항에 대하여 구체적으로 기술하였다. 식품위생법의 주요 목적은 식품으로 인하여 생기는 위생상의 위해를 방지하는 것인바, 본 장의 규정들은 이러한 위해 발생을 방지하기 위한 가장 직접적인 규정에 해당하는 것이며, 이와 관련한 절차, 기준을 제도별로 쉽게 이해할 수 있도록 일목요연하게 정리하였다.

다만, 식품위생검사기관에 관한 사항은 구 식품위생법에서 규정하고 있었으나, 2013. 7. 30. 「식품·의약품분야 시험·검사 등에 관한 법률」이 제정되면서 대부분의 규정이 구 식품위생법에서 삭제되었으므로, 본 장에서는 「식품·의약품분야 시험·검사 등에 관한 법률」이 규율하는 시험·검사기관에 관한 내용을 식품 분야에 한정하여 개괄적으로 살펴보았다. 그리고 수입식품 규제에 관한 사항은 「수입식품안전관리 특별법」에서 정한 수입전단계, 통관단계, 유통단계의 각 단계별로 구체적인 절차 및 위반행위에 대한 제재를 빠짐없이 서술하였다.

06

검사 등

제1절 위해평가

I. 개 관

식품의약품안전처장은 국내외에서 유해물질이 함유된 것으로 알려지는 등 위해식품에 해당하거나(법 제4조), 유독·유해물질이 들어 있어 인체의 건강을 해칠 우려가 있는 기구(법 제8조)에 해당한다고 의심되는 경우에는, 그 식품 등의 위해요소를 신속히 평가하여 그것이 위해식품 등인지 결정하여야 한다(법 제15조 제1항).

"위해요소"란 식품, 식품첨가물, 기구, 용기·포장(이하 "식품 등")에 존재하여 인체 건강에 유해영향을 일으킬 수 있는 화학적, 물리적, 미생물적 요인을 말하며, "위해평가"란 인체가 식품 등에 존재하는 위해요소에 노출되었을 때 발생할 수 있는 유해영향과 발생확률을 과학적으로 예측하는 일련의 과정으로 위험성 확인, 위험성 결정, 노출평가, 위해도 결정 등 일련의 단계를 말한다(위해평가 방법 및 절차 등에 관한 규정 제2조 제1호, 제2호).

Ⅱ. 위해평가가 이루어지기까지의 임시 조치

식품의약품안전처장은 위해평가가 끝나기 전까지 국민건강을 위하여 예방 조치가 필요한 식품 등에 대하여는 판매하거나 판매할 목적으로 채취·제조·수입·가공·사용·조리·저장·소분·운반 또는 진열하는 것을 일시적으로 금지할 수 있다. 다만, 국민건강에 급박한 위해가 발생하였거나 발생할 우려가 있다고 식품의약품안전처장이 인정하는 경우에는 그 금지조치를 하여야 한다(법 제15조 제2항). 식품의약품안전처장은 이러한 일시적 금지조치를 하려면 미리 식품위생심의위원회의 심의·의결을 거쳐야 하는데, 국민건강을 급박하게 위해할 우려가 있어서 신속히 금지조치를 하여야 할 필요가 있는 경우에는 먼저 일시적 금지조치를 한 뒤 지체 없이 심의위원회의 심의·의결을 거칠 수 있다(법 제15조 제3항). 이 경우 심의위원회는 일시적 금지조치로 인하여 영업상의 불이익을 받았거나 받게 되는 영업자의 의견을 들어야 한다(법 제15조 제4항).

식품의약품안전처장은 법 제15조 제1항에 따른 위해평가 결과 또는 국민건강을 급박하게 위해할 우려가 있어서 먼저 금지조치를 하고 심의위원회의 심의·의결을 거친 결과 위해가 없다고 인정된 식품 등에 대하여는 지체 없이 위와 같은 일시적 금지조치를 해제하여야 한다(법 제15조 제5항).

Ⅲ. 위해평가 방법 및 절차

1. 식품 등 위해평가의 대상은 다음과 같다(령 제4조 제1항).

가. 국제식품규격위원회 등 국제기구 또는 외국 정부가 인체의 건강을 해칠 우려가 있다고 인정하여 판매하거나 판매할 목적으로 채취·제조·수입·가공·사용·조리·저장·소분(소분: 완제품을 나누어 유통을 목적으로 재포장하는 것을 말한다. 이하 같다)·운반 또는 진열을 금지하거나 제한한 식품 등

나. 국내외의연구·검사기관에서 인체의 건강을 해칠 우려가 있는 원료 또는 성분 등이 검출된 식품 등

다. 「소비자기본법」 제29조에 따라 등록한 소비자단체 또는 식품 관련 학회가 위해평가를 요청한 식품 등으로서 법 제57조에 따른 식품위생심의위원회가 인체의 건강을 해칠 우려가 있다고 인정한 식품 등

라. 새로운 원료·성분 또는 기술을 사용하여 생산·제조·조합되거나 안전성에 대한 기준 및 규격이 정하여지지 아니하여 인체의 건강을 해칠 우려가 있는 식품 등

2. 위해평가에서 평가하여야 할 위해요소는 다음과 같다(령 제4조 제2항).

가. 잔류농약, 중금속, 식품첨가물, 잔류 동물용 의약품, 환경오염물질 및 제조·가공·조리과정에서 생성되는 물질 등 화학적 요인

나. 식품 등의 형태 및 이물(異物) 등 물리적 요인

다. 식중독 유발 세균 등 미생물적 요인

3. 위해평가 방법은 다음의 순서를 거친다(령 제4조 제3항).

가. 위해요소의 인체 내 독성을 확인하는 위험성 확인과정

나. 위해요소의 인체노출 허용량을 산출하는 위험성 결정과정

다. 위해요소가 인체에 노출된 양을 산출하는 노출평가과정

라. 위험성 확인과정, 위험성 결정과정 및 노출평가과정의 결과를 종합하여 해당 식품 등이 건강에 미치는 영향을 판단하는 위해도(危害度) 결정과정

Ⅳ. 위해평가 결과 등에 관한 공표

식품의약품안전처장은 제15조에 따른 위해평가 결과에 관한 사항을 공표할 수 있다(법 제15조의2). 위해평가의 결과는 인터넷 홈페이지, 신문, 방송 등을 통하여 공표한다(령 제5조의2 제1항).

제2절 위해식품 등에 대한 긴급대응

I. 위해식품 등에 대한 긴급대응방안 마련

식품의약품안전처장은 판매하거나 판매할 목적으로 채취·제조·수입·가공·조리·저장·소분 또는 운반(이하 본 항에서 "제조·판매 등")되고 있는 식품 등에 대하여, ① 국내외에서 식품 등 위해발생 우려가 과학적 근거에 따라 제기되었거나 제기된 경우, ② 그 밖에 식품 등으로 인하여 국민건강에 중대한 위해가 발생하거나 발생할 우려가 있는 경우에는 긴급대응방안을 마련하고 필요한 조치를 하여야 한다(법 제17조 제1항).

위해발생 우려가 과학적 근거에 따라 제기된 경우란 식품위생심의위원회가 과학적 실험 및 분석자료 등을 바탕으로 조사·심의하여 인체의 건강을 해칠 우려가 있다고 인정한 경우를 말하고(규칙 제10조), 그 밖의 식품 등으로 인하여 국민건강에 중대한 위해가 발생하거나 발생할 우려가 있는 경우는, 국내외에서 위해식품 등의 섭취로 인하여 사상자가 발생한 경우이거나, 국내외의 연구·검사기관에서 인체의 건강을 해칠 심각한 우려가 있는 원료 또는 성분이 식품 등에서 검출된 경우, 소해면상뇌증 등 질병에 걸린 동물을 사용하였거나 마황, 부자 등의 원료 또는 성분 등을 사용하여 제조·가공 또는 조리한 식품 등이 발견된 경우를 말한다(령 제7조 제1항).[1]

---

1) 령 제7조 제1항 제3호는 법 제93조 제1항에 따른 질병에 걸린 동물을 사용하였거나 같은 조 제2항에 따른 원료 또는 성분 등을 사용하여 제조·가공 또는 조리한 식품 등이 발견된 경우를 국민건강에 중대한 위해가 발생하거나 발생할 우려가 있는 경우로 정하고 있다.
법 제93조(벌칙)
① 다음 각 호의 어느 하나에 해당하는 질병에 걸린 동물을 사용하여 판매할 목적으로 식품 또는 식품첨가물을 제조·가공·수입 또는 조리한 자는 3년 이상의 징역에 처한다.
1. 소해면상뇌증(狂牛病)
2. 탄저병
3. 가금 인플루엔자
② 다음 각 호의 어느 하나에 해당하는 원료 또는 성분 등을 사용하여 판매할 목적으로 식품 또는 식품첨가물을 제조·가공·수입 또는 조리한 자는 1년 이상의 징역에 처한다.
1. 마황(麻黃)

긴급대응방안에는 다음의 사항이 포함되어야 한다(법 제17조 제2항).

① 해당 식품 등의 종류

② 해당 식품 등으로 인하여 인체에 미치는 위해의 종류 및 정도

③ 제3항에 따른 제조·판매 등의 금지가 필요한 경우 이에 관한 사항

④ 소비자에 대한 긴급대응요령 등의 교육·홍보에 관한 사항

⑤ 그 밖에 식품 등의 위해 방지 및 확산을 막기 위하여 필요한 사항

II. 임시적 제조·판매 등 금지

식품의약품안전처장은 긴급대응이 필요하다고 판단되는 식품 등에 대하여는 그 위해 여부가 확인되기 전까지 해당 식품 등의 제조·판매등을 금지하여야 하고, 영업자는 이러한 식품 등에 대하여는 제조·판매 등을 하여서는 아니된다(법 제17조 제3항, 제4항). 식품의약품안전처장은 제조·판매 등을 금지하려면 미리 이러한 금지조치로 인하여 영업상의 불이익을 받거나 받게 되는 영업자의 의견을 들어야 한다(법 제17조 제5항, 령 제7조 제2항). 영업자가 이러한 금지(법 제17조 제4항)를 위반하면, 식품의약품안전처장은 영업허가 또는 등록을 취소하거나 6개월 이내의 기간을 정하여 영업의 전부 또는 일부를 정지하거나 영업소 폐쇄를 명할 수 있고(법 제75조 제1항 제3호), 3년 이하의 징역 또는 3천만원 이하의 벌금에 처해 질 수 있다(법 제97조 제1호).

영업자는 위 제3항에 따른 금지조치에 대하여 이의가 있는 경우에는 식품의약품안전처장에게 해당 금지의 전부 또는 일부의 해제 요청서를 작성하여 제출할 수 있고, 해제 요청서를 받은 식품의약품안전처장은 검토 결과를 지체 없이 해당 요청자에게 알려야 한다(법 제17조 제6항, 령 제7조 제3항, 제4항).

---

2. 부자(附子)

3. 천오(川烏)

4. 초오(草烏)

5. 백부자(白附子)

6. 섬수(蟾수)

7. 백선피(白鮮皮)

8. 사리풀

식품의약품안전처장은 국민건강에 급박한 위해가 발생하거나 발생할 우려가 있다고 인정되는 위해식품에 관한 정보를 국민에게 긴급하게 전달하여야 하는 경우로서 대통령령으로 정하는 요건에 해당하는 경우에는 지상파텔레비전방송사업자 및 지상파라디오방송사업자에 대하여 이를 신속하게 방송하도록 요청하거나, 이동전화 또는 개인휴대통신 역무를 제공하는 기간통신사업사업자에 대하여 이를 신속하게 문자 또는 음성으로 송신하도록 요청할 수 있고, 요청을 받은 방송사업자 및 기간통신사업자는 특별한 사유가 없는 한 이에 응하여야 한다(법 제17조 제8항, 제9항, 령 제8조 제2항, 제3항).

식품의약품안전처장은 식품 등으로 인하여 국민건강에 위해가 발생하지 아니하였거나 발생할 우려가 없어졌다고 인정하는 경우에는 금지의 전부 또는 일부를 해제하여야 한다(법 제17조 제7항).

제3절 유전자변형식품 등의 안전성 검사

I. 유전자변형식품 등의 안전성 심사(법 제18조 제1항)

유전자변형식품 등을 식용(食用)으로 수입·개발·생산하는 자는 최초로 유전자변형식품 등을 수입하는 경우 등 다음의 경우에는 식품의약품안전처장에게 해당 식품 등에 대한 안전성 심사를 받아야 한다(법 제18조 제1항, 령 제9조). 여기서 "유전자변형식품 등"이란 인위적으로 유전자를 재조합하거나 유전자를 구성하는 핵산을 세포나 세포 내 소기관으로 직접 주입하는 기술 또는 분류학에 따른 과(科)의 범위를 넘는 세포융합기술에 해당하는 생명공학기술을 활용하여 재배·육성된 농산물·축산물·수산물 등을 원재료로 하여 제조·가공한 식품 또는 식품첨가물을 말한다(령 제9조 제1호).

① 최초로 유전자변형식품 등을 수입하거나 개발 또는 생산하는 경우
② 법 제18조에 따른 안전성 심사를 받은 후 10년이 지난 유전자변형식품 등으로서 시중에 유통되어 판매되고 있는 경우

③ 그 밖에 법 제18조에 따른 안전성 심사를 받은 후 10년이 지나지 아니한 유전자변형식품 등으로서 식품의약품안전처장이 새로운 위해요소가 발견되었다는 등의 사유로 인체의 건강을 해칠 우려가 있다고 인정하여 심의위원회의 심의를 거쳐 고시하는 경우

II. 유전자변형식품 등의 안전성 심사 절차

식품의약품안전처장은 유전자변형식품 등의 안전성 심사를 위하여 식품의약품안전처에 유전자변형식품 등 안전성심사위원회(이하 "안전성심사위원회")를 두고 있으며,[2] 구체적인 심사 절차 등에 대해서는 식품의약품안전처가 유전자변형식품 등의 안전성 심사 등에 관한 규정을 고시하여(식품의약품안전처고시 제2018-6호) 정하고 있다.

---

2) 령 제10조 (유전자변형식품 등 안전성심사위원회의 구성·운영 등)
  ① 법 제18조 제2항에 따른 유전자변형식품 등 안전성심사위원회(이하 "안전성심사위원회"라 한다)는 위원장 1명을 포함한 20명 이내의 위원으로 구성한다.
  ② 안전성심사위원회의 위원은 유전자변형식품 등에 관한 학식과 경험이 풍부한 사람으로서 다음 각 호의 어느 하나에 해당하는 사람 중에서 식품의약품안전처장이 위촉한다.
  1. 유전자변형식품 관련 학회 또는 「고등교육법」 제2조 제1호 및 제2호에 따른 대학 또는 산업대학의 추천을 받은 사람
  2. 시민단체(「비영리민간단체 지원법」 제2조에 따른 비영리민간단체를 말한다. 이하 같다)의 추천을 받은 자
  3. 식품위생 관계 공무원
  ③ 안전성심사위원회의 위원장은 위원 중에서 호선(互選)한다.
  ④ 제2항 제1호 및 제2호의 위원의 임기는 2년으로 한다. 다만, 위원이 궐위(闕位)된 경우 그 보궐위원의 임기는 전임위원 임기의 남은 기간으로 한다.
  ⑤ 위원장은 안전성심사위원회를 대표하며, 안전성심사위원회의 업무를 총괄한다.
  ⑥ 안전성심사위원회에 출석한 위원에게는 예산의 범위에서 수당과 여비를 지급할 수 있다. 다만, 공무원인 위원이 그 소관 업무와 직접 관련하여 출석하는 경우에는 그러하지 아니하다.
  ⑦ 제1항부터 제6항까지, 제10조의2 및 제10조의3에서 규정한 사항 외에 안전성심사위원회의 운영에 필요한 사항은 안전성심사위원회의 의결을 거쳐 위원장이 정한다.

제4절 검 사

I. 유해물질 검출되거나 위해발생 우려가 있는 식품 등에 대한 검사명령(법 제19조의4)

식품의약품안전처장은, ① 국내외에서 유해물질이 검출된 식품 등, ② 그 밖에 국내외에서 위해발생의 우려가 제기되었거나 제기된 식품 등을 채취·제조·가공·사용·조리·저장·소분·운반 또는 진열하는 영업자에 대하여, 「식품·의약품분야 시험·검사 등에 관한 법률」 제6조 제3항 제1호3)에 따른 식품전문 시험·검사기관 또는 같은 법 제8조4)에 따른 국외시험·검사기관에서 검사를 받을 것을 명(이하 "검사명령")할 수 있다. 다만, 검사로써 위해성분을 확인할 수

---

3) 식품·의약품분야 시험·검사 등에 관한 법률(2017. 4. 18. 법률 제14836호로 일부개정)
   제6조(시험·검사기관의 지정)
   ① 식품의약품안전처장은 시험·검사 업무를 전문적·효율적으로 수행할 기관(이하 "시험·검사기관"이라 한다)을 지정할 수 있다.
   ② 제1항에 따라 지정할 수 있는 시험·검사기관의 종류는 다음 각 호와 같다.
   1. 식품 등 시험·검사기관: 「식품위생법」 제7조, 제9조, 제19조 제2항, 제19조의4, 제22조 제1항, 제31조 제2항, 「건강기능식품에 관한 법률」 제14조에 따른 기준 및 규격 등의 검사를 수행하는 기관
   ③ 제2항 제1호에 따른 식품 등 시험·검사기관은 검사업무의 범위별로 다음 각 호와 같이 구분하여 지정할 수 있다.
   1. 식품전문 시험·검사기관: 「식품위생법」 제7조, 제9조, 제19조 제2항, 제19조의4, 제22조 제1항, 「건강기능식품에 관한 법률」 제14조에 따른 시험·검사를 수행하는 기관
4) 식품·의약품분야 시험·검사 등에 관한 법률(2017. 4. 18. 법률 제14836호로 일부개정)
   제8조(국외시험·검사기관의 지정 등)
   ① 식품의약품안전처장은 다음 각 호의 어느 하나에 해당하는 기관으로서 수입되는 식품 등에 대하여 시험·검사할 능력이 있는 기관(이하 "국외시험·검사기관"이라 한다)을 지정할 수 있다.
   1. 수출국 정부(그 정부의 지방자치단체를 포함한다)가 설립한 공공검사기관
   2. 수출국 정부가 공인한 검사기관(검사기관의 지부를 포함한다)
   3. 식품의약품안전처장이 지정한 식품전문 시험·검사기관이 해외에 설립·운영하는 기관
   ② 국외시험·검사기관으로 지정받으려는 자는 총리령으로 정하는 검사실적, 검사설비 및 검사인력 등의 요건을 갖추어 식품의약품안전처장에게 지정 신청을 하여야 한다.
   ③ 제1항에 따른 지정의 요건·절차에 필요한 사항은 총리령으로 정한다.
   ④ 국외시험·검사기관이 제1항에 따라 지정받은 사항 중 총리령으로 정하는 사항을 변경하고자 하는 때에는 제6조 제5항을 준용한다.

없다고 식품의약품안전처장이 인정하는 경우에는 관계 자료 등으로 갈음할 수 있다(법 제19조의4 제1항).

II. 검사명령 등 절차

검사명령 대상 식품 등에 대한 규정(식품의약품안전처고시 제2017−73호)에 따라 검사명령 대상이 되는 식품 등의 범위는 다음과 같다.

1. 「식품의 기준 및 규격」 제2. 식품일반에 대한 공통기준 및 규격, 5. 식품일반의 기준 및 규격의 11) (1) ① 식품 중 검출되어서는 아니되는 동물용의약품과 12)의 (1) 발기부전치료제·당뇨병치료제·비만치료제 등과 화학구조가 근원적으로 유사한 합성물질, (2) 발기부전치료제 유사물질, (3) 비만치료제 유사물질이 검출되었거나 검출될 우려가 있는 식품, 수입식품 등 및 건강기능식품

2. 「식품첨가물의 기준 및 규격」에 고시되지 아니한 화학적 합성품인 첨가물이 검출되었거나 검출될 우려가 있는 식품 등, 수입식품 등 및 건강기능식품

검사명령을 받은 영업자는 검사명령을 받은 날로부터 20일 이내에 내에 검사를 받거나 관련 자료 등을 제출하여야 한다(법 제19조의4 제2항, 규칙 제15조의8). 검사기간 내에 검사를 받지 아니하거나 자료 등을 제출하지 아니한 영업자에 대해서는 500만원 이하의 과태료가 부과된다(법 제101조 제2항 제1호의3).

시험·검사기관(단, 국외시험·검사기관은 제외)은 검사명령 대상 식품 등을 검사한 결과, 부적합으로 판정된 경우에는 지체 없이 영업자, 제품명, 제조일자, 유통기한, 수입량(수입식품 등에 한함), 부적합내역, 화물관리번호 및 견본품 발출승인번호(수입식품 등에 한함), 국내 반입일자(수입식품 등에 한함)를 식품의약품안전처장에게 보고하여야 하고, 그 사실을 지체 없이 영업자에게도 통보하여야 한다(위 고시 제3조의3).

Ⅲ. 출입 · 검사 · 수거 등(법 제22조)

1. 식품 등의 위해방지, 위생관리를 위한 출입 · 검사 · 수거

식품의약품안전처장(지방식품의약품안전청장 포함), 시 · 도지사 또는 시장 · 군수 · 구청장은 식품 등의 위해방지 · 위생관리와 영업질서의 유지를 위하여 필요하면 다음의 조치를 할 수 있다(법 제22조 제1항).

가. 영업자나 그 밖의 관계인에게 필요한 서류나 그 밖의 자료의 제출 요구

나. 관계 공무원으로 하여금 다음 각 목에 해당하는 출입 · 검사 · 수거 등의 조치

① 영업소(사무소, 창고, 제조소, 저장소, 판매소, 그 밖에 이와 유사한 장소를 포함한다)에 출입하여 판매를 목적으로 하거나 영업에 사용하는 식품 등 또는 영업시설 등에 대하여 하는 검사

② 가목에 따른 검사에 필요한 최소량의 식품 등의 무상 수거5)

③ 영업에 관계되는 장부 또는 서류의 열람

법 제22조 제1항에 따른 출입 · 검사 · 수거 등을 거부 또는 방해한 자는 3년 이하의 징역 또는 3천만원 이하의 벌금에 처할 수 있다(법 제97조 제2호).

2. 절차 등

법 제22조 제1항에 따라 식품 등을 수거한 관계 공무원은 그 수거한 식품 등을 그 수거 장소에서 봉함하고 관계 공무원 및 피수거자의 인장 등으로 봉인하여야 하고, 수거한 식품 등에 대해 지체 없이 시험 · 검사기관에 검사를 의뢰하여야 한다(규칙 제20조 제3항, 제4항).

식품의약품안전처장, 시 · 도지사 또는 시장 · 군수 · 구청장은 출입 · 검사 · 수거 등의 업무를 수행하면서 식품 등으로 인하여 발생하는 위생 관련 위해방지 업무를 효율적으로 하기 위하여 필요한 경우에는 관계 행정기관의 장, 다른 시 ·

---

5) 무상으로 수거할 수 있는 식품 등의 대상과 그 수거량은 규칙 [별표 8 식품 등의 무상수거대상 및 수거량]과 같다.

도지사 또는 시장·군수·구청장에게 행정응원(行政應援)을 하도록 요청할 수 있고, 이 경우 행정응원을 요청받은 관계 행정기관의 장, 시·도지사 또는 시장·군수·구청장은 특별한 사유가 없으면 이에 따라야 한다(법 제22조 제2항). 출입·검사·수거 또는 열람하려는 공무원은 그 권한을 표시하는 증표 및 조사기간, 조사범위, 조사담당자, 관계 법령 등이 기재된 서류를 지니고 이를 관계인에게 내보여야 한다(법 제22조 제3항).

법 제22조에 따른 출입·검사·수거 등은 국민의 보건위생을 위하여 필요하다고 판단되는 경우에는 수시로 실시하며, 영업정지 등 행정처분(규칙 제89조의 모든 행정처분)을 받은 업소에 대한 출입·검사·수거 등은 그 처분일로부터 6개월 이내에 1회 이상 실시하여야 한다(규칙 제19조).

Ⅳ. 식품 등의 검사결과 통보 및 재검사(법 제23조)

1. 검사결과 통보

식품의약품안전처장(지방식품의약품안전청장 포함), 시·도지사 또는 시장·군수·구청장은 법 제22조에 따라 식품 등을 검사한 결과 해당 식품 등이 법 제7조 또는 제9조에 따른 식품 등의 기준이나 규격에 맞지 아니하면, 해당 영업자에게 해당 검사에 적용한 검사방법, 검체의 채취·취급방법 및 검사 결과를 해당 검사성적서 또는 검사증명서가 작성된 날부터 7일 이내에 통보하여야 한다(법 제23조 제1항, 령 제14조 제2항).

2. 재검사 요청

위와 같은 통보를 받은 영업자가 그 검사 결과에 이의가 있으면, 영업자는 검사한 제품과 같은 제품(같은 날에 같은 영업시설에서 같은 제조 공정을 통하여 제조·생산된 제품에 한정한다)을 식품의약품안전처장이 인정하는 국내외 검사기관 2곳 이상에서 같은 검사 항목에 대하여 검사를 받아 그 결과가 식품의약품안전처장 등으로부터 통보받은 검사 결과와 다를 때에는, 그 검사기관의 검사성적서 또는 검사증명서를 첨부하여 식품의약품안전처장 등에게 재검사를 요청할 수 있다. 다만, 시간이 경과함에 따라 검사 결과가 달라질 수 있는 검사항목(이물, 미생물, 곰팡이독소, 잔류농약 및 잔류동물용의약품)은 재검사 항목에서 제외한다(법 제23조 제2항, 규칙 제21조).

위와 같은 재검사 요청을 받은 식품의약품안전처장 등은 영업자가 제출한 검사 결과가 법 제23조 제1항에 따른 검사 결과와 다르다고 확인되거나 같은 항의 검사에 따른 검체(檢體)의 채취·취급방법, 검사방법·검사과정 등이 제7조 제1항 또는 제9조 제1항에 따른 식품 등의 기준 및 규격에 위반된다고 인정되는 때에는 지체 없이 재검사하고 해당 영업자에게 재검사 결과를 통보하여야 한다. 이 경우 재검사 수수료와 보세창고료 등 재검사에 드는 비용은 영업자가 부담한다(법 제23조 제3항).

V. 소비자 등의 위생검사 요청(법 제16조)

같은 영업소에 의하여 같은 피해를 입은 5명 이상의 소비자, 소비자단체, 시험·검사기관이 식품의약품안전처장(지방식품의약품안전청장 포함), 시·도지사 또는 시장·군수·구청장에 대하여 법 제22조에 따른 출입·검사·수거 등(이하 "위생검사 등")을 요청하는 경우에는, ① 같은 소비자, 소비자단체 또는 시험·검사기관이 특정 영업자의 영업을 방해할 목적으로 같은 내용의 위생검사 등을 반복적으로 요청하는 경우, ② 식품의약품안전처장, 시·도지사 또는 시장·군수·구청장이 기술 또는 시설, 재원(財源) 등의 사유로 위생검사 등을 할 수 없다고 인정하는 경우를 제외하고, 이에 따라야 한다(법 제16조 제1항, 령 제6조 제1항).

식품의약품안전처장, 시·도지사 또는 시장·군수·구청장은 위생검사 등의 요청에 따르는 경우 14일 이내에 위생검사 등을 하고 그 결과를 위생검사 등의 요청을 한 소비자, 소비자단체 또는 시험·검사기관에 알리고(따로 정하지 아니한 경우에는 문서로 통보) 인터넷 홈페이지에 게시하여야 한다(법 제16조 제1항, 령 제6조 제3항).

제5절 식품·의약품분야 시험·검사

Ⅰ. 개 관

식품위생법은 본래 제24조부터 제30조까지 식품위생검사기관에 대하여 규정하고 있었는데, 식품·의약품 분야의 시험·검사 관리 체계가 식품위생법, 약사법, 화장품법 등 분산되어 일관성 있게 이루어지지 못하고 있고, 이로 인해 갈수록 전문화되는 시험·검사 영역에 대한 총괄적인 관리가 어려워짐에 따라, 식품, 의약품, 화장품 등의 시험·검사기관에 대한 통합관리체계를 구축하고 이를 육성하여 시험·검사의 품질을 높여 안정성을 높이고, 국민의 건강에 기여하고자, 2013. 7. 30. 「식품·의약품분야 시험·검사 등에 관한 법률」(이하 '식품의약품검사법')이 제정되었고, 식품위생법상 식품위생검사기관에 관한 조항들은, 2013. 7. 30. 법률 제11985호 개정으로 식품위생법에서 삭제되었다.

이에, 본 항목에서는 식품의약품검사법이 정하고 있는 시험·검사기관의 지정 등을 식품 분야에 한정하여 살펴보기로 한다.

Ⅱ. 시험·검사기관의 지정 등

1. 시험·검사기관의 지정

식품의약품안전처장은 시험·검사 업무를 전문적·효율적으로 수행할 기관(이하 "시험·검사기관")을 지정할 수 있다(식품의약품검사법 제6조 제1항). 여기서, "시험"이란 물리적·화학적·전기적·기계적·위생학적·제제(製劑)학적·생물학적·미생물학적 등의 방법으로 분석 또는 측정하는 것을 말하고, "검사"란 성분이나 규격, 그 밖의 검사기준에 부합하는지에 대한 조사를 말한다(식품의약품검사법 제2조 제2호, 제3호). 시험·검사기관의 업무 등에 관하여는 식품의약품검사법시행규칙 [별표 1 시험·검사기관의 업무범위와 시험·검사의 분야·품목 및 항목]에서 규정하고 있다.

식품의약품안전처장은 식품 등 시험·검사기관을 ①「식품위생법」제7조, 제9조, 제19조 제2항, 제19조의4, 제22조 제1항,「건강기능식품에 관한 법률」제14조에 따른 시험·검사를 수행하는 식품전문 시험·검사기관과 ②「식품위생법」제7조, 제9조, 제31조 제2항,「건강기능식품에 관한 법률」제14조에 따른 시험·검사를 수행하는 자가품질위탁 시험·검사기관으로 구분하여 지정할 수 있다(식품의약품검사법 제6조 제2항 제1호, 제3항).

식품의약품안전평가원 등 일정 기관을 제외하고, 식품 등 시험·검사기관으로 지정받고자 하는 자는 시험·검사에 필요한 시설·설비 및 인력 등의 요건을 갖추어 식품의약품안전처장에게 지정 신청을 하여야 한다(식품의약품검사법 제6조 제4항, 식품의약품검사법시행규칙 제2조 제3항 [별표 2 시험·검사기관의 지정 요건], 제3조).

지정을 받은 식품 등 시험·검사기관이 지정받은 사항 중 시험·검사 범위의 변경 등 중요 사항을 변경하고자 하는 때에는 미리 식품의약품안전처장의 승인을 받아야 하고, 경미한 사항을 변경할 때에는 변경사항 발생일부터 1개월 이내에 식품의약품안전처장에게 신고하여야 한다(식품의약품검사법 제6조 제5항, 식품의약품검사법시행규칙 제4조). 1개월 이내에 신고하지 아니하고 경미한 사항을 변경한 자에게는 300만원 이하의 과태료를 부과한다(식품의약품검사법 제30조 제1항 제1호).

지정된 식품 등 시험·검사기관의 지정에 관한 유효기간은 지정받은 날부터 3년으로 하고, 유효기간은 1년을 초과하지 아니하는 범위에서 1회에 한정하여 그 기간을 연장할 수 있으며, 유효기간이 만료되는 식품 등 시험·검사기관으로서 제6조 제4항에 따른 지정요건을 갖춘 경우에는 제6조에 따라 다시 지정할 수 있다(식품의약품검사법 제7조).

식품의약품안전처장은 제6조에 따라 지정한 시험·검사기관에 대하여 업무정지를 하여야 하는 경우로서 그 업무정지가 해당 시험·검사기관의 이용자에게 심한 불편을 주거나 그 밖에 공익을 저해할 우려가 있는 경우에는 그 업무정지를 갈음하여 2억원 이하의 과징금을 부과할 수 있다(식품의약품검사법 제20조). 지정된 시험·검사기관에서 고의로 거짓된 시험·검사성적서 등을 발급 또는 통보한 자는 5년 이하의 징역 또는 5천만원 이하의 벌금에 처하거나 이를 병과할 수 있고, 지정된 시험·검사기관에서 중대한 과실로 사실과 다른 시험·검사성적서를 발급한 자, 지정된 시험·검사기관에서 제11조 제3항6)을 위반하여 거짓으로 보고하거나 고의 또는 중대한 과실로 지체 없이 보고를 하지 아니한 자는 3년 이하의 징역 또는 3천만원 이하의 벌금에 처하거나 이를 병과할 수 있다(식품의약품검사법 제28조 제1항 제2호, 제2항).

2. 시험·검사기관의 승계

시험·검사기관으로 지정받은 자가 그 기관의 운영을 양도하거나 법인의 합병이 있는 경우에는 그 양수인 또는 합병 후 존속하는 법인이나 합병에 따라 설립되는 법인이 종전의 시험·검사기관의 지정에 따른 식품의약품검사법의 지위를 승계한다(식품의약품검사법 제9조 제1항).

① 「민사집행법」에 따른 경매, ② 「채무자 회생 및 파산에 관한 법률」에 따른 환가(換價), ③ 「국세징수법」, 「관세법」또는 「지방세법」에 따른 압류재산의 매각, ④ 그 밖에 이에 준하는 절차에 따라 시험·검사기관의 시설·설비의 전부를 인수한 자로서 제6조 제4항에 따른 지정요건을 갖춘 자는 그 시험·검사기관의 지정에 따른 식품의약품검사법의 지위를 승계한다(식품의약품검사법 제9조 제2항).

종전의 시험·검사기관의 지위를 승계한 자는 1개월 이내에 식품의약품안전처장에게 신고하여야 한다(식품의약품검사법 제9조 제3항, 식품의약품검사법시행규칙 제9조). 1개월 이내에 지위승계를 신고하지 아니한 자에게는 300만원 이하의 과태료를 부과한다(식품의약품검사법 제30조 제1항 제2호).

---

6) 식품·의약품분야 시험·검사 등에 관한 법률(2017. 4. 18. 법률 제14836호로 일부개정) 제11조(시험·검사의 절차 등)
③ 시험·검사기관은 제1항에 따른 시험·검사 결과가 부적합으로 판정된 경우에는 그 결과를 지체 없이 식품의약품안전처장 및 총리령으로 정하는 기관에 보고하여야 한다. 이 경우 그 사실을 지체 없이 의뢰자에게 통보하여야 한다.

3. 시험·검사기관의 지정취소

식품의약품안전처장은 시험·검사기관으로 지정을 받은 자가 일정한 경우[7])에 해당하면 그 지정을 취소하거나 6개월 이내의 기간을 정하여 그 업무의 전부 또는 일부의 정지를 명하거나 시정명령 등 필요한 조치를 할 수 있다. 다만, ① 거짓이나 그 밖의 부정한 방법으로 지정을 받은 경우, ② 고의 또는 중대한 과실로 시험·검사성적서를 사실과 다르게 발급한 경우, ③ 업무정지처분기간 중에 시험·검사 업무를 행한 경우에는 그 지정을 취소하여야 한다(식품의약품검사법 제10조 제1항, 식품의약품검사법시행규칙 [별표 5 시험·검사기관등의 행정처분 기준]).

시험·검사기관의 지정이 취소된 경우로서 ① 지정이 취소된 시험·검사기관을 설립·운영한 자(법인인 경우 그 대표자를 포함)가 그 지정이 취소된 날부터 2년이 지나지 아니하는 경우, ② 지정이 취소된 날부터 2년 이내에 같은 장소에서 시험·검사기관을 설립·운영하고자 하는 경우에는 제6조에 따른 시험·검사기관으로 지정을 받을 수 없다(식품의약품검사법 제10조 제3항).

---

7) 식품의약품검사법 제10조 제1항 본문은 시험·검사기관의 지정취소 등 사유를 다음과 같이 규정한다.
   (1) 거짓이나 그 밖의 부정한 방법으로 지정을 받은 경우
   (2) 고의 또는 중대한 과실로 시험·검사성적서를 사실과 다르게 발급한 경우
   (3) 업무정지처분기간 중에 시험·검사 업무를 행한 경우
   (4) 제6조에 따라 지정받은 시험·검사 범위를 벗어나 시험·검사성적서를 발급한 경우
   (5) 제6조 제4항에 따른 지정요건에 미달하게 된 경우
   (6) 제6조 제5항을 위반하여 식품의약품안전처장의 변경승인을 받지 아니하고 변경하거나 변경신고를 1개월 이내에 하지 아니한 경우
   (7) 제11조 제1항을 위반하여 식품의약품검사법시행규칙 제11조, 제12조로 정하는 기준·방법·절차에 따라 시험·검사를 하지 아니한 경우
   (8) 제11조 제2항을 위반하여 시험·검사성적서를 발급하지 아니하거나 식품의약품검사법시행규칙 제12조 제4항으로 정하는 기재사항이 누락된 시험·검사성적서를 발급한 경우
   (9) 제11조 제3항을 위반하여 거짓으로 보고하거나 보고를 게을리한 경우
   (10) 제12조 제1항을 위반하여 매년 시험·검사 실적을 식품의약품안전처장에게 보고하지 아니한 경우
   (11) 제12조 제2항을 위반하여 문서를 작성하지 아니하거나 보관하지 아니한 경우
   (12) 제12조 제3항에 따른 준수사항을 위반한 경우
   (13) 제16조에 따라 시험·검사 능력을 평가한 결과에 따른 시정조치를 이행하지 아니한 경우
   (14) 제22조에 따른 관계 공무원의 출입 또는 열람을 방해한 경우

시험·검사기관의 지정취소나 업무정지기간 중에 시험·검사업무를 실시한 자는 5년 이하의 징역 또는 5천만원 이하의 벌금에 처하거나 이를 병과할 수 있다(식품의약품검사법 제28조 제1항 제3호).

Ⅲ. 시험·검사기관의 능력관리

식품의약품안전처장은 제6조 및 제8조에 따라 지정한 시험·검사기관 및 국외시험·검사기관의 시험·검사 능력 향상 및 신뢰성 확보를 위하여 식품의약품검사법시행규칙 제20조로 정하는 바에 따라 시험·검사 능력을 측정하고 평가할 수 있다(우수시험·검사기관 평가 면제, 식품의약품검사법 제16조 제1항).

식품의약품안전처장은 시험·검사 업무를 수행하는 인력의 전문성을 향상시키기 위한 교육 및 전문인력의 확보·관리 등에 관한 시책을 강구하여야 하고, 시험·검사기관의 대표자 및 시험·검사인력은 식품의약품안전처장이 정하는 시험·검사의 품질관리, 시험·검사윤리 등에 필요한 교육을 식품의약품안전처장이 지정한 교육기관에서 매년 받아야 한다(식품의약품검사법 제17조 제1항, 제2항, 제18조).

식품의약품안전처장은 제10조에 따라 지정이 취소된 후에도 계속하여 업무를 하는 경우에는 관계 공무원으로 하여금 해당 시험·검사기관을 폐쇄하기 위하여 ① 해당 시험·검사기관의 간판 등 영업표지물의 제거나 삭제, ② 해당 시험·검사기관의 시설물, 그 밖에 시험·검사에 사용하는 기구나 장비 등을 사용할 수 없게 하는 봉인, ③ 해당 시험·검사기관이 업무를 하여서는 아니 된다는 게시문 등의 부착 등의 조치를 하게 할 수 있다. 식품의약품안전처장은 봉인 또는 게시문 부착을 계속할 필요가 없다고 인정되거나 해당 시험·검사기관의 장 또는 그 대리인이 정당한 사유를 들어 조치의 해제를 요청하는 경우에는 봉인 또는 게시문 부착 조치를 해제할 수 있다. 식품의약품안전처장은 급박한 사유가 있는 경우가 아닌 한 해당 시험·검사기관의 대표자 또는 그 대리인에게 서면으로 미리 알려주어야 하고, 조치를 하는 관계 공무원은 그 권한을 표시하는 증표를 지니고 이를 관계인에게 내보여야 하며, 조치는 해당 시험·검사기관이 그 시험·검사업무를 할 수 없게 하는 데에 필요한 최소한의 범위에 그쳐야 한다(식품의약품검사법 제19조).

IV. 보고와 출입 등

식품의약품안전처장(지방식품의약품안전청장 포함)은 제6조에 따라 지정된 시험·검사기관, 제8조에 따라 지정된 국외시험·검사기관 또는 제13조에 따라 지정된 우수시험·검사기관이 수행한 시험·검사의 적정성과 신뢰성 등을 확보하기 위하여 필요하다고 인정하는 경우 시험·검사를 행하는 자 또는 그 밖의 관계인에 대하여 필요한 보고를 하게 하거나 관계 공무원으로 하여금 시험·검사기관의 사무소·검사장소 또는 그 밖에 이와 유사한 장소에 출입하여 관계인에게 질문하게 하거나 시험·검사와 관련된 장부나 서류 등을 제출 또는 열람하게 할 수 있다. 이에 따라 출입을 하는 자는 그 권한을 표시하는 증표를 지니고 이를 관계인에게 내보여야 한다(식품의약품검사법 제22조).

제6절 특정 식품 등의 수입·판매 등 금지

I. 위해하거나 위해의 우려가 있는 식품 등의 수입·판매 등 금지 (법 제21조)

식품의약품안전처장은 특정 국가 또는 지역에서 채취·제조·가공·사용·조리 또는 저장된 식품 등이 그 특정 국가 또는 지역에서 위해한 것으로 밝혀졌거나 위해의 우려가 있다고 인정되는 경우에는 그 식품 등을 수입·판매하거나 판매할 목적으로 제조·가공·사용·조리·저장·소분·운반 또는 진열하는 것을 금지할 수 있고, 제15조 제1항에 따른 위해평가 또는 「수입식품안전관리 특별법」 제21조 제1항8)에 따른 검사 후 식품 등에서 제4조 제2호에 따른 유독·

---

8) 수입식품안전관리 특별법(2018. 03. 13. 법률 제15482호로 일부개정)

유해물질이 검출된 경우에는 해당 식품 등의 수입을 금지하여야 한다(법 제21조
제1항, 제2항 본문). 다만, 인체의 건강을 해칠 우려가 없다고 식품의약품안전처
장이 인정하는 경우는 수입을 금지하지 않는다(법 제21조 제2항 단서).

　　식품의약품안전처장은 위와 같은 금지를 하려면 미리 관계 중앙행정기관
의 장의 의견을 듣고 심의위원회의 심의·의결을 거쳐야 하는데, 국민건강을
급박하게 위해할 우려가 있어서 신속히 금지 조치를 하여야 할 필요가 있는 경
우 먼저 금지조치를 한 뒤 지체 없이 심의위원회의 심의·의결을 거칠 수 있다
(법 제21조 제3항). 이와 같이 심의위원회가 심의하는 경우에는 금지조치로 인하
여 영업상의 불이익을 받았거나 받게 되는 영업자는 심의위원회에 출석하여
의견을 진술하거나 문서로 의견을 제출할 수 있다(법 제21조 제4항, 령 제11조).

Ⅱ. 금지의 해제

　　식품의약품안전처장은 직권으로 또는 수입·판매 등이 금지된 식품 등에
대하여 이해관계가 있는 국가 또는 수입한 영업자의 신청을 받아 그 식품 등에
위해가 없는 것으로 인정되면 심의위원회의 심의·의결을 거쳐 금지의 전부 또
는 일부를 해제할 수 있다(법 제21조 제5항). 금지나 해제는 모두 고시하여야 한
다(법 제21조 제6항).

　　또한, 식품의약품안전처장은 수입·판매 등이 금지된 해당 식품 등의 제조
업소, 이해관계가 있는 국가 또는 수입한 영업자가 원인 규명 및 개선사항을
제시할 경우에는 금지의 전부 또는 일부를 해제할 수 있고, 이 경우 개선사항
에 대한 확인이 필요한 때에는 현지 조사를 할 수 있다(법 제21조 제7항).

제21조(수입검사 등)
① 식품의약품안전처장은 제20조에 따라 수입신고된 수입식품 등에 대하여 통관 절차가
끝나기 전에 관계 공무원 또는 「축산물 위생관리법」 제13조의 검사관(이하 "관계 공무원
등"이라 한다)이나 검사기관으로 하여금 필요한 검사를 하게 하여야 한다. 이 경우 검사
결과의 확인 전이나 위반사항에 대한 보완 전에 사용 또는 판매를 금지하는 등의 조건을
붙여 신고를 수리할 수 있다.

제7절 영업자의 자가품질검사 의무

Ⅰ. 자가품질검사 의무(법 제31조)

식품 등을 제조·가공하는 영업자는 제조·가공하는 식품 등이 법 제7조
또는 제9조에 따른 기준과 규격에 맞는지를 검사하여야 한다. 식품 등에 대한
자가품질검사는 판매를 목적으로 제조·가공하는 품목별로 실시하여야 하는데,
식품공전에서 정한 동일한 검사항목을 적용받는 품목을 제조·가공하는 경우에
는 식품유형별로 이를 실시할 수 있고, 기구 및 용기·포장의 경우 동일한 재질
의 제품으로 크기나 형태가 다를 경우에는 재질별로 자가품질검사를 실시할
수 있다(법 제31조 제1항, 규칙 [별표 12 자가품질검사기준]).

식품의약품안전처장 및 시·도지사는 자가품질검사를 해당 영업을 하는 자
가 직접 행하는 것이 부적합한 경우 「식품·의약품분야 시험·검사 등에 관한
법률」 제6조 제3항 제2호9)에 따른 자가품질위탁 시험·검사기관에 위탁하여
검사하게 할 수 있다(법 제31조 제2항).

자가품질검사를 직접 행하는 영업자는 검사 결과 해당 식품 등이 법 제4
조부터 제6조까지, 제7조 제4항, 제8조 또는 제9조 제4항을 위반하여 국민 건
강에 위해가 발생하거나 발생할 우려가 있는 경우에는 지체 없이 식품의약품
안전처장에게 보고하여야 한다(법 제31조 제3항).

---

9) 식품·의약품분야 시험·검사 등에 관한 법률(2017. 4. 18. 법률 제14836호로 일부개정)
  제6조(시험·검사기관의 지정)
  ① 식품의약품안전처장은 시험·검사 업무를 전문적·효율적으로 수행할 기관(이하 "시험·
  검사기관"이라 한다)을 지정할 수 있다.
  ② 제1항에 따라 지정할 수 있는 시험·검사기관의 종류는 다음 각 호와 같다.
  1. 식품 등 시험·검사기관: 「식품위생법」 제7조, 제9조, 제19조 제2항, 제19조의4, 제22조
    제1항, 제31조 제2항, 「건강기능식품에 관한 법률」 제14조에 따른 기준 및 규격 등의
    검사를 수행하는 기관
  ③ 제2항 제1호에 따른 식품 등 시험·검사기관은 검사업무의 범위별로 다음 각 호와 같
  이 구분하여 지정할 수 있다.
  2. 식품전문 시험·검사기관: 「식품위생법」 제7조, 제9조, 제19조 제2항, 제19조의4, 제22
    조 제1항, 「건강기능식품에 관한 법률」 제14조에 따른 시험·검사를 수행하는 기관

　　법 제31조 제1항, 제3항을 위반한 경우, 영업허가 또는 등록을 취소하거나 6개월 이내의 기간을 정하여 그 영업의 전부 또는 일부를 정지하거나 영업소 폐쇄를 명할 수 있고(법 제75조 제1항 제5호), 3년 이하의 징역 또는 3천만원 이하 벌금에 처한다(법 제97조 제1호). 법 제31조 제1항을 위반한 경우에는 해당 품목 또는 품목류에 대하여 6개월 이내의 제조정지를 명할 수도 있다(법 제76조 제1항 제5호).

Ⅱ. 자가품질검사 의무의 면제(법 제31조의2)

　　식품의약품안전처장 또는 시·도지사는 법 제48조 제3항에 따른 식품안전관리인증기준적용업소가 다음의 일정한 기준을 충족하는 경우에는, 법 제31조 제1항에도 불구하고 자가품질검사를 면제할 수 있도록 정하고 있다(법 제31조의2).

　　(1) 제48조 제3항에 따른 식품안전관리인증기준적용업소가 제31조 제1항에 따른 검사가 포함된 식품안전관리인증기준을 지키는 경우

　　(2) 제48조 제8항에 따른 조사·평가 결과 그 결과가 우수한 경우(만점의 95% 이상인 경우, 규칙 제31조의2)

제8절　식품위생감시

Ⅰ. 식품위생감시원(법 제32조)

　　법 제22조 제1항에 따른 관계 공무원의 직무와 그 밖에 식품위생에 관한 지도 등을 하기 위하여 식품의약품안전처(지방식품의약품안전청 포함), 특별시·광역시·특별자치시·도·특별자치도 또는 시·군·구에 식품위생감시원을 둔다.10)

---

10) 령 제17조(식품위생감시원의 직무) 법 제32조에 따른 식품위생감시원의 직무는 다음 각 호와 같다.
　　1. 식품 등의 위생적인 취급에 관한 기준의 이행 지도
　　2. 수입·판매 또는 사용 등이 금지된 식품 등의 취급 여부에 관한 단속

II. 소비자식품위생감시원(법 제33조)

식품의약품안전처장(지방식품의약품안전청장), 시·도지사 또는 시장·군수·구청장은 식품위생관리를 위하여 「소비자기본법」 제29조에 따라 등록한 소비자단체의 임직원 중 해당 단체의 장이 추천한 자나 식품위생에 관한 지식이 있는 자를 소비자식품위생감시원으로 위촉할 수 있다(법 제33조 제1항). 위촉된 소비자식품위생감시원은, ① 식품접객업을 하는 자에 대한 위생관리 상태 점검, ② 유통 중인 식품 등이 표시기준에 맞지 아니하거나 허위표시 또는 과대광고 금지 규정을 위반한 경우 관할 행정관청에 신고하거나 그에 관한 자료 제공, ③ 식품위생감시원이 하는 식품 등에 대한 수거 및 검사 지원, ④ 행정처분의 이행여부 확인 등의 직무를 수행한다(법 제33조 제2항, 령 제18조 제3항).

소비자식품위생감시원은 직무를 수행하는 경우 그 권한을 남용하여서는 아니 되며, 추천한 소비자단체에서 퇴직하거나 해임된 경우, 각 호의 직무와 관련하여 부정한 행위를 하거나 권한을 남용한 경우, 질병이나 부상 등의 사유로 직무 수행이 어렵게 된 경우에는 해촉하여야 한다(법 제33조 제3항, 제5항). 소비자식품위생감시원이 식품접객업을 하는 자에 대한 위생관리 상태 점검 직무를 수행하기 위하여 식품접객영업자의 영업소에 단독으로 출입하려면 미리 식품의약품안전처장, 시·도지사 또는 시장·군수·구청장의 승인을 받아야 한다(법 제33조 제6항).

---

3. 표시기준 또는 과대광고 금지의 위반 여부에 관한 단속
4. 출입·검사 및 검사에 필요한 식품 등의 수거
5. 시설기준의 적합 여부의 확인·검사
6. 영업자 및 종업원의 건강진단 및 위생교육의 이행 여부의 확인·지도
7. 조리사 및 영양사의 법령 준수사항 이행 여부의 확인·지도
8. 행정처분의 이행 여부 확인
9. 식품 등의 압류·폐기 등
10. 영업소의 폐쇄를 위한 간판 제거 등의 조치
11. 그 밖에 영업자의 법령 이행 여부에 관한 확인·지도

Ⅲ. 소비자위생점검참여(법 제35조)

식품제조·가공업자(령 제21조 제1호), 식품첨가물제조업자(령 제21조 제3호), 기타 식품판매업자(령 제21조 제5호 나목 6)는 식품위생에 관한 전문적인 지식이 있는 자 또는 「소비자기본법」 제29조에 따라 등록한 소비자단체의 장이 추천한 자로서 식품의약품안전처장이 정하는 자에게 위생관리 상태를 점검받을 수 있고(법 제35조 제1항), 위 점검 결과 식품의약품안전처장이 정하는 기준에 적합하여 합격한 경우 해당 영업자에게는 위생점검 합격증서를 발급하고, 영업자는 그 합격사실을 영업소에서 제조·가공한 식품 등에 표시하거나 광고할 수 있다 (법 제35조 제2항, 규칙 제35조 제3항).

식품의약품안전처장(지방식품의약품안전청장 포함), 시·도지사 또는 시장·군수·구청장은 위와 같이 위생점검을 받은 영업소 중 식품의약품안전처장이 정하는 기준에 따른 우수 등급의 영업소에 대하여는 관계 공무원으로 하여금 2년 동안 법 제22조에 따른 출입·검사·수거 등을 하지 아니하게 할 수 있다(법 제35조 제3항, 규칙 제35조 제4항).

또한, 식품의약품안전처장, 시·도지사 또는 시장·군수·구청장은 법 제22조 제1항에 따른 출입·검사·수거 등에 참여를 희망하는 소비자를 참여하게 하여 위생 상태를 점검할 수 있다(법 제35조 제4항).

제9절   수입식품의 안전관리

Ⅰ. 개 관

자유무역협정(FTA) 체결 등으로 식품 등에 대한 수입이 꾸준히 증가하게 되었고, 심지어 국민이 섭취하는 식품의 절반 이상을 수입식품이 차지하게 되어, 식품위생법 등의 일부 조항만으로는 수입식품에 대한 규제가 어렵게 되었다. 이에 2015. 2. 3. 「수입식품안전관리 특별법」을 제정하여 시행하게 되었고,

식품위생법은 2015. 2. 3. 법률 제13201호로 개정하여, 수입식품 등과 관련한 제19조, 제19조의2, 제19조의3, 제20조를 삭제하게 되었다.

「수입식품안전관리 특별법」(이하 '수입식품법')은 기본적으로, 수입 식품 등 (본 항목에서는 식품위생법상의 식품, 식품첨가물, 기구, 용기 포장을 '식품 등'이라고 표기)의 안전성을 확보하고 품질의 향상을 도모하여 올바른 정보를 제공함으로써 건전한 거래질서 및 국민의 건강증진에 이바지하는 것을 목적으로 하고 있으며, 식품 등에 대한 수입전단계, 통관단계, 유통단계를 구분하여 각 단계에서 수입 식품 등에 대한 체계적 관리가 이루어질 수 있도록 정하고 있다.

II. 수입 전단계 관리

1. 해외제조업소 등록

수입식품 등을 국내로 수입하려는 자 또는 해외제조업소의 설치 운영자(이하 '수입자등')는 해당 해외제조업소의 명칭, 소재지 및 생산 품목 등을 수입신고 7일 전까지 식품의약품안전처장에게 등록하여야 한다(수입식품법 제5조 제1항, 수입식품법시행규칙 제2조 제2항). 해외제조업소의 등록의 유효기간은 등록한 날부터 2년으로 한다(수입식품법 제5조 제6항).

수입자등은 등록한 사항에 변경이 있을 경우에는 식품의약품안전처장에게 변경 등록하여야 하고, 식품의약품안전처장은 등록된 사항 중 추가 확인이 필요한 경우에는 수입자등에게 필요한 자료를 요청할 수 있다(수입식품법 제5조 제2항, 제3항).

식품의약품안전처장은 해외제조업소가 거짓이나 그 밖의 부정한 방법으로 등록 또는 변경 등록을 한 것으로 인정되는 경우에는 등록을 취소하여야 한다 (수입식품법 제5조 제4항). 식품의약품안전처장은 수입자등이 ① 등록을 하지 아니하거나 거짓이나 부정한 방법으로 등록한 경우, ② 식품의약품안전처장이 요청한 자료를 제공하지 아니하거나 거짓이나 부정한 방법으로 제공한 경우에는 제20조에 따른 수입신고를 거부할 수 있다(수입식품법 제5조 제5항).

2. 우수수입업소 등록

제20조에 따라 수입신고를 하려는 자는 해당 수입식품 등의 안전성 확보 등을 위하여 식품의약품안전처장이 정하는 기준에 따라 해외제조업소에 대하여 위생관리 상태를 점검할 수 있고, 위생관리 상태를 점검한 자는 식품의약품안전처장에게 우수수입업소로 등록할 수 있다(수입식품법 제7조 제1항, 제2항). 우수수입업소 등록의 유효기간은 등록한 날부터 3년으로 한다(수입식품법 제7조 제5항).

우수수입업소로 등록을 하려는 자 또는 등록한 사항 중 중요한 사항을 변경하려는 자는 식품의약품안전처장에게 신청하여야 한다(수입식품법 제7조 제3항, 수입식품법시행규칙 제4조 제4항). 식품의약품안전처장은 우수수입업소 등록 신청이나 등록된 우수수입업소에 대하여 기준에 적합한지 여부를 확인하기 위하여 해외제조업소에 대하여 현지실사를 할 수 있다(수입식품법 제7조 제4항).

식품의약품안전처장은 우수수입업소가 거짓이나 그 밖의 부정한 방법으로 등록한 경우에는 등록을 취소하여야 하고, 제29조 또는 「식품 등의 표시·광고에 관한 법률」 제16조 제1항·제2항[11])에 따라 영업정지 2개월 이상의 행정처분을 받은 경우 등에는 그 등록을 취소하거나 시정을 명할 수 있다. 등록이 취소된 업소는 그 취소가 있은 날부터 3년 동안 우수수입업소 등록을 신청할 수

---

11) 식품 등의 표시·광고에 관한 법률(2018. 03. 13. 법률 제15483호로 신규제정)
제16조(영업정지 등)
① 식품의약품안전처장, 시·도지사 또는 시장·군수·구청장은 영업자 중 허가를 받거나 등록을 한 영업자가 다음 각 호의 어느 하나에 해당하는 경우에는 6개월 이내의 기간을 정하여 그 영업의 전부 또는 일부를 정지하거나 영업허가 또는 등록을 취소할 수 있다.
 1. 제4조 제3항, 제5조 제3항 또는 제6조 제3항을 위반하여 식품 등을 판매하거나 판매할 목적으로 제조·가공·소분·수입·포장·보관·진열 또는 운반하거나 영업에 사용한 경우
 2. 제8조 제1항을 위반하여 표시 또는 광고를 한 경우
 3. 제14조에 따른 명령을 위반한 경우
 4. 제15조 제1항을 위반하여 회수 또는 회수하는 데에 필요한 조치를 하지 아니한 경우
 5. 제15조 제2항을 위반하여 회수계획 보고를 하지 아니하거나 거짓으로 보고한 경우
 6. 제15조 제3항에 따른 명령을 위반한 경우
② 식품의약품안전처장, 시·도지사 또는 시장·군수·구청장은 영업자 중 허가를 받거나 등록을 한 영업자가 제1항에 따른 영업정지 명령을 위반하여 영업을 계속하면 영업허가 또는 등록을 취소할 수 있다.

없다(수입식품법 제7조 제6항, 제7항, 수입식품법시행규칙 제4조 제7항 [별표 1 우수수입업소 등록취소 등에 관한 기준]). 제7조 제6항 제1호부터 제3호까지의 등록취소 규정 중 어느 하나를 위반한 자는 3년 이하의 징역 또는 3천만원 이하의 벌금에 처하거나 이를 병과할 수 있다(수입식품법 제43조 제1호).

Ⅲ. 수입 영업 관리

1. 영업의 등록 등

수입식품 등 수입·판매업, 신고 대행업, 인터넷 구매 대행업, 보관업을 하려는 자는 수입식품법시행규칙 제15조 제1항 [별표 7 영업의 종류별 시설기준]에서 정하는 시설기준에 맞는 시설을 갖추어야 한다(수입식품법 제14조, 수입식품법시행령 제2조). 제14조에 따른 시설기준을 갖추지 못한 영업자는 3년 이하의 징역 또는 3천만원 이하의 벌금에 처하거나 이를 병과할 수 있다(수입식품법 제43조 제2호).

수입식품 등에 대한 위 영업을 하려는 자는 식품의약품안전처장에게 영업등록을 하여야 하고, 식품의약품안전처장이 영업등록을 하는 때에는 필요한 조건을 붙일 수 있다(수입식품법 제15조 제1항, 제2항). 제15조 제1항을 위반하여 영업등록을 하지 아니한 자는 5년 이하의 징역 또는 5천만원 이하의 벌금에 처하거나 이를 병과할 수 있고(수입식품법 제42조 제1호), 제15조 제2항에 따른 조건을 갖추지 못한 영업자는 3년 이하의 징역 또는 3천만원 이하의 벌금에 처하거나 이를 병과할 수 있다(수입식품법 제43조 제3호).

다음의 경우에는 영업등록을 하여서는 아니 된다(수입식품법 제15조 제7항).
① 해당 영업시설이 제14조 제1항에 따른 시설기준에 맞지 아니한 경우
② 제29조 제1항 또는 「식품 등의 표시·광고에 관한 법률」 제16조 제1항·제2항에 따라 영업등록이 취소되고 6개월이 지나기 전에 같은 장소에서 같은 종류의 영업을 하려는 경우(영업시설 전부를 철거하여 영업등록이 취소된 경우 제외)
③ 「식품위생법」 제4조부터 제6조까지 및 제8조, 「건강기능식품에 관한

법률」 제23조, 「축산물 위생관리법」 제33조 제1항을 위반하여 영업등록이 취소되고 5년이 지나기 전에 같은 자(법인인 경우에는 대표자를 포함)가 취소된 영업과 같은 종류의 영업을 하려는 경우

④ 제29조 제1항 또는 「식품 등의 표시·광고에 관한 법률」 제16조 제1항·제2항에 따라 영업등록이 취소되고 2년이 지나기 전에 같은 자(법인인 경우에는 대표자를 포함)가 취소된 영업과 같은 종류의 영업을 하려는 경우((3)의 경우 제외)

⑤ 영업등록을 하려는 자가 피성년후견인이거나 파산선고를 받고 복권되지 아니한 경우

2. 영업의 승계

영업자가 영업을 양도하거나 사망한 경우 또는 법인이 합병한 경우에는 그 양수인·상속인 또는 합병 후 존속하는 법인이나 합병에 따라 설립되는 법인은 그 영업자의 지위를 승계한다. ① 「민사집행법」에 따른 경매, ② 「채무자 회생 및 파산에 관한 법률」에 따른 환가(換價), ③ 「국세징수법」, 「관세법」, 「지방세징수법」에 따른 압류재산의 매각, ④ 그 밖에 이에 준하는 절차에 따라 영업 시설의 전부를 인수한 자는 그 영업자의 지위를 승계하고, 이 경우 종전의 영업자가 한 영업등록은 그 효력을 잃는다(수입식품법 제16조 제1항, 제2항).

영업자의 지위를 승계한 자는 승계한 날부터 1개월 이내에 그 사실을 식품의약품안전처장에게 신고하여야 한다(수입식품법 제16조 제3항, 수입식품법시행규칙 제21조 제1항). 이를 위반한 자는 3년 이하의 징역 또는 3천만원 이하의 벌금에 처하거나 이를 병과할 수 있다(수입식품법 제43조 제4호).

Ⅳ. 통관단계 관리

1. 수입신고 등

영업자가 판매를 목적으로 하거나 영업상 사용할 목적으로 수입식품 등을

수입(수입신고 대행 포함)하려면 수입식품 등의 수입신고서에 일정한 서류를 첨부하여 수입식품 등의 통관장소를 관할하는 지방식품의약품안전청장에게 제출하는 방식으로 해당 수입식품 등을 식품의약품안전처장에게 수입신고를 하여야 한다(수입식품법 제20조 제1항, 수입식품법시행규칙 제27조). 식품의약품안전처장은 수입신고를 받을 때 필요한 조건을 붙일 수 있다(수입식품법 제20조 제3항).

수입신고를 하려는 자 또는 수입신고를 한 자는 수입식품 등의 안전과 품질에 대하여 책임을 지며, ① 거짓이나 그 밖의 부정한 방법으로 수입신고하는 행위, ② 신고내용과 다른 용도로 수입식품 등을 사용하거나 판매하는 행위, ③ 검사 결과 부적합 처분을 받아 수출국으로 반송되거나 다른 나라로 반출된 수입식품 등을 재수입하는 행위, ④ 수입신고 조건을 위반하는 행위, ⑤ 「식품위생법」 제7조 등에 따른 기준 및 규격에 위반되는 수입식품 등을 수입신고하는 행위를 하여서는 아니 된다(수입식품법 제20조 제2항).

제20조 제1항을 위반하여 수입신고를 하지 아니한 자, 제20조 제2항에 해당하는 위반행위를 한 자는 5년 이하의 징역 또는 5천만원 이하의 벌금에 처하거나 이를 병과할 수 있다(수입식품법 제42조 제2호, 제3호).

2. 수입검사 등

식품의약품안전처장은 제20조에 따라 수입신고된 수입식품 등에 대하여 통관 절차가 끝나기 전에 관계 공무원 또는 「축산물 위생관리법」 제13조의 검사관(이하 "관계 공무원 등")이나 검사기관으로 하여금 필요한 검사를 하게 하여야 한다. 이 경우 검사결과의 확인 전이나 위반사항에 대한 보완 전에 사용 또는 판매를 금지하는 등의 조건을 붙여 신고를 수리할 수 있다. 식품의약품안전처장이 검사를 할 때에는 수입식품 등의 검사이력, 국내외 식품안전정보 등에 따라 수입식품 등을 구분하여 차등 검사할 수 있다(수입식품법 제21조 제1항, 제2항).

식품의약품안전처장은 신고된 수입식품 등이 다음에 해당하는 경우에는 수입식품 등의 검사 전부 또는 일부를 생략할 수 있다(수입식품법 제21조 제3항).

① 제7조에 따라 우수수입업소로 등록된 자가 수입하는 수입식품 등

② 제8조에 따라 해외우수제조업소로 등록된 자가 수출하는 수입식품 등

③ 영업자가 신고한 해당 수입식품 등에 대하여 식품의약품검사법에서 정한 검사기관에서 검사를 받아 그 검사성적서 또는 검사증명서 등을 제출하는 경우

④ 그 밖에 정밀검사 결과 부적합 이력이 없는 등 식품의약품안전처장이 안전성에 문제가 없다고 인정하는 수입식품 등

제21조 제1항에 따른 검사·출입·수거 등을 거부·방해 또는 기피한 자는 3년 이하의 징역 또는 3천만원 이하의 벌금에 처하거나 이를 병과할 수 있다 (수입식품법 제43조 제6호).

3. 검사명령

식품의약품안전처장은 ① 내외에서 식품의약품안전처장이 정하는 유해물질이 검출된 수입식품 등, ② 제21조에 따른 수입검사 또는 제25조에 따른 출입·검사·수거 결과 부적합이 반복적으로 발생하는 수입식품 등, ③ 그 밖에 국내외에서 위해발생의 우려가 제기된 수입식품 등에 해당하는 경우에는 영업자에게 식품의약품검사법에서 정한 검사기관에서 검사를 받을 것을 명할 수 있다. 다만, 검사로써 위해성분을 확인할 수 없다고 식품의약품안전처장이 인정하는 경우에는 관계 자료 제출 등으로 갈음할 수 있다(수입식품법 제22조 제1항).

검사명령 대상 수입식품 등의 범위, 제출 자료 등 세부사항은 식품의약품안전처장이 정하여 고시한다(수입식품법 제22조 제2항).

V. 유통단계 관리

1. 수입식품등의 유통이력추적관리

식품의약품안전처장은 수입식품 등(「가축 및 축산물 이력관리에 관한 법률」에 따른 수입 쇠고기 및 수입 돼지고기 제외)에 문제가 발생할 경우 그 수입식품 등을 추적하여 원인을 규명하고 필요한 조치를 할 수 있도록 관리하기 위하여 필요하다고 판단되는 경우에는 유통이력추적관리 대상 수입식품 등을 정하여 영업

자로 하여금 유통이력추적관리 등록을 하도록 할 수 있다. 다만, 영유아식을 수입하는 영업자와 일정 매출액에 해당하는 건강기능식품을 수입하는 영업자 등 영업자는 식품의약품안전처장에게 등록하여야 한다(수입식품법 제23조 제1항, 수입식품법시행규칙 제35조). 제23조 제1항 단서를 위반하여 등록하지 아니한 자는 3년 이하의 징역 또는 3천만원 이하의 벌금에 처하거나 이를 병과할 수 있다(수입식품법 제43조 제7호).

2. 출입·검사·수거 등

식품의약품안전처장(지방식품의약품안전청장 포함)은 수입식품 등의 위해방지·위생관리와 영업질서의 유지를 위하여 필요하면 다음과 같은 조치를 할 수 있다(수입식품법 제25조 제1항). 이러한 검사·출입·수거 등을 거부·방해 또는 기피한 자는 3년 이하의 징역 또는 3천만원 이하의 벌금에 처하거나 이를 병과할 수 있다(수입식품법 제43조 제6호).

① 영업자나 그 밖의 관계인에게 필요한 서류나 자료의 제출 요구

② 관계 공무원 등으로 하여금 다음에 해당하는 출입·검사·수거 등의 조치

㉮ 영업소에 출입하여 판매를 목적으로 하거나 영업에 사용하는 수입식품 등 또는 영업시설 등에 대하여 하는 검사

㉯ 검사에 필요한 최소량의 수입식품 등의 무상 수거

㉰ 영업에 관계되는 장부 또는 서류의 열람

식품의약품안전처장은 출입·검사·수거 등의 업무를 수행하면서 수입식품 등으로 인하여 발생하는 위생 관련 위해방지 업무를 효율적으로 하기 위하여 필요한 경우에는 관계 행정기관의 장, 시·도지사 또는 시장·군수·구청장에게 행정응원(行政應援)을 요청할 수 있고, 행정응원을 요청받은 관계 행정기관의 장, 시·도지사 또는 시장·군수·구청장은 특별한 사유가 없으면 이에 따라야 한다(수입식품법 제25조 제2항).

3. 교육명령

식품의약품안전처장은 다음에 해당하는 영업자에게 수입식품 등의 안전성

및 품질관리 등에 대한 교육을 명할 수 있고, 교육을 받아야 하는 영업자가 영업에 직접 종사하지 아니하거나 둘 이상의 장소에서 영업을 하는 경우에는 종업원 중에서 수입식품 위생에 관한 책임자를 지정하여 대신 교육을 받게 할 수 있다(수입식품법 제26조 제1항, 제2항).

① 제21조에 따른 검사 결과 부적합 수입식품 등을 수입한 영업자

② 제25조에 따른 출입·검사·수거 등을 실시한 결과 제29조에 따른 영업정지 처분을 받은 영업자

③ 「식품 등의 표시·광고에 관한 법률」 제16조 제1항에 따라 영업정지 처분을 받은 영업자

④ 그 밖에 인체에 위해를 끼칠 우려가 있다고 식품의약품안전처장이 지정한 수입식품 등을 수입하는 영업자

제26조 제1항을 위반하여 교육을 받지 아니한 자에게는 500만원 이하의 과태료를 부과한다(수입식품법 제46조 제2호).

VI. 위반시의 제재

1. 시정명령·시설개선명령

식품의약품안전처장은 수입식품 등의 안전관리를 위하여 수입식품법을 지키지 아니한 영업자에게 필요한 시정을 명하여야 한다(수입식품법 제27조, 수입식품법시행규칙 [별표 13 행정처분의 기준]).

식품의약품안전처장은 영업시설이 제14조에 따른 시설기준에 맞지 아니한 경우에는 기간을 정하여 그 영업자에게 시설개선을 명할 수 있고, 건축물의 소유자와 영업자가 다른 경우 건축물의 소유자는 시설개선 명령을 받은 영업자가 시설을 개선하는 데에 최대한 협조하여야 한다(수입식품법 제28조). 시설개선 명령을 위반한 자에게는 500만원 이하의 과태료를 부과한다(수입식품법 제46조 제1항 제3호).

2. 등록취소 등

식품의약품안전처장은 영업자가 일정한 경우[12]에 해당하는 때에는 영업의 등록을 취소하거나 6개월 이내의 기간을 정하여 그 영업의 정지를 명할 수 있고, 영업자가 정당한 사유 없이 6개월 이상 계속 휴업하는 경우에는 영업의 등록을 취소할 수 있다(수입식품법 제29조 제1항, 제2항, 수입식품법시행령 제7조). 식품의약품안전처장은 영업자가 영업정지 명령을 위반하여 영업을 계속하면 영업의 등록을 취소할 수 있고(수입식품법 제29조 제3항), 3년 이하의 징역 또는 3천만원 이하의 벌금에 처하거나 이를 병과할 수 있다(수입식품법 제43조 제8호).

식품의약품안전처장은 영업등록의 취소 처분을 하려면 청문을 하여야 한다(수입식품법 제32조 제2호).

영업자가 그 영업을 양도하거나 사망한 경우 또는 법인이 합병되는 경우에는 제29조 제1항 각 호, 같은 조 제3항을 위반한 사유로 종전의 영업자에 대하여 행한 행정처분의 효과는 그 처분기간이 만료된 날부터 1년간 양수인, 상속인 또는 합병 후 존속하는 법인에게 승계되며, 행정처분 절차가 진행 중인 때에는 양수인, 상속인 또는 합병 후 존속하는 법인에 대하여 행정처분의 절차를 계속할 수 있다. 다만, 양수인이나 합병 후 존속하는 법인이 양수하거나 합병할 때에 그 처분 또는 위반사실을 알지 못하였음을 증명하는 때에는 그러하지 아니하다(수입식품법 제30조).

---

12) 수입식품법 제29조 제1항은 영업등록취소 등 사유를 다음과 같이 규정한다.
  (1) 제14조를 위반한 경우
  (2) 제15조 제1항 후단, 같은 조 제3항을 위반한 경우
  (3) 제15조 제7항 제5호에 해당하는 경우
  (4) 제18조 제1항을 위반한 경우
  (5) 제20조 제1항·제2항 또는 제4항을 위반한 경우
  (6) 제23조 제1항 단서에 따른 유통이력추적관리 등록을 하지 아니한 경우
  (7) 제27조 또는 제28조에 따른 명령을 위반한 경우
  (8) 「식품위생법」 제4조부터 제6조까지, 제7조 제4항, 제8조, 제9조 제4항, 제12조의2 제2항 또는 제17조 제4항을 위반한 경우
  (9) 「건강기능식품에 관한 법률」 제23조 또는 제24조 제1항·제2항을 위반한 경우
  (10) 「축산물 위생관리법」 제4조 제5항·제6항, 제5조 제2항 또는 제33조 제1항을 위반한 경우

3. 폐쇄조치 등

식품의약품안전처장은 제15조에 따른 등록을 하지 아니하고 영업을 하는 경우 또는 제29조에 따라 등록이 취소되었는데도 불구하고 계속하여 영업을 하는 경우에는 해당 영업소를 폐쇄하기 위하여 관계 공무원에게 다음과 같은 조치를 하게 할 수 있다(수입식품법 제31조 제1항).

① 해당 영업소의 간판 등 영업 표지물의 제거나 삭제

② 해당 영업소가 적법한 영업소가 아님을 알리는 게시문 등의 부착

③ 해당 영업소의 시설물과 영업에 사용하는 기계·기구 등을 사용할 수 없게 하는 봉인

식품의약품안전처장은 봉인 또는 게시문 부착을 계속할 필요가 없거나 해당 영업을 하는 자 또는 그 대리인이 해당 영업소 폐쇄를 약속하거나 그 밖의 정당한 사유를 들어 봉인 또는 게시문 부착의 해제를 요청하는 경우에는 이를 해제할 수 있다(수입식품법 제31조 제2항).

급박한 사유가 없는 한[13], 식품의약품안전처장은 위와 같은 조치를 하려면 해당 영업을 하는 자 또는 그 대리인에게 문서로 미리 알려야 하고, 관계 공무원은 그 권한을 표시하는 증표를 지니고 이를 관계인에게 보여주어야 하며, 조치는 그 영업을 할 수 없게 하는 데에 필요한 최소한의 범위에 그쳐야 한다(수입식품법 제31조 제3항, 제4항, 제5항).

관계 공무원이 부착한 게시문 또는 봉인 등을 함부로 제거하거나 손상시킨 자는 3년 이하의 징역 또는 3천만원 이하의 벌금에 처하거나 이를 병과할 수 있다(수입식품법 제43조 제9호).

---

13) 수입식품법시행령 제8조(폐쇄조치 절차의 예외)
    법 제31조 제3항 단서에서 "대통령령으로 정하는 급박한 사유"란 다음 각 호의 어느 하나에 해당하는 경우를 말한다.
    1. 「식품위생법」 제4조 제1호부터 제4호까지, 「건강기능식품에 관한 법률」 제23조 제1호부터 제4호까지 또는 「축산물 위생관리법」 제33조 제1항 제1호부터 제4호까지의 규정을 위반하여 영업을 계속하는 경우
    2. 법 제31조 제1항에 따른 조치의 대상이 되는 영업소로서 영업을 계속하면 인수공통감염병·식중독 등 공중위생에 중대한 위해가 발생할 우려가 있다고 인정되는 경우

4. 과징금 처분

식품의약품안전처장은 영업자가 제29조 제1항의 등록취소·영업정지사유에 해당하는 경우에는 영업정지 처분을 갈음하여 2억원 이하의 과징금을 부과할 수 있다(수입식품법 제33조 제1항, 수입식품법 제9조 [별표 1 영업정지 처분을 갈음하여 부과하는 과징금의 산정기준])[14].

식품의약품안전처장은 위해 수입식품 등의 판매 등 금지 규정을 위반한 자에게 그가 판매한 해당 수입식품 등의 소매가격에 상당하는 금액을 과징금으로 부과한다(수입식품법 제34조 제1항).[15]

---

14) 다만, 제15조, 제18조와 「식품위생법」 제4조부터 제7조까지, 제12조의2, 「건강기능식품에 관한 법률」 제23조 또는 제24조, 「축산물 위생관리법」 제4조 제5항·제6항 또는 제33조 제1항을 위반하여 제29조 제1항에 해당하는 사항으로서 수입식품법시행규칙 제47조로 정하는 경우는 제외한다(수입식품법 제33조 제1항 단서).
15) 수입식품법 제34조(위해 수입식품 등의 판매 등에 따른 과징금 부과 등)
   ① 식품의약품안전처장은 위해 수입식품 등의 판매 등 금지에 관한 「식품위생법」 제4조부터 제6조까지 또는 제8조, 「건강기능식품에 관한 법률」 제23조 또는 제24조, 「축산물 위생관리법」 제33조 제1항을 위반한 경우 다음 각 호의 어느 하나에 해당하는 자에게 그가 판매한 해당 수입식품 등의 소매가격에 상당하는 금액을 과징금으로 부과한다.
   1. 「식품위생법」 제4조 제2호·제3호·제5호·제6호, 「건강기능식품에 관한 법률」 제23조 제2호·제3호·제6호 또는 제24조 제2항 제3호, 「축산물 위생관리법」 제33조 제1항 제2호·제3호·제5호·제9호를 위반하여 제29조에 따라 영업정지 2개월 이상의 처분, 영업등록의 취소를 받은 자
   2. 「식품위생법」 제5조, 제6조 또는 제8조를 위반하여 제29조에 따라 영업등록의 취소를 받은 자

영 업

식품위생법 제7장은 영업에 관한 사항을 규정하고 있다. 이 장 전반부에는 시설기준, 영업허가 등과 그 제한, 영업승계, 영업자의 준수사항 등에 관한 내용이 포함되어 있는데, 식품업계의 영업자들과 예비 영업자들이 부딪히는 직접적이고 현실적인 문제들이라고 볼 수 있다. 영업자의 입장에서는 자신이 영위 하는 영업에 요구되는 시설기준이 무엇인지, 허가·신고·등록 대상 중 어디에 해당하는지 등을 판단함 에 있어 흔히 어려움을 겪게 된다.

시설기준, 영업허가 등과 관련하여, 식품위생법령은 업종별로 시설기준, 허가·신고·등록 대상을 정하 고 있으나, 식품위생법령의 문언만으로는 현존하는 다양한 영업형태 모두를 명확하게 분류하기가 어렵 다는 한계가 있다. 예를 들어, 시설기준에 관하여, 식품접객업의 경우 손님이 조리장 내부를 볼 수 있는 구조로 되어 있어야 하는데, 직접이 아니라 CCTV를 통하여 조리장 내부의 위생상태를 볼 수 있도록 하 였더라도 시설기준을 갖춘 것으로 보지만, 식품위생법령의 문언만으로는 영업자들이 알기 어려운 부분 이다. 허가·신고·등록에 관하여는, 같은 커피판매점이라도 손님이 직접 커피머신기를 이용하여 커피를 뽑아 섭취하도록 하는 경우에는 '식품자동판매기' 영업 등록을 하여야 하지만, 직원이 커피머신기를 이 용하여 커피를 뽑아 손님에게 제공하는 경우에는 '휴게음식점' 또는 '즉석판매제조·가공업' 영업 신고를 하여야 한다. 이러한 점을 고려하여, 실제 영업자들이 혼란을 겪어 온 사례들 중 법원의 판결 및 식품의 약품안전처의 공적 견해가 존재하는 주요 사례들을 소개함으로써, 혼란을 겪는 영업자들에게 직·간접 으로 도움을 주고자 하였다.

제7장 후반부는 위해식품 등의 회수, 식품 등의 이물발견 보고, 위생등급, 식품안전관리인증기준 (HACCP), 식품이력추적관리에 대해서 다루고 있다. 위해식품 등의 회수나 이물발견 보고, HACCP는 언 론에도 자주 보도되고 있는 사항으로서 위반할 경우 형사처벌이나 행정처분 등이 문제될 수 있다. 식품 의 안전에 대한 사회의 관심은 날이 갈수록 높아지고 있으며, 이를 반영하여 법령의 개정이 잦고, 새로 운 제도의 도입도 있는 등 사업자가 변화에 대응할 필요성이 높은 부분이다. 특히 영업을 영위하는 과 정에서 언제나 적용되기 때문에 그 중요성이 더 크다고 할 수 있다.

법령이 예정하고 있는 규제 대상은 개인이 소규모로 영업하는 식당, 식품 판매점에서부터 대형 식품 업체에 이르기까지 다양하다. 또한, 규제뿐만 아니라 제도 이용을 장려하거나 보조금을 지급하는 등의 수혜를 받을 수 있는 부분도 존재한다. 사업자로서는 법령이 정하는 규제를 준수하고, 법령에 따른 혜택 을 최대한 누리는 것이 중요할 것이다. 그러한 점들을 담으려고 노력하였다.

이 부분은 행정규칙에 상당 부분 위임되어 있어 법령만으로는 전체적인 모습을 파악하기 어려우므로 행정규칙까지 최대한 인용하고, 식품의약품안전처가 구체적인 사례를 소개한 경우에는 이를 담아 법령 이 실제로 적용되는 모습을 소개하려고 하였다. 또한 이 주제는 식품위생법 외에도 수입식품, 건강기능 식품, 축산물에 대해서도 공통적으로 적용되는 부분이 많은데, 책의 주제와 분량의 한계로 식품위생법 외에는 자세히 소개하지는 못하였으나, 그러한 점을 언급하여 사업자의 행위가 적용 대상인지 여부를 확인하는 데 도움을 주려고 하였다.

영 업

제1절   시설기준

Ⅰ. 업종별 시설기준 구비 의무

식품위생법은 법 제36조 제1항 각호의 영업을 하려는 자에게 업종별로 식품위생법이 정하는 시설기준을 갖추도록 하고 있다.

Ⅱ. 시설기준 적용 대상 영업의 종류와 범위

시설기준이 적용되는 법 제36조 제1항 각호의 영업의 세부 종류와 범위는 령 제21조로 정하고 있다.

□ 령 제21조

1. **식품제조·가공업**
   식품을 제조·가공하는 영업

2. 즉석판매제조·가공업

총리령으로 정하는 식품을 제조·가공업소에서 직접 최종소비자에게 판매하는 영업

3. 식품첨가물제조업

가. 감미료·착색료·표백제 등의 화학적 합성품을 제조·가공하는 영업

나. 천연 물질로부터 유용한 성분을 추출하는 등의 방법으로 얻은 물질을 제조·가공하는 영업

다. 식품첨가물의 혼합제재를 제조·가공하는 영업

라. 기구 및 용기·포장을 살균·소독할 목적으로 사용되어 간접적으로 식품에 이행(移行)될 수 있는 물질을 제조·가공하는 영업

4. 식품운반업

직접 마실 수 있는 유산균음료(살균유산균음료를 포함한다)나 어류·조개류 및 그 가공품 등 부패·변질되기 쉬운 식품을 전문적으로 운반하는 영업. 다만, 해당 영업자의 영업소에서 판매할 목적으로 식품을 운반하는 경우와 해당 영업자가 제조·가공한 식품을 운반하는 경우는 제외한다.

5. 식품소분·판매업

가. 식품소분업: 총리령으로 정하는 식품 또는 식품첨가물의 완제품을 나누어 유통할 목적으로 재포장·판매하는 영업

나. 식품판매업

1) 식용얼음판매업: 식용얼음을 전문적으로 판매하는 영업

2) 식품자동판매기영업: 식품을 자동판매기에 넣어 판매하는 영업. 다만, 유통기간이 1개월 이상인 완제품만을 자동판매기에 넣어 판매하는 경우는 제외한다.

3) 유통전문판매업: 식품 또는 식품첨가물을 스스로 제조·가공하지 아니하고 제1호의 식품제조·가공업자 또는 제3호의 식품첨가물제조업자에게 의뢰하여 제조·가공한 식품 또는 식품첨가물을 자신의 상표로 유통·판매하는 영업

4) 집단급식소 식품판매업: 집단급식소에 식품을 판매하는 영업

6) 기타 식품판매업: 1)부터 4)까지를 제외한 영업으로서 총리령으로 정하는 일정 규모 이상의 백화점, 슈퍼마켓, 연쇄점 등에서 식품을 판매하는 영업

6. 식품보존업

가. 식품조사처리업: 방사선을 쬐어 식품의 보존성을 물리적으로 높이는 것을 업 (業)으로 하는 영업

나. 식품냉동·냉장업: 식품을 얼리거나 차게 하여 보존하는 영업. 다만, 수산물의 냉동·냉장은 제외한다.

7. 용기·포장류제조업

가. 용기·포장지제조업: 식품 또는 식품첨가물을 넣거나 싸는 물품으로서 식품 또는 식품첨가물에 직접 접촉되는 용기(옹기류는 제외한다)·포장지를 제조하는 영업

나. 옹기류제조업: 식품을 제조·조리·저장할 목적으로 사용되는 독, 항아리, 뚝배기 등을 제조하는 영업

8. 식품접객업

가. 휴게음식점영업: 주로 다류(茶類), 아이스크림류 등을 조리·판매하거나 패스트 푸드점, 분식점 형태의 영업 등 음식류를 조리·판매하는 영업으로서 음주행위 가 허용되지 아니하는 영업. 다만, 편의점, 슈퍼마켓, 휴게소, 그 밖에 음식류를 판매하는 장소(만화가게 및 「게임산업진흥에 관한 법률」 제2조 제7호에 따른 인터넷컴퓨터게임시설제공업을 하는 영업소 등 음식류를 부수적으로 판매하는 장소를 포함한다)에서 컵라면, 일회용 다류 또는 그 밖의 음식류에 물을 부어 주는 경우는 제외한다.

나. 일반음식점영업: 음식류를 조리·판매하는 영업으로서 식사와 함께 부수적으로 음주행위가 허용되는 영업

다. 단란주점영업: 주로 주류를 조리·판매하는 영업으로서 손님이 노래를 부르는 행위가 허용되는 영업

라. 유흥주점영업: 주로 주류를 조리·판매하는 영업으로서 유흥종사자를 두거나 유흥시설을 설치할 수 있고 손님이 노래를 부르거나 춤을 추는 행위가 허용되 는 영업

마. 위탁급식영업: 집단급식소를 설치·운영하는 자와의 계약에 따라 그 집단급식소 에서 음식류를 조리하여 제공하는 영업

바. 제과점영업: 주로 빵, 떡, 과자 등을 제조·판매하는 영업으로서 음주행위가 허 용되지 아니하는 영업

III. 업종별 시설기준

구체적인 시설기준은 규칙 제36조 별표[1])로 정하고 있다. 이하에서는 실제 영업자들이 흔히 의문을 가지는 경우를 몇 가지 소개하기로 한다.

○ 식품제조·가공업소의 작업장은 독립된 건물이거나 식품제조·가공 외의 용도로 사용되는 시설과 분리(별도의 방을 분리함에 있어 벽이나 층 등으로 구분하는 경우를 말한다. 이하 같다)되어야 한다. 따라서 식품제조·가공업 소의 제조시설로 반려동물용 음료를 생산할 수 없다. 동결건조공정에 사용하는 동결건조시설은 식품제조·가공의 용도로 사용되는 작업장에 해당하여 식품제조·가공외의 용도로 사용되는 실험실과는 분리되어야 하므로 실험실에 비치하여서는 아니 되며, 작업장 내에 비치 후 제조· 가공하여야 한다(질의답변집 105면).

○ 식품제조·가공업자가 제조·가공시설 등이 부족한 경우에는 식품제조· 가공업의 영업신고를 한 자에게 위탁하여 식품을 제조·가공할 수 있다. 여기서 "제조·가공시설 등이 부족한 경우"라 함은, '식품제조·가공업자 가 당해 품목의 제조·가공시설을 갖추고 생산하며 일부 제조·가공공정 을 타 식품 제조·가공업소에 위탁하려는 경우'이거나 '생산 필요량이 업체 생산능력을 초과하여 일부 공정 또는 전 공정을 동일 제조·가공 시설을 갖춘 타 식품제조·가공업자에게 위탁하려는 경우'임을 말한다 (질의답변집 106면).

○ 식품제조·가공업소에 식품첨가물제조업을 추가로 등록하고자 하는 경 우, 당해 식품과 식품첨가물의 제조 공정이 동일하다면 시설 및 작업장 을 함께 사용할 수 있다(질의답변집 108면).

○ 식품첨가물제조업소의 작업장(포장실 포함)은 세척제제조업의 작업장(포 장실 포함)과 분리되어야 하며, 함께 사용할 수 없다(질의답변집 107면).

○ 식품첨가물제조업도 식품제조·가공업의 시설기준에 따라 작업장의 바 닥은 배수가 잘되도록 하여야 하고, 작업장 안에서 발생하는 악취·유해

---

1) 규칙 제36조 [별표 14 업종별시설기준].

가스·매연·증기 등을 환기시키기에 충분한 환기시설을 갖추어야 하며, 외부의 오염물질이나 해충, 설치류, 빗물 등의 유입을 차단할 수 있는 구조여야 하므로 '식품첨가물제조업자'도 동 규정을 준용하여 시설을 갖추어야 할 것이나, 등록관청이 위생상 위해발생의 우려가 없다고 인정하는 경우라면 그러하지 아니 하여도 되므로, 배수시설, 환기시설 등의 시설을 설치하지 않아도 되는지 여부에 대하여는 등록관청인 시·군·구청 식품위생관련부서와 상의하여야 한다. 아울러, 법상 영업등록이 가능한 영업 면적에 대하여 별도로 제한하고 있지 않으므로, 좁은 면적이라도 영업하려는 장소 내 규칙 제36조에 따른 식품첨가물제조업의 시설을 갖출 수 있다면 영업등록이 가능하다(질의답변집 107면).

○ 유통전문판매업자가 식품보관창고를 상시적으로 운영하고 있다면 반품·교환품을 보관하는 장소를 식품보관창고 내에 설치(정상제품 보관장소와 명확히 구획·구분)하여 운영이 가능하다(질의답변집 109면).

○ 집단급식소 식품판매업의 창고는 영업신고를 한 소재지와 다른 곳에 설치하거나 임차하여 사용할 수 있으므로, 영업신고 한 관할 구역과 다른 관할 구역에 창고를 설치하거나, 임차하여 사용하는 것도 가능하다(질의답변집 109면).

○ 냉장처리나 냉동처리가 필요하지 않은 식품(실온보관 계란, 주스 등)만을 취급하는 경우에는 냉장시설 또는 냉동시설을 갖추지 않아도 된다(질의답변집 109면).

○ 일반음식점에서 공연자가 공연하는 것을 목적으로 노래반주기를 설치하는 것은 가능할 것으로 판단되나, 손님이 이용하도록 해서는 안 된다(질의답변집 111면).

○ 식품접객업소 구조상 손님이 주방 내부를 볼 수 없는 경우에도 CCTV를 설치하여 조리장 내부의 위생상태를 볼 수 있도록 한다면 시설기준에 적합하다(질의답변집 110면).

○ 같은 건물 내에서 1명의 영업자가 즉석판매제조·가공업과 휴게음식점을 영위하려는 경우 조리장을 함께 사용할 수 있다(질의답변집 108면).

○ 곰탕집이 외부에 설치한 솥단지, 횟집에 외부에 설치한 수족관도 영업
장 면적에 포함하는 것으로 본다(질의답변집 111면).

Ⅳ. 시설기준 위반의 효과

규칙 제36조 별표14에 규정된 업종별 시설기준의 위반은 시설개수명령이
나 영업정지 및 영업소폐쇄 등 행정처분의 대상이 될 뿐만 아니라 곧바로 형사
처벌의 대상도 되므로, 업종별 시설기준은 법상 각 영업의 종류에 따라 필수적
으로 요구되는 시설의 기준을 제한적으로 열거한 것이라고 본다. 따라서 위 시
행규칙 조항은 엄격하게 해석·적용하여야 하고 행정처분 등의 상대방에게 불
리한 방향으로 지나치게 확장해석하거나 유추해석해서는 안 되며, 입법 취지와
목적 등을 고려한 목적론적 해석이 전적으로 배제되는 것은 아니라고 하더라
도 해석이 문언의 통상적인 의미를 벗어나서는 안 된다(대법원 2015. 7. 9 선고
2014두47853 판결).

1. 영업허가 제한

해당 영업 시설이 업종별 시설기준을 갖추지 못한 경우에는 영업허가 등
이 제한된다(법 제38조).

2. 시설개수명령

식품의약품안전처장, 시·도지사 또는 시장·군수·구청장은 영업시설이 업
종별 시설기준에 맞지 아니한 경우에는 기간을 정하여 그 영업자에게 시설을
개수(改修)할 것을 명할 수 있다(법 제74조 제1항).

3. 영업정지 및 영업소폐쇄 처분

식품의약품안전처장 또는 특별자치시장·특별자치도지사·시장·군수·구청
장은 영업자가 업종별 시설기준을 위반한 경우에 대통령령으로 정하는 바에
따라 영업허가 또는 등록을 취소하거나 6개월 이내의 기간을 정하여 그 영업

의 전부 또는 일부를 정지하거나 영업소 폐쇄를 명할 수 있다. 영업소 폐쇄 처분은 법 제37조 제4항에 따라 신고한 영업에 대하여만 가능하다(법 제75조 제1항 제6호).

4. 형사처벌

업종별 시설기준을 갖추지 못한 영업자는 3년 이하의 징역 또는 3천만원 이하의 벌금에 처한다(법 제97조 제4호).

제2절 영업허가 등

Ⅰ. 영업허가

1. 영업허가 사항

법 제36조 제1항 각 호에 따른 영업 중 대통령령으로 정하는 영업을 하려는 자는 대통령령으로 정하는 바에 따라 영업 종류별 또는 영업소별로 식품의약품안전처장 또는 특별자치시장·특별자치도지사·시장·군수·구청장의 허가를 받아야 한다. 허가받은 사항 중 영업소 소재지를 변경할 때에는 다시 허가를 받아야 한다.

폐업 또는 영업소 소재지 변경을 제외한 다른 사항을 변경할 때에는 허가관청에 신고하면 된다. 다만 법 제71조부터 제76조까지의 규정에 따른 영업정지 등 행정 제재처분기간 중에는 폐업신고를 할 수 없다.

2. 영업허가 대상

가. 식품조사처리업(령 제21조 제6호 가목)

방사선을 쐬어 식품의 보존성을 물리적으로 높이는 것을 업(業)으로 하는 영업을 말한다. 식품의약품안전처장의 허가를 받아야 한다.

나. 단란주점영업(령 제21조 제8호 다목)

주로 주류를 조리·판매하는 영업으로서 손님이 노래를 부르는 행위가 허용되는 영업을 말한다. 특별자치시장·특별자치도지사 또는 시장·군수·구청장의 허가를 받아야 한다.

다. 유흥주점영업(령 제21조 제8호 라목)

주로 주류를 조리·판매하는 영업으로서 유흥종사자를 두거나 유흥시설을 설치할 수 있고 손님이 노래를 부르거나 춤을 추는 행위가 허용되는 영업을 말한다. 특별자치시장·특별자치도지사 또는 시장·군수·구청장의 허가를 받아야 한다.

3. 무허가 영업자의 형사처벌

영업허가를 받지 아니하고 무허가영업을 하는 경우에는 강력히 처벌하므로 유념하여야 한다. 법 제37조 제1항을 위반하여 영업허가를 받지 아니한 자는 10년 이하의 징역 또는 1억원 이하의 벌금에 처하거나 이를 병과할 수 있다(법 제94조 제1항 제3호). 무허가영업으로 형을 선고받고 그 형이 확정된 후 5년 이내에 다시 무허가영업을 한 자는 1년 이상 10년 이하의 징역으로 가중 처벌되고, 그 해당 식품 또는 식품첨가물을 판매한 때에는 그 소매가격의 4배 이상 10배 이하에 해당하는 벌금을 병과한다(법 제94조 제2항, 제3항).

Ⅱ. 영업신고

1. 영업신고 사항

법 제36조 제1항 각 호에 따른 영업 중 대통령령으로 정하는 영업을 하려는 자는 대통령령으로 정하는 바에 따라 영업 종류별 또는 영업소별로 식품의약품안전처장 또는 특별자치시장·특별자치도지사·시장·군수·구청장에게 신고하여야 한다. 신고한 사항 중 대통령령으로 정하는 중요한 사항[2]을 변경하거나 폐업할 때에도 신고하여야 한다. 법 제71조부터 제76조까지의 규정에 따른 영업정지 등 행정 제재처분기간 중에는 폐업신고를 할 수 없다.

2. 영업신고 대상

영업신고의 대상은 아래와 같다(령 제25조 제1항).

가. 즉석판매제조·가공업(령 제21조 제2호)

총리령으로 정하는 식품을 제조·가공업소에서 직접 최종소비자에게 판매하는 영업을 말한다.

- ○ 활어를 절단하여 소비자가 더 이상의 세척, 가열조리 없이 그대로 섭취하는 회 제품이라면 "수산물"에 해당되고, 수산물 판매는 법상 별도 영업신고 대상에 해당하지 않는다(질의답변집 10면).

- ○ 최종 소비자에게 배달 등의 방법으로 판매할 목적으로 식품제조·가공업소에서 생산된 과자, 사탕, 젤리 등 표시 완제품들을 뜯어 소분·포장 후 세트로 조합하는 경우는 '즉석판매제조·가공업' 영업신고 대상에 해당한다. 따라서 과자, 사탕, 젤리 벌크 제품들을 소비자가 원하는 만큼 덜어 조합한 세트 상품을3) 인터넷으로 판매하려고 하는 경우에는 즉석

---

2) 령 제26조(신고를 하여야 하는 변경사항) 법 제37조 제4항 후단에 따라 변경할 때 신고를 하여야 하는 사항은 다음 각 호와 같다.
  1. 영업자의 성명(법인인 경우에는 그 대표자의 성명을 말한다)
  2. 영업소의 명칭 또는 상호
  3. 영업소의 소재지
  4. 영업장의 면적
  5. 삭제<2011. 12. 19.>
  6. 제21조 제2호의 즉석판매제조·가공업을 하는 자가 같은 호에 따른 즉석판매제조·가공 대상 식품 중 식품의 유형을 달리하여 새로운 식품을 제조·가공하려는 경우(변경 전 식품의 유형 또는 변경하려는 식품의 유형이 법 제31조에 따른 자가품질검사 대상인 경우만 해당한다)
  7. 삭제<2011. 12. 19.>
  8. 제21조 제4호의 식품운반업을 하는 자가 냉장·냉동차량을 증감하려는 경우
  9. 제21조 제5호 나목 2)의 식품자동판매기영업을 하는 자가 같은 특별자치시·시(「제주특별자치도 설치 및 국제자유도시 조성을 위한 특별법」에 따른 행정시를 포함한다)·군·구(자치구를 말한다. 이하 같다)에서 식품자동판매기의 설치 대수를 증감하려는 경우
3) 과자, 사탕, 젤리 등 여러 종류의 벌크 제품을 덜어 조합하여 하나의 세트 상품을 만드는 것이 아니고, 종류별로 완제품을 소분·재포장하여 유통·판매하는 것은 식품소분업에 해

판매제조·가공업 영업신고를 하여야 한다(질의답변집 11면).

○ 벌크형 포장두부나 판두부를 슈퍼 등에서 최종소비자에게 분할 판매하
는 것은 영업신고 없이 가능하도록 규제를 완화하였다. 두부와 유사한
포장방법과 판매방법인 묵류(판, 벌크형 포장)에 대해서도 영업신고 없이
분할판매가 가능하다(질의답변집 14면).

나. 식품운반업(령 제21조 제4호)

직접 마실 수 있는 유산균음료(살균유산균음료를 포함한다)나 어류·조개류
및 그 가공품 등 부패·변질되기 쉬운 식품을 전문적으로 운반하는 영업을 말
한다. 다만, 해당 영업자의 영업소에서 판매할 목적으로 식품을 운반하는 경우
와 해당 영업자가 제조·가공한 식품을 운반하는 경우는 제외한다.

다. 식품소분·판매업(령 제21조 제5호)

(1) 식품소분업: 총리령으로 정하는 식품 또는 식품첨가물[4]의 완제품을 나누어 유통할 목적으로 재포장·판매하는 영업

○「구 염관리법(2011. 11. 22. 법률 제11101호 소금산업 진흥법으로 전부 개정되기
전의 것)」제3조 제1항 및「소금산업 진흥법」제23조에 의하면, 염전에
서의 천일염이나 그 밖에 대통령령으로 정하는 소금 등의 생산·제조를
업으로 하는 자는 시·도지사의 허가를 받아야 한다고 규정하고 있고, 이
는 특별법으로서 식품위생법에 우선하여 적용되므로, 구 염관리법 내지
소금산업 진흥법에 의하여 시·도지사의 허가를 요하는 소금의 생산·제

당한다고 할 것이다. 분쇄된 찻잎을 티백에 넣어 소비자로 하여금 차를 우려내어 음용하
게끔 판매하는 것은 침출차라는 별도의 식품을 제조하는 것으로 평가된다는 점에서, 식품
제조·가공업소에서 생산된 과·채가공품의 매운맛을 제거하기 위해 세척한 뒤 재포장하
여 판매하는 것은 과·채가공품을 재가공한다는 점에서 소분행위가 아니라 제조행위에 해
당한다고 보아야 한다.

4) "총리령으로 정하는 식품 또는 식품첨가물"이란 령 제21조 제1호 및 제3호에 따른 영업의
대상이 되는 식품 또는 식품첨가물(수입되는 식품 또는 식품첨가물을 포함한다)과 벌꿀
[영업자가 자가채취하여 직접 소분(小分)·포장하는 경우를 제외한다]을 말한다. 다만, 어
육제품, 특수용도식품(체중조절용 조 제식품은 제외한다), 통·병조림 제품, 레토르트식품,
전분, 장류 및 식초는 소분·판매하여서는 아니 된다(규칙 제38조).

조업에 관하여는 그 허가 외에 식품위생법상의 제조·가공업 신고를 별도로 요하지 아니한다고 봄이 타당하고, 이처럼 식품위생법상의 제조·가공업 신고대상에 해당되지 않는 위 규정에 따른 소금에 대하여는 이를 소분하여 판매하였다고 하더라도 식품위생법상의 식품소분업 신고대상으로 보아 그 신고미비를 이유로 처벌할 수 없다(울산지방법원 2014. 7. 25 선고 2014고정285 판결).

(2) 식품판매업

식품판매업에는 식용얼음판매업(식용얼음을 전문적으로 판매하는 영업), 식품자동판매기영업(식품을 자동판매기에 넣어 판매하는 영업. 다만, 유통기간이 1개월 이상인 완제품만을 자동판매기에 넣어 판매하는 경우는 제외한다), 유통전문판매업(식품 또는 식품첨가물을 스스로 제조·가공하지 아니하고 제1호의 식품제조·가공업자 또는 제3호의 식품첨가물제조업자에게 의뢰하여 제조·가공한 식품 또는 식품첨가물을 자신의 상표로 유통·판매하는 영업), 집단급식소 식품판매업(집단급식소에 식품을 판매하는 영업), 기타 식품판매업(앞서 열거한 식품판매업을 제외한 영업으로서 총리령으로 정하는 일정 규모 이상의 백화점, 슈퍼마켓, 연쇄점 등에서 식품을 판매하는 영업)이 포함된다.

1) 식용얼음판매업: 식용얼음을 전문적으로 판매하는 영업

○ 식용얼음이 아닌 어패류 등의 저장 및 보존을 위해 사용하는 '어업용 얼음'은 음식물에 해당하지 않으므로 식용얼음판매업 영업신고 대상에 해당하지 않는다(질의답변집 15면).

○ 식용얼음 제조·가공업자가 제조·가공하여 포장한 얼음을 그대로 판매하는 경우 '식용얼음판매업' 영업신고 대상에 해당하지 않는다. 그러나 식용얼음 제조·가공업자로부터 얼음을 납품받아 톱으로 절단하여 재포장 후에 커피숍 등에 직접 납품하고자 하는 경우 '식용얼음판매업' 영업신고를 하여야 한다(질의답변집 15면).

2) 식품자동판매기영업: 식품을 자동판매기에 넣어 판매하는 영업. 다만, 유통기간이 1개월 이상인 완제품만을 자동판매기에 넣어 판매하는 경우는 제외한다.

○ 유통기한이 1개월 미만인 식품, 우유 등 유제품(완제품)을 자동판매기에 넣어 판매하려는 경우라면 식품자동판매기 영업신고를 하고, 식품자동판매기 영업자의 시설기준, 준수사항 등을 지켜야 한다. 다만, 유통기한이 1개월 이상인 완제품만을 자동판매기에 넣어 판매하는 경우는 식품자동판매기 영업신고 없이 판매가 가능하다(질의답변집 16면).

○ 일반적으로 편의점은 법상 별도의 영업 등록 또는 신고대상이 아니며, 편의점 내부에 손님이 직접 음식물을 데워먹을 수 있는 전자렌지, 따뜻한 물을 제공하는 디스펜서 및 식사를 할 수 있는 테이블, 바를 설치하는 것은 법상 제한사항이 아니다. 그러나 편의점 등에서 자동커피머신을 설치하고 고객이 카운터에서 얼음컵, 테이크 아웃 컵을 계산 후 직접 커피머신을 이용하여 커피를 섭취하는 경우, 해당 편의점은 식품자동판매기 영업 신고를 하여야 한다(질의답변집 16면).

○ 직원이 손님에게 커피를 제공하는 등의 접객행위 없이 손님이 직접 커피머신기를 이용하여 스스로 커피를 뽑아 섭취하도록 하는 경우라면 '식품자동판매기' 영업에 해당하나, 직원이 커피머신기를 이용하여 커피를 뽑아 손님에게 제공하여 주는 형태의 영업을 하는 경우라면 '휴게음식점' 또는 '즉석판매제조·가공업' 영업신고 대상에 해당한다(질의답변집 17면).

○ 고객에게 봉지라면, 용기를 제공하고 고객이 직접 라면조리기를 이용하여 직접 조리 및 섭취하는 경우는 법상 별도의 영업신고 대상에 해당되지 않는다(질의답변집 17면).

3) 유통전문판매업: 식품 또는 식품첨가물을 스스로 제조·가공하지 아니하고 제1호의 식품제조·가공업자 또는 제3호의 식품첨가물제조업자에게 의뢰하여 제조·가공한 식품 또는 식품첨가물을 자신의 상표로 유통·판매하는 영업

○ 도·소매 업체인 (B)가 식품제조·가공업소(A)에서 제조한 제품을 판매하고자 하는 경우, 도·소매업체(B)와 식품제조·가공업소(A) 간 가공식품의 제조·가공 의뢰 관계가 없었고, 도·소매업체(B)가 식품제조·가공

업소(A)의 제품을 단순히 납품받아 판매하는 경우는 유통전문판매업 영업신고 대상에 해당하지 않는다(질의답변집 17면).

○ 하나의 유통전문판매업소에서 두 곳의 식품제조·가공업체에게 똑같은 품목에 대하여 같은 제품명으로 생산 의뢰를 하여 판매하는 것도 가능하다(질의답변집 17면).

○ 유통전문판매업소가 식품제조·가공업체에 특정 제품의 제조·가공을 의뢰하면서 원료를 제공할 경우 유통전문판매업체가 별도로 식품제조·가공업 영업등록을 할 필요는 없다(질의답변집 18면).

4) 집단급식소 식품판매업: 집단급식소에 식품을 판매하는 영업

○ 식품제조·가공업 등록과 식품소분판매업 신고를 마친 자가 직접 제조·가공한 식품 이외에 타 제조업체에서 제조·가공한 식품을 납품받아 이를 집단급식소에 유통·판매하려는 경우 '집단급식소 식품판매업' 영업신고를 하여야 한다. 그러나 자신이 제조·가공한 식품을 직접 집단급식소에 납품하려는 경우라면 별도의 집단급식소 식품판매업 영업신고 대상에 해당하지 않는다(질의답변집 19면).

○ 수입 냉동수산물을 단순히 소분하여 집단급식소 식품판매업자에게 판매하려는 경우는 법상 별도의 영업신고 대상에 해당하지 않는다(질의답변집 19면).[5]

○ 단지 먹는 샘물만을 집단급식소를 공급하고자 하는 경우에 식품위생법에 따른 '집단급식소 식품판매업' 영업신고 대상에 해당하지 않는다. 먹는 물 관련 영업 및 먹는 물 안전관리는 「먹는물관리법」에 따라 환경부 소관이다(질의답변집 19면).

○ 「수입식품안전관리 특별법」 제15조 제1항에 따라 등록한 식용란 수입판매업자는 별도로 집단급식소 식품판매업 없이 집단급식소에 계란을 판매할 수 있다(질의답변집 20면).

○ 집단급식소 식품판매업은 집단급식소에 제공되는 식품이 위생적으로

5) 완제품을 소분하는 것이 아니므로, 식품소분업 신고대상에 해당하지도 않는다.

관리되지 아니하는 경우 대형 식중독 사고가 발생할 우려가 있어 집단
급식소에 제공되어 오던 식품에 대하여 위생적인 관리를 강화하고자 신
설한 업종이다. 따라서 집단급식소 식품판매업 영업신고를 한 자는 집
단급식소뿐만 아니라 다른 업체에 식재료를 납품하는 것이 가능하다(질
의답변집 20면).

5) 기타 식품판매업: 위 ①부터 ④까지를 제외한 영업으로서 총리령으로 정하는
일정 규모[6] 이상의 백화점, 슈퍼마켓, 연쇄점 등에서 식품을 판매하는 영업

라. 식품냉동·냉장업(령 제21조 제6호 나목)

식품을 얼리거나 차게 하여 보존하는 영업을 말한다. 다만, 수산물의 냉
동·냉장은 제외한다.

(1) 용기·포장류제조업(령 제21조 제7호. 자신의 제품을 포장하기 위하여 용기·
포장류를 제조하는 경우는 제외)

1) 용기·포장지제조업: 식품 또는 식품첨가물을 넣거나 싸는 물품으로서
식품 또는 식품첨가물에 직접 접촉되는 용기(옹기류는 제외한다)·포장지를 제조
하는 영업

2) 옹기류제조업: 식품을 제조·조리·저장할 목적으로 사용되는 독, 항아
리, 뚝배기 등을 제조하는 영업

○ 음식점에서 식품의 조리에 사용할 기계나 기구를 직접 만들어서 사용하
는 경우 법상 별도의 영업허가·신고·등록 없이 제조 가능하며, 「기구
및 용기·포장의 기준 및 규격」에 적합하게 제조하여 사용하여야 한다
(질의답변집 21면).

마. 휴게음식점영업(령 제21조 제8호 가목)

주로 다류(茶類), 아이스크림류 등을 조리·판매하거나 패스트푸드점, 분식
점 형태의 영업 등 음식류를 조리·판매하는 영업으로서 음주행위가 허용되지

---

6) "총리령으로 정하는 일정 규모 이상의 백화점, 슈퍼마켓, 연쇄점 등"이란 백화점, 슈퍼마
켓, 연쇄점 등의 영업장의 면적이 300제곱미터 이상인 업소를 말한다(규칙 제39조).

아니하는 영업을 말한다. 다만, 편의점, 슈퍼마켓, 휴게소, 그 밖에 음식류를
판매하는 장소(만화가게 및 「게임산업진흥에 관한 법률」 제2조 제7호에 따른 인터넷컴
퓨터게임시설제공업을 하는 영업소 등 음식류를 부수적으로 판매하는 장소를 포함한다)
에서 컵라면, 일회용 다류 또는 그 밖의 음식류에 물을 부어 주는 경우는 제외
한다.

○ 편의점에서 직원이 음식을 직접 조리하여 손님에게 제공하는 등의 접객
영업행위를 일체하지 않고, 편의점 내에서 판매하는 완제품을 그대로
소비자가 구입 후 구입한 완제품을 소비자가 직접 조리하여 취식하는
경우는 별도의 영업신고가 필요하지 않다(질의답변집 21면).

○ 휴게음식점 영업을 주로 하면서 고객의 요청에 따라 서비스 제공 차원
에서 부수적으로 휴게음식점에서 조리한 식품(빵)을 포장하여 판매할
수 있다(질의답변집 22면).

○ 판매자가 아이스크림 완제품을 개봉하여 덜어주거나 기계를 이용하여
종이컵에 담아주는 행위를 하는 경우 '휴게음식점' 영업신고 대상에 해
당한다. 따라서 표시 완제품인 아이스크림을 기계위에 올려 놓고 레버
를 위에서 아래로 누르면 추출되는 아이스크림을 종이컵에 담아 판매하
는 경우에도 영업신고가 필요하다(질의답변집 25면).

○ 조리행위 없이 완제품만을 판매하는 편의점영업은 법상 별도의 영업신
고 대상이 아니며, 소비자가 편의점에서 구입한 주류를 편의점 앞의 테
이블에서 취식하는 행위는 법상 위반사항이 아니다(질의답변집 25면).

바. 일반음식점영업(령 제21조 제8호 나목)

음식류를 조리·판매하는 영업으로서 식사와 함께 부수적으로 음주행위가
허용되는 영업

○ 일반음식점 또는 즉석판매·제조·가공업소에서 도시락을 만들어 법 제
88조에 따른 집단급식소 설치·운영 신고를 하지 않은 시설에 배달·제
공하는 것은 가능하다. 그러나 집단급식소 설치·운영 신고를 한 곳이라
면 직영 또는 위탁으로 급식을 제공하여야 하므로 도시락을 배달 받아

급식으로 제공할 수 없다(질의답변집 21면).

○ 식수인원이나 배달의 정기적 여부와 관계없이 고객요청에 따라 밥, 국, 반찬을 영업장 내 조리 후 ① 제공하여 배식 또는 자율취식, ② 제공받은 음식을 현장에서 가열하여 제공, ③ 도시락 등 특정용기에 담아 배달·판매하는 형태의 영업이라면 일반음식점 영업신고를 득한 후 배달 등이 가능하다. 식품의약품안전처는 출장뷔페(조리) 형태의 영업을 "일반음식점"으로 관리하도록 하고 있다(질의답변집 24면).

○ 일반음식점 영업소에서 구매한 음식물을 소비자가 자발적으로 영업장소 외 공간으로 가져가 취식하는 것은 법상 위반사항으로 보기는 어렵습니다. 그러나 영업장으로 신고된 면적 외의 장소에 간이테이블 등을 설치하고 접객행위(서빙 등)가 이루어지는 경우라면 영업장 변경 미신고 등의 위반행위로 볼 수 있다(질의답변집 23면).

사. 위탁급식영업(령 제21조 제8호 마목)

집단급식소를 설치·운영하는 자와의 계약에 따라 그 집단급식소에서 음식류를 조리하여 제공하는 영업

아. 제과점영업(령 제21조 제8호 바목)

주로 빵, 떡, 과자 등을 제조·판매하는 영업으로서 음주행위가 허용되지 아니하는 영업

○ 제과점영업자는 식품제조·가공업소에서 제조한 냉동케익을 제과점에서 해동하여 과일과 슈가파우더 등으로 데코레이션 작업을 한 후 냉장 진열 케이스에 넣고 판매할 수 있다(질의답변집 22면).

3. 영업신고의 면제

단, 위의 영업신고 대상에 해당하는 경우라도 다음의 어느 하나에 해당하는 경우에는 신고가 면제된다(령 제25조 제2항).

가. 「양곡관리법」 제19조에 따른 양곡가공업 중 도정업을 하는 경우

나. 「식품산업진흥법」 제19조의5에 따라 수산물가공업[어유(간유) 가공업, 냉동·냉장업 및 선상수산물가공업만 해당한다]의 신고를 하고 해당 영업을 하는 경우

다. 「축산물 위생관리법」 제22조에 따라 축산물가공업의 허가를 받아 해당 영업을 하거나 같은 법 제24조 및 같은 법 시행령 제21조 제8호에 따라 식육즉석판매가공업 신고를 하고 해당 영업을 하는 경우

라. 「건강기능식품에 관한 법률」 제5조 및 제6조에 따라 건강기능식품제조업 및 건강기능식품판매업의 영업허가를 받거나 영업신고를 하고 해당 영업을 하는 경우

마. 식품첨가물이나 다른 원료를 사용하지 아니하고 농산물·임산물·수산물을 단순히 자르거나, 껍질을 벗기거나, 말리거나, 소금에 절이거나, 숙성하거나, 가열(살균의 목적 또는 성분의 현격한 변화를 유발하기 위한 목적의 경우는 제외한다. 이하 같다)하는 등의 가공과정 중 위생상 위해가 발생할 우려가 없고 식품의 상태를 관능검사(官能檢査)로 확인할 수 있도록 가공하는 경우. 다만, 다음의 어느 하나에 해당하는 경우는 제외한다.

(1) 집단급식소에 식품을 판매하기 위하여 가공하는 경우

(2) 식품의약품안전처장이 법 제7조 제1항에 따라 기준과 규격을 정하여 고시한 신선편의식품(과일, 야채, 채소, 새싹 등을 식품첨가물이나 다른 원료를 사용하지 아니하고 단순히 자르거나, 껍질을 벗기거나, 말리거나, 소금에 절이거나, 숙성하거나, 가열하는 등의 가공과정을 거친 상태에서 따로 씻는 등의 과정 없이 그대로 먹을 수 있게 만든 식품을 말한다)을 판매하기 위하여 가공하는 경우

바. 「농업·농촌 및 식품산업 기본법」 제3조 제2호에 따른 농업인과 「수산업·어촌 발전 기본법」 제3조 제3호에 따른 어업인 및 「농어업경영체 육성 및 지원에 관한 법률」 제16조에 따른 영농조합법인과 영어조합법인이 생산한 농산물·임산물·수산물을 집단급식소에 판매하는 경우. 다만, 다른 사람으로 하여금 생산하거나 판매하게 하는 경우는 제외한다.

4. 무신고 영업자의 형사처벌

법 제37조 제3항, 제4항을 위반하여 무신고 영업을 한 자는 3년 이하의 징역 또는 3천만원 이하의 벌금에 처한다(법 제97조 제1호). 영업장소가 건축법 소정의 허가를 받지 아니한 불법 건축물인 경우에 관할 신고관청에 영업신고를 하였다고 하더라도, 이를 영업에 대한 적법한 신고를 한 것이라고 볼 수 없고, 그러한 상태에서 일반음식점 영업행위를 계속하는 것은 무신고 영업행위에 해당한다(대법원 2009. 4. 23 선고 2008도6829 판결).

Ⅲ. 영업등록

1. 영업등록 사항

법 제36조 제1항 각 호에 따른 영업 중 대통령령으로 정하는 영업을 하려는 자는 대통령령으로 정하는 바에 따라 영업 종류별 또는 영업소별로 식품의약품안전처장 또는 특별자치시장·특별자치도지사·시장·군수·구청장에게 등록하여야 하며, 등록한 사항 중 대통령령으로 정하는 중요한 사항[7]을 변경할 때에도 또한 같다. 다만, 폐업하거나 대통령령으로 정하는 중요한 사항을 제외한 경미한 사항을 변경할 때에는 식품의약품안전처장 또는 특별자치시장·특별자치도지사·시장·군수·구청장에게 신고하면 된다(법 제37조 제5항). 법 제71조부터 제76조까지의 규정에 따른 영업정지 등 행정 제재처분기간 중에는 폐업신고를 할 수 없다(법 제37조 제8항).

---

[7] 령 제26조의 3(등록하여야 하는 변경사항) 법 제37조 제5항 본문에 따라 변경할 때 등록하여야 하는 사항은 다음 각 호와 같다.
   1. 영업소의 소재지
   2. 제21조 제1호의 식품제조·가공업을 하는 자가 추가로 시설을 갖추어 새로운 식품군(법 제7조 제1항에 따라 식품의약품안전처장이 정하여 고시하는 식품의 기준 및 규격에 따른 식품군을 말한다)에 해당하는 식품을 제조·가공하려는 경우
   3. 제21조 제3호의 식품첨가물제조업을 하는 자가 추가로 시설을 갖추어 새로운 식품첨가물(법 제7조 제1항에 따라 식품의약품안전처장이 정하여 고시하는 식품의 기준 및 규격에 따른 식품첨가물을 말한다)을 제조하려는 경우

2. 영업등록 대상 업종 및 등록관청

아래의 영업을 하려는 자는 특별자치시장·특별자치도지사 또는 시장·군수·구청장에게 등록하여야 한다(령 제25조 제1항).

가. 식품제조·가공업(령 제21조 제1호)

식품을 제조·가공하는 영업

나. 식품첨가물제조업(령 제21조 제3호)

(1) 감미료·착색료·표백제 등의 화학적 합성품을 제조·가공하는 영업

(2) 천연 물질로부터 유용한 성분을 추출하는 등의 방법으로 얻은 물질을 제조·가공하는 영업

(3) 식품첨가물의 혼합제재를 제조·가공하는 영업

(4) 기구 및 용기·포장을 살균·소독할 목적으로 사용되어 간접적으로 식품에 이행(移行)될 수 있는 물질을 제조·가공하는 영업

○ 식품제조·가공업자가 질소를 제조하여 유통·판매하는 것이 아닌 자사 제품 제조공정 중에 사용할 목적으로 질소를 제조하고자 하는 경우라면 '식품첨가물제조업' 영업등록 대상에 해당하지 않는다(질의답변집 10면).

3. 식품위생법상 영업등록의 면제

영업등록 대상에 해당하는 경우라도 다음의 어느 하나에 해당하는 경우에는 등록이 면제된다(령 제25조 제2항).

가. 「양곡관리법」 제19조에 따른 양곡가공업 중 도정업을 하는 경우

나. 「식품산업진흥법」 제19조의5에 따라 수산물가공업[어유(간유) 가공업, 냉동·냉장업 및 선상수산물가공업만 해당한다]의 신고를 하고 해당 영업을 하는 경우

다. 「축산물 위생관리법」 제22조에 따라 축산물가공업의 허가를 받아 해당 영업을 하는 경우

라. 「건강기능식품에 관한 법률」 제5조에 따라 건강기능식품제조업의 영업허가를 받아 해당 영업을 하는 경우

마. 식품첨가물이나 다른 원료를 사용하지 아니하고 농산물·임산물·수산물을 단순히 자르거나, 껍질을 벗기거나, 말리거나, 소금에 절이거나, 숙성하거나, 가열하는 등의 가공과정 중 위생상 위해가 발생할 우려가 없고 식품의 상태를 관능검사로 확인할 수 있도록 가공하는 경우. 다만, 다음의 어느 하나에 해당하는 경우는 제외한다.

(1) 집단급식소에 식품을 판매하기 위하여 가공하는 경우

(2) 식품의약품안전처장이 법 제7조 제1항에 따라 기준과 규격을 정하여 고시한 신선편의식품(과일, 야채, 채소, 새싹 등을 식품첨가물이나 다른 원료를 사용하지 아니하고 단순히 자르거나, 껍질을 벗기거나, 말리거나, 소금에 절이거나, 숙성하거나, 가열하는 등의 가공과정을 거친 상태에서 따로 씻는 등의 과정 없이 그대로 먹을 수 있게 만든 식품을 말한다)을 판매하기 위하여 가공하는 경우

4. 무등록 영업자의 형사처벌

법 제37조 제5항을 위반하여 무등록 영업을 한 자는 5년 이하의 징역 또는 5천만원 이하의 벌금에 처하거나 이를 병과할 수 있다(법 제95조 제2호의2).

Ⅳ. 중복 영업허가 등의 문제

이미 영업허가 등이 된 장소에 대해서는 중복으로 영업허가 등이 불가능하므로, 영업허가 등이 된 영업장에 기존 영업자가 있는 경우에는 동일한 장소에 새로운 영업허가 등이 불가능하다. 이 점을 악용하여 기존 영업자가 새로운 영업자의 영업허가 등을 방해하기 위하여 고의로 폐업신고를 하지 않는 경우가 왕왕 발생하고 있다. 이런 경우에 식품의약품안전처장 또는 특별자치시장·특별자치도지사·시장·군수·구청장은 필요한 영업시설을 반출하는 등 기존 영업자의 폐업사실을 인정할 수 있는 자료를 조사하여 기존 영업자의 영업허가

등을 직권말소8) 내지 직권취소9) 처분을 하여야 할 것이다.

V. 품목제조의 보고 등

식품 또는 식품첨가물의 제조업·가공업의 허가를 받거나 신고 또는 등록을 한 자가 식품 또는 식품첨가물을 제조·가공하는 경우에는 규칙으로 정하는 바에 따라 식품의약품안전처장 또는 특별자치시장·특별자치도지사·시장·군수·구청장에게 그 사실을 보고하여야 한다. 보고한 사항 중 규칙으로 정하는 중요한 사항을 변경하는 경우에도 또한 같다.

법 제37조 제6항에 따라 식품 또는 식품첨가물의 제조·가공에 관한 보고를 하려는 자는 규칙 별지 제43호 서식의 품목제조보고서에 규칙 제45조 각 호의 서류를 첨부하여 제품생산 시작 전이나 제품생산 시작 후 7일 이내에 등록관청에 제출하여야 한다. 이 경우 식품제조·가공업자가 식품을 위탁 제조·가공하는 경우에는 위탁자가 보고를 하여야 한다.

제37조 제6항을 위반하여 보고를 하지 아니하거나 허위의 보고를 한 자에게는 1천만원 이하의 과태료를 부과한다(법 제101조).

---

8) 법 제37조 ⑦ 식품의약품안전처장 또는 특별자치시장·특별자치도지사·시장·군수·구청장은 영업자(제4항에 따른 영업신고 또는 제5항에 따른 영업등록을 한 자만 해당한다)가 「부가가치세법」 제8조에 따라 관할세무서장에게 폐업신고를 하거나 관할세무서장이 사업자등록을 말소한 경우에는 신고 또는 등록 사항을 직권으로 말소할 수 있다.

9) 법 제75조 ③ 식품의약품안전처장 또는 특별자치시장·특별자치도지사·시장·군수·구청장은 다음 각 호의 어느 하나에 해당하는 경우에는 영업허가 또는 등록을 취소하거나 영업소 폐쇄를 명할 수 있다.
   1. 영업자가 정당한 사유 없이 6개월 이상 계속 휴업하는 경우
   2. 영업자(제37조 제1항에 따라 영업허가를 받은 자만 해당한다)가 사실상 폐업하여 「부가가치세법」 제8조에 따라 관할세무서장에게 폐업신고를 하거나 관할세무서장이 사업자등록을 말소한 경우
   ④ 식품의약품안전처장 또는 특별자치시장·특별자치도지사·시장·군수·구청장은 제3항 제2호의 사유로 영업허가를 취소하기 위하여 필요한 경우 관할 세무서장에게 영업자의 폐업여부에 대한 정보 제공을 요청할 수 있다. 이 경우 요청을 받은 관할 세무서장은 「전자정부법」 제39조에 따라 영업자의 폐업여부에 대한 정보를 제공한다.

제3절 영업허가 등의 제한, 취소 및 영업승계

Ⅰ. 영업허가의 제한

다음의 어느 하나에 해당하는 경우에는 영업허가가 거부된다.

1. 해당 영업 시설이 법 제36조에 따른 시설기준에 맞지 아니한 경우[10]

2. 법 제75조 제1항 또는 제2항에 따라 영업허가가 취소(법 제44조 제2항 제1호를 위반하여 영업허가가 취소된 경우와 제75조 제1항 제18호에 따라 영업허가가 취소된 경우는 제외한다)되거나 「식품 등의 표시·광고에 관한 법률」 제16조 제1항·제2항에 따라 영업허가가 취소되고 6개월이 지나기 전에 같은 장소에서 같은 종류의 영업을 하려는 경우. 다만, 영업시설 전부를 철거하여 영업허가가 취소된 경우에는 그러하지 아니하다.

3. 법 제44조 제2항 제1호를 위반하여 영업허가가 취소되거나 제75조 제1항 제18호에 따라 영업허가가 취소되고 2년이 지나기 전에 같은 장소에서 제36조 제1항 제3호에 따른 식품접객업을 하려는 경우[11]

---

10) 법에 따른 업종별 시설기준은 그 대상이 되는 물적 시설이 건축 관련 법규에 적합할 것을 전제로 하는 것이므로, 영업허가를 신청한 당해 건축물이 불법건축물이라고 한다면, 비록 그 건물이 법이 규정하는 물적 시설요건을 갖추었다고 하더라도 적법한 식품접객업의 영업허가를 받을 수 없다. 등록이나 신고도 마찬가지이다(대법원 1991. 7. 12. 선고 90누8350 판결, 대법원 1993. 4. 27. 선고 93누1374 판결, 대법원 1999. 3. 9. 선고 98두19070판결, 대법원 2009. 4. 23 선고 2008도6829 판결 등). 따라서 법상 업종별 시설기준을 갖춘 경우라도 해당 영업장소가 건축 관련 법규에 위반되는 경우에는 영업허가 등이 거부됨에 유의하여야 한다.

11) 영업허가의 제한사유를 정한 법 제38조 제1항 제3호는 침익적 행정행위의 근거조항에 해당하므로 엄격하게 해석·적용하여야 하고 수범자에게 불리한 방향으로 지나치게 확장해석하거나 유추해석해서는 안 된다. 법 제38조 제1항 제3호에 의하면 제44조 제2항 제1호를 위반하여 영업허가가 취소되거나 제75조 제1항 제18호에 따라 영업허가가 취소되고 2년이 지나기 전에 같은 장소에서 제36조 제1항 제3호에 따른 식품접객업을 하려는 경우 제37조 제1항에 따른 영업허가를 하여서는 아니 된다고 규정되어 있으므로, 성매매알선행위로 법 제75조 제1항 제18호에 따라 영업허가가 취소된 유흥주점영업자가 식품접객업 영업 중 허가대상 영업이 아닌 영업신고 대상인 일반음식점 영업을 하려는 경우에는 법 제38조 제1항 제3호를 근거로 일반음식점 영업신고를 제한할 수 없다.

4. 법 제75조 제1항 또는 제2항에 따라 영업허가가 취소(법 제4조부터 제6조까지, 제8조 또는 제44조 제2항 제1호를 위반하여 영업허가가 취소된 경우와 제75조 제1항 제18호에 따라 영업허가가 취소된 경우는 제외한다)되거나 「식품 등의 표시·광고에 관한 법률」 제16조 제1항·제2항에 따라 영업허가가 취소되고 2년이 지나기 전에 같은 자(법인인 경우에는 그 대표자를 포함한다)가 취소된 영업과 같은 종류의 영업을 하려는 경우

5. 법 제44조 제2항 제1호를 위반하여 영업허가가 취소되거나 제75조 제1항 제18호에 따라 영업허가가 취소된 후 3년이 지나기 전에 같은 자(법인인 경우에는 그 대표자를 포함한다)가 제36조 제1항 제3호에 따른 식품접객업을 하려는 경우

6. 법 제4조부터 제6조까지 또는 제8조를 위반하여 영업허가가 취소되고 5년이 지나기 전에 같은 자(법인인 경우에는 그 대표자를 포함한다)가 취소된 영업과 같은 종류의 영업을 하려는 경우

7. 법 제36조 제1항 제3호에 따른 식품접객업 중 국민의 보건위생을 위하여 허가를 제한할 필요가 뚜렷하다고 인정되어 시·도지사가 지정하여 고시하는 영업에 해당하는 경우

8. 영업허가를 받으려는 자가 피성년후견인이거나 파산선고를 받고 복권되지 아니한 자인 경우

Ⅱ. 영업신고 또는 영업등록의 제한

다음의 어느 하나에 해당하는 경우에는 영업신고 또는 영업등록을 할 수 없다.

1. 법 제75조 제1항 또는 제2항에 따른 등록취소 또는 영업소 폐쇄명령(법 제44조 제2항 제1호를 위반하여 영업소 폐쇄명령을 받은 경우와 제75조 제1항 제18호에 따라 영업소 폐쇄명령을 받은 경우는 제외한다)이나 「식품 등의 표시·광고에 관한 법률」 제16조 제1항부터 제4항까지에 따른 등록취소 또는 영업소 폐쇄명령을

받고 6개월이 지나기 전에 같은 장소에서 같은 종류의 영업을 하려는 경우. 다만, 영업시설 전부를 철거하여 등록취소 또는 영업소 폐쇄명령을 받은 경우에는 그러하지 아니하다.

　　2. 법 제44조 제2항 제1호를 위반하여 영업소 폐쇄명령을 받거나 제75조 제1항 제18호에 따라 영업소 폐쇄명령을 받은 후 1년이 지나기 전에 같은 장소에서 제36조 제1항 제3호에 따른 식품접객업을 하려는 경우

　　3. 법 제75조 제1항 또는 제2항에 따른 등록취소 또는 영업소 폐쇄명령(법 제4조부터 제6조까지, 제8조 또는 제44조 제2항 제1호를 위반하여 등록취소 또는 영업소 폐쇄명령을 받은 경우와 법 제75조 제1항 제18호에 따라 영업소 폐쇄명령을 받은 경우는 제외한다)이나 「식품 등의 표시·광고에 관한 법률」 제16조 제1항부터 제4항까지에 따른 등록취소 또는 영업소 폐쇄명령을 받고 2년이 지나기 전에 같은 자 (법인인 경우에는 그 대표자를 포함한다)가 등록취소 또는 폐쇄명령을 받은 영업과 같은 종류의 영업을 하려는 경우

　　4. 법 제44조 제2항 제1호를 위반하여 영업소 폐쇄명령을 받거나 제75조 제1항 제18호에 따라 영업소 폐쇄명령을 받고 2년이 지나기 전에 같은 자(법인인 경우에는 그 대표자를 포함한다)가 제36조 제1항 제3호에 따른 식품접객업을 하려는 경우

　　5. 법 제4조부터 제6조까지 또는 제8조를 위반하여 등록취소 또는 영업소 폐쇄명령을 받고 5년이 지나지 아니한 자(법인인 경우에는 그 대표자를 포함한다)가 등록취소 또는 폐쇄명령을 받은 영업과 같은 종류의 영업을 하려는 경우

Ⅲ. 영업허가 등의 취소 등

1. 법 위반 등을 이유로 하는 허가취소 등

　　식품의약품안전처장 또는 특별자치시장·특별자치도지사·시장·군수·구청장은 영업자가 아래의 어느 하나에 해당하는 경우에는 대통령령으로 정하는 바에 따라 영업허가 또는 등록을 취소하거나 6개월 이내의 기간을 정하여 그

영업의 전부 또는 일부를 정지하거나 영업소 폐쇄를 명할 수 있다. 아래 사항을 위반한 영업자가 허가 또는 등록된 영업자인 경우에는 허가 또는 등록을 취소할 수 있고, 신고된 영업자인 경우에는 영업소 폐쇄를 명령할 수 있다. 영업의 전부 또는 일부 정지 명령은 모든 영업자에 대하여 가능하다. 아래의 사항을 위반하여 영업정지 명령을 받은 자가 영업정지 명령을 위반하여 영업을 계속하면 식품의약품안전처장 또는 특별자치시장·특별자치도지사·시장·군수·구청장은 영업허가 또는 등록을 취소하거나 영업소 폐쇄를 명할 수 있다.

가. 법 제4조부터 제6조까지, 제7조 제4항, 제8조, 제9조 제4항 또는 제12조의2 제2항을 위반한 경우

나. 법 제17조 제4항을 위반한 경우

다. 법 제31조 제1항 및 제3항을 위반한 경우

라. 법 제36조를 위반한 경우

마. 법 제37조 제1항 후단, 제3항, 제4항 후단 및 제6항을 위반하거나 같은 조 제2항에 따른 조건을 위반한 경우

바. 법 제37조 제5항에 따른 변경 등록을 하지 아니하거나 같은 항 단서를 위반한 경우

사. 법 제38조 제1항 제8호에 해당하는 경우

아. 법 제40조 제3항을 위반한 경우

자. 법 제41조 제5항을 위반한 경우

차. 법 제43조에 따른 영업 제한을 위반한 경우

카. 법 제44조 제1항·제2항 및 제4항을 위반한 경우

타. 법 제45조 제1항 전단에 따른 회수 조치를 하지 아니한 경우

파. 법 제45조 제1항 후단에 따른 회수계획을 보고하지 아니하거나 거짓으로 보고한 경우

하. 법 제48조 제2항에 따른 식품안전관리인증기준을 지키지 아니한 경우

거. 법 제49조 제1항 단서에 따른 식품이력추적관리를 등록하지 아니 한 경우

너. 법 제51조 제1항을 위반한 경우

더. 법 제71조 제1항, 제72조 제1항·제3항, 제73조 제1항 또는 제74조 제1항(제88조에 따라 준용되는 제71조 제1항, 제72조 제1항·제3항 또는 제74조 제1항을 포함한다)에 따른 명령을 위반한 경우

러. 「성매매알선 등 행위의 처벌에 관한 법률」 제4조에 따른 금지행위를 한 경우

2. 사실상 폐업 등을 이유로 하는 허가취소 등

식품의약품안전처장 또는 특별자치시장·특별자치도지사·시장·군수·구청장은 아래의 어느 하나에 해당하는 경우에는 영업허가 또는 등록을 취소하거나 영업소 폐쇄를 명할 수 있다(법 제75조 제3항). 아래 사항에 해당하는 영업자가 허가 또는 등록된 영업자인 경우에는 허가 또는 등록을 취소할 수 있고, 신고된 영업자인 경우에는 영업소 폐쇄를 명령할 수 있다. 식품의약품안전처장 또는 특별자치시장·특별자치도지사·시장·군수·구청장은 아래 나.의 사유로 영업허가를 취소하기 위하여 필요한 경우 관할 세무서장에게 영업자의 폐업여부에 대한 정보 제공을 요청할 수 있다(법 제75조 제4항).

가. 영업자가 정당한 사유 없이 6개월 이상 계속 휴업하는 경우

나. 영업자(법 제37조 제1항에 따라 영업허가를 받은 자만 해당한다)가 사실상 폐업하여 「부가가치세법」 제8조에 따라 관할세무서장에게 폐업신고를 하거나 관할세무서장이 사업자등록을 말소한 경우

3. 허가취소 등 행정처분의 기준

허가취소 등 행정처분의 세부기준은 그 위반 행위의 유형과 위반 정도 등을 고려하여 총리령으로 정하도록 하고 있다. 이에 따라 규칙 제89조 [별표 23 행정처분 기준]에서는 행정처분의 세부기준을 마련하고 있다. 그러나 이는 하나의 재량준칙에 해당할 뿐이므로, 영업자가 허가취소 등에 불복하여 처분 취소 등을 구하는 경우 법원은 처분의 경위, 위반 사실의 정도, 의무 해태를 탓할 수 없는 정당한 사유가 존재하는지 여부, 공익과 사익의 균형 등을 종합적으로

고려하여 해당 처분의 재량권 일탈·남용을 심리하여야 한다.

Ⅳ. 영업 승계

영업자가 영업을 양도하거나 사망한 경우 또는 법인이 합병한 경우에는 그 양수인·상속인 또는 합병 후 존속하는 법인이나 합병에 따라 설립되는 법인은 그 영업자의 지위를 승계한다. 또한 법 제39조 제2항 각 호[12])의 어느 하나에 해당하는 절차에 따라 영업 시설의 전부를 인수한 자는 그 영업자의 지위를 승계한다. "영업시설의 전부"는 그 영업을 하는데 필요한 기본적인 시설(영업을 하는데 필요한 작업장, 급수시설, 창고 등 식품위생법상 시설기준에서 정하는 모든 시설)을 의미한다. 따라서 영업장 소재 건물만을 인수한 경우에는 영업자 지위를 승계하였다고 볼 수 없다. 이 경우 종전의 영업자에 대한 영업 허가·등록 또는 그가 한 신고는 그 효력을 잃는다.

법 제39조 제1항 또는 제2항에 따라 그 영업자의 지위를 승계한 자는 총리령이 정하는 바에 따라 1개월 이내에 그 사실을 식품의약품안전처장 또는 특별자치시장·특별자치도지사·시장·군수·구청장에게 신고하여야 한다.[13]) 영업양도에 따른 지위승계신고를 수리하는 허가관청의 행위는, 단순히 양도인과 양수인 사이에 이미 발생한 사법상의 사업양도의 법률효과에 의하여 양수인이 그 영업을 승계하였다는 사실의 신고를 접수하는 행위에 그치는 것이 아니라, 실질에 있어서 양도자의 사업허가 등을 취소함과 아울러 양수자에게 적법하게 사업을 할 수 있는 권리를 설정하여 주는 행위로서 사업허가자 등의 변경이라는 법률효과를 발생시키는 행위라고 할 것이므로(대법원 1996. 10. 25. 선고 96도

---

12) 1. 「민사집행법」에 따른 경매 2. 「채무자 회생 및 파산에 관한 법률」에 따른 환가(換價) 3. 「국세징수법」, 「관세법」 또는 「지방세징수법」에 따른 압류재산의 매각 4. 그 밖에 제1호부터 제3호까지의 절차에 준하는 절차

13) 영업자의 변경이 있는 경우 승계절차 없이 자동적으로 영업자 변경이 이루어지지 않기 때문에, 영업자의 지위를 승계한 자는 규칙 제48조에 따라서 별지 제49호 서식의 영업자 지위승계 신고서에 영업신고증, 양도양수를 증명할 수 있는 서류 사본 등을 첨부하여 신고관청에 제출하여야 한다. 법 제39조 제1항 및 제2항에 따른 승계에 관하여는 제38조를 준용한다. 다만, 상속인이 제38조 제1항 제8호에 해당하면 상속받은 날부터 3개월 동안은 그러하지 아니하다.

2165 판결, 대법원 2001. 2. 9. 선고 2000도2050 판결 등 참조), 위와 같은 영업양도가 있다고 볼 수 있는지의 여부는 영업양도로 인하여 영업자의 지위가 양수인에게 승계되어 양도인에 대한 사업허가 등이 취소되는 효과가 발생함을 염두에 두고, 양수인이 유기적으로 조직화된 수익의 원천으로서의 기능적 재산을 이전받아 양도인이 하던 것과 같은 영업적 활동을 계속하고 있다고 볼 수 있는지의 여부에 따라 판단되어야 한다(대법원 2005. 7. 22. 선고 2005다602 판결, 대법원 2010. 9. 30. 선고 2010다35138 판결 등 참조).

영업자의 지위를 승계하고도 그 사실을 신고하지 않은 자는 3년 이하의 징역 또는 3천만원 이하의 벌금에 처한다(법 제97조 제1호).

제4절 건강진단, 식품위생교육, 실적보고

Ⅰ. 건강진단

1. 건강검진 대상자

총리령으로 정하는 영업자 및 그 종업원은 매년 1회[14] 건강진단을 받아야 한다. 다만, 다른 법령에 따라 같은 내용의 건강진단을 받는 경우에는 이 법에 따른 건강진단을 받은 것으로 본다. 이에 따라 건강진단을 받아야 하는 사람은 식품 또는 식품첨가물(화학적 합성품 또는 기구 등의 살균·소독제는 제외한다)을 채취·제조·가공·조리·저장·운반 또는 판매하는 일에 직접 종사하는 영업자 및 종업원이다. 다만, 완전 포장된 식품 또는 식품첨가물을 운반하거나 판매하는 일에 종사하는 사람은 제외된다. 건강진단을 받아야 하는 영업자 및 그 종업원은 영업 시작 전 또는 영업에 종사하기 전에 미리 건강진단을 받아야 한다(규칙 제49조).

---

14) 건강진단 검진을 받은 날로부터 1년 이내를 의미한다.

2. 건강검진 결과 부적격자

건강진단을 받은 결과 타인에게 위해를 끼칠 우려가 있는 질병이 있다고 인정된 자는 그 영업에 종사하지 못하며, 영업자는 건강진단을 받지 아니한 자나 건강진단 결과 타인에게 위해를 끼칠 우려가 있는 질병이 있는 자를 그 영업에 종사시키지 못한다. 여기서 타인에게 위해를 끼칠 우려가 있는 질병이란, 1. 「감염병의 예방 및 관리에 관한 법률」 제2조 제2호에 따른 제1군감염병, 2. 「감염병의 예방 및 관리에 관한 법률」 제2조 제4호 나목에 따른 결핵(비감염성인 경우는 제외한다), 3. 피부병 또는 그 밖의 화농성(化膿性)질환, 4. 후천성면역결핍증(「감염병의 예방 및 관리에 관한 법률」 제19조에 따라 성병에 관한 건강진단을 받아야 하는 영업에 종사하는 사람만 해당한다)을 말한다.

3. 과태료

법 제40조 제1항을 위반하여 건강검진을 받지 않은 자와 제3항을 위반하여 건강진단을 받은 결과 타인에게 위해를 끼칠 우려가 있는 질병이 있다고 인정되었음에도 영업에 종사시킨 자에게는 500만원 이하의 과태료를 부과한다(법 제101조 제2항 제1호).

II. 식품위생교육

1. 정기 식품위생교육

대통령령으로 정하는 영업자 및 유흥종사자를 둘 수 있는 식품접객업 영업자의 종업원은 매년 식품위생교육을 받아야 한다. 정기 식품위생교육 대상자에는 식품제조·가공업자, 즉석판매제조·가공업자, 식품첨가물제조업자, 식품운반업자, 식품소분·판매업자(식용얼음판매업자 및 식품자동판매기영업자는 제외), 식품보존업자, 용기·포장류제조업자, 식품접객업자와 령 제21조 제8호 라목에 정한 유흥주점업의 종업원이 포함된다. 유흥주점업의 경우에는 종업원(유흥종사자)도 매년 식품위생교육을 받아야 하는 점에 주의하여야 한다. 영업자는 특별한 사유가 없는 한 식품위생교육을 받지 아니한 자를 그 영업에 종사하게 하여서는 아니 된다.

2. 신규 식품위생교육

법 제36조 제1항 각 호에 따른 영업을 하려는 자는 미리 식품위생교육을 받아야 한다. 다만, 부득이한 사유로 미리 식품위생교육을 받을 수 없는 경우에는 영업을 시작한 뒤에 식품의약품안전처장이 정하는 바에 따라 식품위생교육을 받을 수 있다. 법 제41조 제1항의 식품위생교육에서 제외된 식용얼음판매업자 및 식품자동판매기영업자도 신규 식품위생교육을 받아야 한다. 다만 법 제41조 제4항 각호[15])의 면허를 받은 자가 제36조 제1항 제3호에 따른 식품접객업을 하려는 경우에는 신규 식품위생교육이 면제된다.

3. 식품위생에 관한 책임자 지정

식품위생교육을 받아야 하는 영업자가 영업에 직접 종사하지 아니하거나 두 곳 이상의 장소에서 영업을 하는 경우에는 종업원 중에서 식품위생에 관한 책임자를 지정하여 영업자 대신 교육을 받게 할 수 있다.

4. 과태료

법 제41조 제1항을 위반하여 정기 식품위생교육을 받지 아니한 자와 제5항을 위반하여 식품위생교육을 받지 아니한 자를 그 영업에 종사하게 한 자에게는 500만원 이하의 과태료를 부과한다(법 제101조 제2항 제1호).

Ⅲ. 실적보고

식품 또는 식품첨가물을 제조·가공하는 영업자는 총리령으로 정하는 바에

---

15) 1. 법 제53조에 따른 조리사 면허 2.「국민영양관리법」제15조에 따른 영양사 면허 3.「공중위생관리법」제6조의2에 따른 위생사 면허

따라 식품 및 식품첨가물을 생산한 실적 등을 해당 연도 종료 후 1개월 이내에 식품의약품안전처장 또는 시·도지사에게 보고하여야 한다.

법 제42조 제2항을 위반하여 보고를 하지 아니하거나 허위의 보고를 한 자에게는 500만원 이하의 과태료를 부과한다(법 제101조 제2항 제4호).

제5절 영업 제한

Ⅰ. 영업 제한

시·도지사는 영업 질서와 선량한 풍속을 유지하는 데에 필요한 경우에는 영업자 중 식품접객영업자와 그 종업원에 대하여 영업시간 및 영업행위를 제한할 수 있다. 제1항에 따른 제한 사항은 대통령령으로 정하는 범위에서 해당 시·도의 조례로 정한다. 특별시·광역시·특별자치시·도·특별자치도의 조례로 영업을 제한하는 경우에 영업시간의 제한은 1일당 8시간 이내로 제한된다(령 제28조).

법 제43조에 따른 영업제한을 위반한 자는 5년 이하의 징역 또는 5천만원 이하의 벌금에 처하거나 이를 병과할 수 있다(법 제95조 제3호).

Ⅱ. 영업자 등의 준수사항

1. 영업자의 준수사항

가. 적용대상

법 제36조 제1항 각 호의 영업을 하는 자 중 대통령령으로 정하는 영업자와 그 종업원은 영업의 위생관리와 질서유지, 국민의 보건위생 증진을 위하여 영업의 종류에 따라 법 제44조 제1항 각 호에 해당하는 사항을 지켜야 한다.16)

---

16) 구 식품위생법 제44조 제1항은 "식품접객영업자 등 대통령령으로 정하는 영업자와 그 종업원은 영업의 위생관리와 질서유지, 국민의 보건위생 증진을 위하여 총리령으로 정하는

준수사항 적용 대상자는 식품제조·가공업자(령 제21조 제1호), 즉석판매제조·가공업자(령 제21조 제2호), 식품첨가물제조업자(령 제21조 제3호), 식품운반업자(령 제21조 제4호), 식품소분·판매업자(령 제21조 제5호), 식품조사처리업자(령 제21조 제6호 가목), 식품접객업자(령 제21조 제8호)와 그 종업원이다.

나. 준수사항

(1) 「축산물 위생관리법」 제12조에 따른 검사를 받지 아니한 축산물 또는 실험 등의 용도로 사용한 동물은 운반·보관·진열·판매하거나 식품의 제조·가공에 사용하지 말 것

(2) 「야생생물 보호 및 관리에 관한 법률」을 위반하여 포획·채취한 야생생물은 이를 식품의 제조·가공에 사용하거나 판매하지 말 것

(3) 유통기한이 경과된 제품·식품 또는 그 원재료를 조리·판매의 목적으로 소분·운반·진열·보관하거나 이를 판매 또는 식품의 제조·가공에 사용하지 말 것

(4) 수돗물이 아닌 지하수 등을 먹는 물 또는 식품의 조리·세척 등에 사용하는 경우에는 「먹는물관리법」 제43조에 따른 먹는물 수질검사기관에서 총리령으로 정하는 바에 따라 검사를 받아 마시기에 적합하다고 인정된 물을 사용할 것. 다만, 둘 이상의 업소가 같은 건물에서 같은 수원(水源)을 사용하는 경우에는 하나의 업소에 대한 시험결과로 나머지 업소에 대한 검사를 갈음할 수 있다.

(5) 법 제15조 제2항에 따라 위해평가가 완료되기 전까지 일시적으로 금지된 식품 등을 제조·가공·판매·수입·사용 및 운반하지 말 것

(6) 식중독 발생 시 보관 또는 사용 중인 식품은 역학조사가 완료될 때까지 폐기하거나 소독 등으로 현장을 훼손하여서는 아니 되고 원상태로 보존하

사항을 지켜야 한다."라고 규정하고 있었다. 헌법재판소는 구 조항은 수범자와 준수사항을 모두 하위법령에 위임하면서도 위임될 내용에 대해 구체화하고 있지 아니하여 그 내용들을 전혀 예측할 수 없게 하고 있으므로, 포괄위임금지원칙에 위반된다는 이유로 위헌결정을 하였다[2016. 11. 24 자 2014헌가6, 2015헌가26(병합) 결정]. 한편, 헌법재판소의 위헌결정이 있기 전인 2016. 2. 3. 식품위생법 일부개정을 통하여 구체적인 준수사항들이 식품위생법 제44조로 편입되었다.

여야 하며, 식중독 원인규명을 위한 행위를 방해하지 말 것

(7) 손님을 꾀어서 끌어들이는 행위를 하지 말 것

(8) 그 밖에 영업의 원료관리, 제조공정 및 위생관리와 질서유지, 국민의 보건위생 증진 등을 위하여 총리령으로 정하는 사항[17]

다. 위반시 효과

(1) 형사 처벌

법 제44조 제1항에 따라 영업자가 지켜야 할 사항을 지키지 아니한 자는 3년 이하의 징역 또는 3천만원 이하의 벌금에 처한다(법 제97조 제6호).

(2) 과태료

다만, "총리령으로 정하는 경미한 사항"을 위반한 자는 500만원의 과태료가 부과된다(법 제101조). "총리령으로 정하는 경미한 사항"이란 아래의 어느 하나에 해당하는 경우를 말한다(규칙 제98조).

1) 령 제21조 제1호의 식품제조·가공업자가 식품광고 시 유통기한을 확인하여 제품을 구입하도록 권장하는 내용을 포함하지 아니한 경우

2) 령 제21조 제1호의 식품제조·가공업자 및 제21조 제5호의 식품소분·판매업자가 해당 식품 거래기록을 보관하지 아니한 경우

3) 령 제21조 제8호의 식품접객업자가 영업신고증 또는 영업허가증을 보관하지 아니한 경우

4) 령 제21조 제8호 라목의 유흥주점영업자가 종업원 명부를 비치·관리하지 아니한 경우

(3) 허가취소 등

법 제44조 제1항에 따라 영업자가 지켜야 할 사항을 위반한 경우에는 영업허가 또는 등록이 취소되거나 6개월 이내의 기간을 정하여 그 영업의 전부 또는 일부를 정지되거나 영업소 폐쇄명령을 받을 수 있다(법 제75조 제1항 제13호).

---

17) 이에 대하여는 규칙 제57조 및 [별표 17 식품접객업영업자 등의 준수사항] 참조.

2. 식품접객업자의 청소년 고용 등 금지

가. 적용대상

식품접객영업자는「청소년 보호법」제2조에 따른 청소년에게 다음의 어느 하나에 해당하는 행위를 하여서는 아니 된다.

나. 준수사항

(1) 청소년을 유흥접객원으로 고용하여 유흥행위를 하게 하는 행위

(2)「청소년 보호법」제2조 제5호 가목 3)에 따른 청소년출입·고용 금지 업소에 청소년을 출입시키거나 고용하는 행위

(3)「청소년 보호법」제2조 제5호 나목 3)에 따른 청소년고용금지업소에 청소년을 고용하는 행위

(4) 청소년에게 주류(酒類)를 제공하는 행위

나. 위반시 효과

(1) 형사 처벌

단란주점업과 유흥주점업은 청소년 보호법상 청소년 출입·고용금지업소에 해당한다. 그리고 휴게음식점영업으로서 주로 차 종류를 조리·판매하는 영업 중 종업원에게 영업장을 벗어나 차 종류 등을 배달·판매하게 하면서 소요시간에 따라 대가를 받게 하거나 이를 조장 또는 묵인하는 형태로 운영되는 영업과 일반음식점영업 중 음식류의 조리·판매보다는 주로 주류의 조리·판매를 목적으로 하는 소주방·호프·카페 등의 형태로 운영되는 영업은 청소년 고용금지업소에 해당한다. 청소년 출입·고용금지업소와 청소년 고용금지업소를 통틀어 청소년유해업소라고 칭한다. 청소년을 청소년유해업소에 고용한 자는 3년 이하의 징역 또는 3천만원 이하의 벌금에 처한다(청소년 보호법 제58조 제4호). 그리고 청소년을 청소년 출입·고용금지업소에 출입시킨 자는 2년 이하의 징역 또는 2천만원 이하의 벌금에 처한다(청소년 보호법 제59조 제8호).

주류는 청소년 보호법상 청소년유해약물에 해당한다. 청소년에게 주류를

판매하거나 영리를 목적으로 무상으로 제공한 자는 2년 이하의 징역 또는 2천
만원 이하의 벌금에 처한다(청소년 보호법 제59조 제6호).

(2) 허가취소 등

법 제44조 제2항에 따라 영업자가 지켜야 할 사항을 위반한 경우에는 영업
허가 또는 등록이 취소되거나 6개월 이내의 기간을 정하여 그 영업의 전부 또
는 일부를 정지되거나 영업소 폐쇄명령을 받을 수 있다(법 제75조 제1항 제13호).

3. 유흥접객행위 등의 금지

누구든지 영리를 목적으로 법 제36조 제1항 제3호의 식품접객업을 하는
장소(유흥종사자를 둘 수 있도록 대통령령으로 정하는 영업[18]을 하는 장소는 제외한다)
에서 손님과 함께 술을 마시거나 노래 또는 춤으로 손님의 유흥을 돋우는 접객
행위(공연을 목적으로 하는 가수, 악사, 댄서, 무용수 등이 하는 행위는 제외한다)를 하
거나 다른 사람에게 그 행위를 알선하여서는 아니 된다. 제3항에 따른 식품접
객영업자는 유흥종사자를 고용·알선하거나 호객행위를 하여서는 아니 된다.

가. 위반시 효과

(1) 형사 처벌

법 제44조 제3항을 위반하여 접객행위를 하거나 다른 사람에게 그 행위를 알
선한 자는 1년 이하의 징역 또는 1천만원 이하의 벌금에 처한다(법 제98조 제1호).

(2) 허가취소 등

법 제44조 제4항에 따라 영업자가 지켜야 할 사항을 위반한 경우에는 영업
허가 또는 등록이 취소되거나 6개월 이내의 기간을 정하여 그 영업의 전부 또
는 일부를 정지되거나 영업소 폐쇄명령을 받을 수 있다(법 제75조 제1항 제13호).

---

18) 법 제21조 제8호 라목의 유흥주점영업을 말한다.

제6절 위해식품 등의 회수 및 공표

I. 제정 배경

행정청에 대한 위해식품의 강제회수(강제폐기) 조항은 1962. 식품위생법 제정 당시부터 존재했다. 그 후 1995. 12. 29. 제31조의2로 영업자의 자진회수 노력 조항이 신설되었고, 2005. 1. 27. 현재의 법 제45조와 같은 형태의 조문으로 개정되었다.

II. 위해식품 등의 회수

회수의 종류에는 법 제45조의 자진회수와 법 제72조의 강제회수가 있다. 구체적인 절차는 다음 페이지의 그림과 같다.[19] 그림은 강제회수를 기준으로 작성한 것으로, 자진회수의 경우에는 회수명령을 요하지 않아 그 다음 단계부터의 조치들을 취하게 될 것이다.

1. 자진회수

자진회수의 대상자는 판매의 목적으로 식품 등을 제조·가공·소분·수입 또는 판매한 영업자(법 제45조 제1항 전단)[20]이다. 대상자가 해당 식품 등이 회수 대상에 해당하는 각 조항(법 제4조부터 제6조, 제7조 제4항, 제8조, 제9조 제4항, 제12조의2 제2항)을 위반한 사실을 알게 된 경우(식품 등의 위해가 관련이 없는 위반사항 제외)에는, 지체 없이 유통 중인 해당 식품 등을 회수하거나 회수하는 데에 필요한 조치를 하여야 하고(법 제45조 제1항 전단), 회수계획을 행정청[21]에 보고해야 한다(법 제45조 제1항 후단). 여기에서 "위반한 사실을 알게 된 경우"란 법 제

---

19) 「위해식품 회수지침」 제3장 회수절차에 첨부된 그림을 인용하였다.
20) 「수입식품안전관리 특별법」 제15조에 따라 등록한 수입식품 등 수입·판매업자를 포함한다.
21) 식품의약품안전처장, 시·도지사 또는 시장·군수·구청장. 단 수입식품 등을 수입한 사람은 식품의약품안전처장

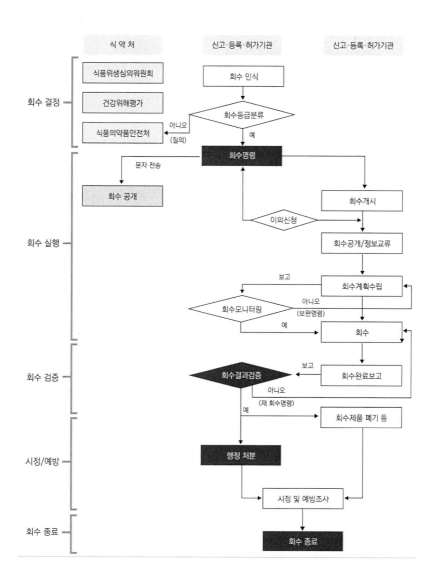

31조에 따른 자가품질검사 또는 「식품·의약품분야 시험·검사 등에 관한 법률」
제6조에 따른 식품 등 시험·검사기관의 위탁검사 결과 해당 식품 등이 제1항
에 따른 기준을 위반한 사실을 확인한 경우를 말한다(규칙 제58조 제2항). 이와
달리 영업자가 행정기관의 수거검사 및 회수명령을 통하여 비로소 위해식품

임을 알게 된 경우에는 이에 해당하지 않는다.[22] 자진회수 계획을 성실히 이행하면 이행 정도에 따라 행정처분이 감면될 수 있다(법 제45조 제2항, 령 제31조 각 호).

2. 강제회수

식품의약품안전처장, 시·도지사 또는 시장·군수·구청장은 제37조 제1항, 제4항 또는 제5항을 위반하여 허가받지 아니하거나 신고 또는 등록하지 아니하고 제조·가공·조리한 식품 또는 식품첨가물이나 여기에 사용한 기구 또는 용기·포장 등을 관계 공무원에게 압류하거나 폐기하게 할 수 있고(법 제72조 제2항), 식품위생상의 위해가 발생하였거나 발생할 우려가 있는 경우에는 영업자에게 유통 중인 해당 식품 등을 회수·폐기하게 하거나 해당 식품 등의 원료, 제조 방법, 성분 또는 그 배합 비율을 변경할 것을 명할 수 있다(법 제72조 제3항). 편의상 위 두 가지를 합하여 강제회수라고 한다.

3. 회수 절차

회수계획에는 시행규칙이 정하는 사항들이 포함되어야 하고(규칙 제59조 제1항),[23] 회수계획을 보고받으면 해당 행정청은 식약처장에게 회수계획을 통보하고(규칙 제59조 제2항 제1호),[24] 회수계획의 공포를 명하며(규칙 제59조 제2항 제2호, 제87조 제2항), 위반 사실 확인을 위한 검사를 해야 한다(규칙 제59조 제2항 제3호, 제87조 제2항). 위 공표명령을 받은 영업자는 해당 위해식품 등을 회수하고, 그 회수결과에 관하여 회수실적, 미회수량에 대한 조치계획, 재발 방지를 위한 대책 등을 포함하여 지체 없이 허가관청, 신고관청 또는 등록관청에 보고하여야 한다(규칙 제59조 제3항, 제87조 제2항).

---

22) 법제처 13-0124(2013. 4. 30.).
23) 규칙 제87조 제2항에 따라 강제회수의 경우에도 준용된다. 회수계획서의 자세한 서식은 「위해식품 회수지침」 별지 제1호 참조.
24) 시장·군수·구청장이 보고를 받으면 시·도지사를 거쳐야 한다.

4. 회수 대상

회수대상 식품은 자진회수와 강제회수 공통으로는 법 제4조 내지 법 제6조 및 제8조(위해식품 등, 병든 동물 고기 등, 기준·규격이 고시되지 아니한 화학적 합성품 등, 유독기구 등), 제7조 제4항 및 제9조 제4항(식품, 식품첨가물, 기구 및 용기·포장과 그 원재료에 대한 기준과 규격), 제12조의2 제2항(유전자변형식품 등) 등을 들 수 있고, 강제회수의 경우에는 법 제37조(영업 허가)를 위반한 경우에도 가능하다(법 제72조 제2항).25) 구체적인 대상은 시행규칙에서 정하고 있다(규칙 제58조 제1항, 별표 18).

이에 관하여 식품의약품안전처가 공무원들을 대상으로 발간한 '위해식품 회수지침'에 의하면 (강제) 회수대상 식품은 법 제72조 제3항의 규정에 따라 식품위생상의 위해가 발생하였거나 발생할 우려가 있다고 인정되는 식품으로 규정하고 있다.26) 회수등급은 1, 2, 3등급으로 구분한다.27) 등급별로는 회수명령의 통보방법 및 시한, 회수계획서 보고기한, 긴급 조치사항, 회수 및 검증 완료기간 등에 차이가 있다.28) 위해식품 등에 해당하는지 여부가 분명하지 않은 경우에는 위해평가(법 제15조 제1항, 령 제4조)29) 결과에 따라 결정된다.

5. 공표명령

식품위생에 관한 위해30)가 발생하거나, 법 제45조 제1항(자진회수)에 따른 회수계획을 보고받은 경우에는 영업자에 대하여 그 사실의 공표를 명할 수 있고, 식품위생에 관한 위해가 발생한 경우에는 반드시 공포를 명해야 한다(법 제73조 제1항).31) 공표명령을 받은 영업자는 일간신문 1개 이상에 공고문을 게시

---

25) 이는 위해식품에 대한 회수를 규정한 법 제72조 제3항과는 달리 관계 공무원이 법 제37조 위반 식품 등을 압류하거나 폐기할 수 있도록 한 규정이나, 해당 식품 등이 식품위생상의 위해가 발생하였거나 발생할 우려가 있는 경우에는 법 제72조 제3항에 따라 영업자로 하여금 회수할 수 있도록 한 것이다.

26) 「위해식품 회수지침」 제2장 2. 회수대상 식품

27) 「위해식품 회수지침」 제2장 3. 회수등급

28) 「위해식품 회수지침」 제3장 1. 다. 2), 2. 다. 2) 가), 라. 3), 3. 나. 4) 등.

29) 위해평가 결과는 인터넷 홈페이지 등에 공표할 수 있다(법 제15조의2 제1항, 령 제5조의2).

30) 제4조부터 제6조까지, 제7조 제4항, 제8조 또는 제9조 제4항 등을 위반하여 식품위생에 관한 위해가 발생하였다고 인정되는 때

하고, 식약처가 운영하는 홈페이지[32]에 등록 요청을 해야 한다.[33]

Ⅲ. 법 위반시 효과

1. 자진회수

자진회수에 관한 조치는 법 제45조 1항 전단의 회수 또는 회수에 필요한 조치와 같은 항 후단의 회수계획 및 회수결과 보고로 나뉜다. 전단과 후단은 처벌 조항,[34] 행정처분 기준[35]이 모두 다르다.

2. 강제회수 및 공표명령

강제회수 및 공표명령을 위반한 경우에는 5년 이하의 징역 또는 5천만원 이하의 벌금형에 처한다(법 제95조 4호, 제72조 제3항, 제73조 제1항).[36] 영업허가 기준에 위반한 식품 등의 폐기 등을 거부, 방해, 기피하는 경우에는 3년 이하, 3천만원 이하의 벌금형에 처한다(법 제97조 제2호, 72조 2항).[37] 강제회수의 경우 회수하지 않았음에도 회수한 것처럼 기망한 경우에는 영업취소 또는 영업정지 처분을 받을 수 있으며, 단순히 회수하지 않은 경우나 공표명령 위반의 경우에는 영업정지 처분을 받을 수 있다.[38][39]

---

31) 위에서 본 바와 같이 규칙 제59조 제2항 제2호에 의하면 회수계획을 보고받은 경우 그 회수계획을 공포하도록 명해야 한다고 규정하고 있다.

32) https://www.foodsafetykorea.go.kr/portal/fooddanger/suspension.do?menu_no=2713&menu_grp=MENU_NEW02

33) 법 제73조 제2항, 령 제51조 제1항.

34) 전단 위반은 5년 이하의 징역 또는 5천만원 이하의 벌금(법 제95조 제3호의2), 후단 위반은 1년 이하의 징역 또는 1천만원 이하의 벌금(법 제98조 제4호). 전단 위반은 양벌규정이 적용된다(법 제100조).

35) 1차부터 3차 위반까지를 기준으로 전단은 영업정지 2월~영업취소, 후단은 영업정지 1~3월. 다만 식품접객업자의 경우에는 이 부분에 대하여 별도의 행정처분 기준을 마련하고 있지 않다.

36) 양벌규정이 적용된다(법 제100조).

37) 양벌규정이 적용된다(법 제100조).

38) 법 제75조 제17호, 규칙 별표23 Ⅱ. 1.식품 제조·가공업 등 14., 15., 2. 식품판매업 등 11., 12.

39) 식품접객업자의 경우에는 회수 및 공표명령 위반에 대한 행정처분 기준이 별도로 마련되

제7절 식품 등의 이물발견 보고 등

Ⅰ. 제도의 도입 연혁 및 목적

2009. 식품위생법 전부 개정으로 도입된 제도이다. 당시 입법 목적은 소비자의 신고가 들어오면 보건당국에 즉시 알리도록 관련 법령을 정비하여 소비자 불만을 신속히 조사·처리하고, 재발을 방지하여 소비자 피해를 예방하며, 건전한 소비문화를 정착시킬 필요가 있다는 것이었다. 이에 소비자로부터 이물 검출 등 불만사례 등을 신고받는 경우 식품의약품안전청장이 정한 기준·절차 및 방법에 따라 식품의약품안전청장, 시·도지사 또는 시장·군수·구청장에게 신속히 보고할 의무를 영업자에게 부여하는 등의 내용으로 위 제도가 도입되었다.

Ⅱ. 이물의 정의

식품의 제조·가공·조리·유통과정에서 정상적으로 사용된 원료 또는 재료가 아닌 것으로서 섭취할 때 위생상 위해가 발생할 우려가 있거나 섭취하기에 부적합한 물질을 말한다(법 제46조 제1항). 규칙은 ① 금속성 이물, 유리조각 등 섭취과정에서 인체에 직접적인 위해나 손상을 줄 수 있는 재질 또는 크기의 물질, ② 기생충 및 그 알, 동물의 사체 등 섭취과정에서 혐오감을 줄 수 있는 물질, ③ 그 밖에 인체의 건강을 해칠 우려가 있거나 섭취하기에 부적합한 물질로서 식품의약품안전처장이 인정하는 물질에 해당하는 것으로 규정하였고, 세부사항은 식품의약품안전처가 고시로 정한다.[40][41] 법 제7조에 따라 식품의 기준 및 규격에서 정한 경우로서 다른 식물이나 원료식물의 표피 또는 토사 등과

어 있지 않아 규칙 별표 23 Ⅱ. 3. 식품접객업 15.에 따라 의율될 것으로 보인다.

40) 규칙 제60조 제1항, 제4항. 「보고 대상 이물의 범위와 조사·절차 등에 관한 규정」 제3조.

41) 섭취 과정에서 혐오감을 줄 수 있는 이물 중 '쥐 등 동물의 사체'(「보고 대상 이물의 범위와 조사·절차 등에 관한 규정」 제3조 제2호 가목)는 쥐 등 설치류, 지렁이, 도마뱀, 개구리 등 식품의 원료로 사용할 수 없는 동물을 의미한다(http://www.foodsafetykorea.go.kr/portal/safefoodlife/food/authIntpFaqClCdDetail. do?faq_seq=186)

같이 실제에 있어 정상적인 제조·가공상 완전히 제거되지 아니하고 잔존하는 경우의 이물로서 그 양이 석고 일반적으로 인체의 건강을 해할 우려가 없는 것은 이물에 해당하지 않는다.[42]

이물은 육안으로 식별 가능하고 식품과 직접 접촉하고 있어야 하므로,[43] 제품의 포장에 있는 물질이거나 단순히 이물감을 느끼거나 이물이 있다고 의심하는 경우에는 보고 대상에 해당하지 않는다.[44][45] 마찬가지로 고치실, 탈피각 등 서식 흔적만 발견되어 곤충의 종류 및 혼입 시기를 특정할 수 없는 경우에도 보고하지 않아도 된다.[46]

Ⅲ. 이물발견 보고 및 통보

1. 보고 및 통보 의무자

보고 대상 영업자는 식품제조·가공업자, 식품첨가물제조업자, 식품소분업자, 유통전문판매업자, 수입식품 등 수입·판매업자이며, 이를 제외한 영업자{식품접객업(음식점 등), 즉석판매제조·가공업, 기타식품판매업 영업자 등}는 이물보고를 하지 않아도 된다.[47] A 업체가 B 업체에 위탁하여 제조한 제품의 경우에는 제품에 대한 품질관리 등에 대해서는 A 업체가 B 업체의 위생관리 상태 등을 점검하도록 규정되어 있으므로 이물 발견 보고 의무자도 A 업체가 된다.[48] 소비

---

42) 「보고 대상 이물의 범위와 조사·절차 등에 관한 규정」 제2조 제1호 단서.

43) 「보고 대상 이물의 범위와 조사·절차 등에 관한 규정」 제3조.

44) http://www.foodsafetykorea.go.kr/portal/safefoodlife/food/authiIntpFaqClCdDetail. do?faq_seq=185

45) 예를 들어 실, 머리카락, 비닐, 종이, 담배꽁초, 치아, 곰팡이, 부유물, 동물의 뼛조각, 수산물 껍질·가시·혈대, 제조과정 또는 유통중에 원료성분의 변화 등으로 발생하여 침전·응고되거나 뭉쳐있는 형태의 이물, 식품 등의 제조·가공과정 중 발생한 탄화물 등이 있다. 「식품 이물관리 업무매뉴얼」, 식품의약품안전처, 11면.

46) http://www.foodsafetykorea.go.kr/portal/safefoodlife/food/authiIntpFaqClCdDetail.do?faq_ seq=187

47) 법 제46조 제1항, 규칙 제60조 제2항, 「보고 대상 이물의 범위와 조사·절차 등에 관한 규정」 제4조 각 호.

48) http://www.foodsafetykorea.go.kr/portal/safefoodlife/food/authiIntpFaqClCdDetail.do?faq_seq =189

자가 이물 관련 불만사항(동일한 내용)을 제조업체와 유통전문판매업체로 모두 신고한 경우, 소비자 신고를 먼저 접수한 업체에서 관할 행정기관에 보고하여야 하며, 제조 또는 유통전문판매업체 중 1개 업체가 행정기관에 먼저 보고한 경우 나머지 업체는 보고를 하지 않아도 된다.[49]

한국소비자원이나 소비자단체는 소비자로부터 이물 발견의 신고를 접수하는 경우 지체 없이 이를 식품의약품안전처장에게 통보하여야 하고(법 제46조 제2항), 시·도지사 또는 시장·군수·구청장은 소비자로부터 이물 발견의 신고를 접수하는 경우 이를 식품의약품안전처장에게 통보하여야 한다(법 제46조 제3항).

2. 보고 기한

소비자로부터 이물 발견사실을 신고(전화, 전자문서 등 포함)받은 날부터 7일 이내(토요일 및 법정공휴일 제외)에 정해진 양식에 따라 조사기관에 보고하여야 한다.[50]

3. 보고, 통보 방법 및 절차

보고 대상 영업자는 이물보고서에 사진, 해당 식품 등 증거자료를 첨부하여 관할 지방식품의약품안전청장, 시·도지사 또는 시장·군수·구청장에게 제출하여야 한다(규칙 제60조 제2항). 관할 지방식품의약품안전청장, 시·도지사 또는 시장·군수·구청장이 보고를 받은 경우에는 이물의 종류에 따라 정해진 기간 내에 식품의약품안전처장에게 통보하여야 한다(규칙 제60조 제3항).

보고 상황을 제한하고 있지 않으므로, 기업체가 개인소비자에게 판매한 제품뿐만 아니라 기업체와 기업체간 거래된 제품에서 이물이 발견된 경우도 보고 대상에 해당된다.[51] 소비자가 신고한 이물이 보고 대상 이물에 해당하는 경우에는 소비자와의 피해보상 등 해결 여부와 관계없이 보고하여야 한다.[52]

---

49) http://www.foodsafetykorea.go.kr/portal/safefoodlife/food/authiIntpFaqClCdDetail.do?faq_seq=192
50) 「보고 대상 이물의 범위와 조사·절차 등에 관한 규정」 제5조 제1항, 별지 제1호.
51) http://www.foodsafetykorea.go.kr/portal/safefoodlife/food/authiIntpFaqClCdDetail.do?faq_seq=188
52) http://www.foodsafetykorea.go.kr/portal/safefoodlife/food/authiIntpFaqClCdDetail.do?faq_seq=197

소비자가 이후 착오였다고 인정하였더라도 영업자는 소비자의 인정 여부와 관계없이 보고를 하되, 보고자 의견에 소비자가 이물 혼입 원인을 이해하고 인정한 사실을 작성하면 조사기관에서 해당사실 확인 후 오인신고로 종결 처리할 수 있다.[53]

　　다만 이물 또는 증거제품(포장지 포함)이 없는 경우, 유통기한이 지난 제품을 신고한 경우(개봉된 제품에 한함), 이물 발견 후 10일 이상 지난 제품을 신고한 경우(개봉된 제품에 한함)에는 보고하지 않아도 된다.[54] 이물, 증거제품, 포장지의 유무에 따라 보고 의무가 나뉘게 된다.[55] 원인조사가 완료될 때까지는 이물 등 증거품을 보관하여야 하나, 원인조사가 종결된 후 소비자가 증거품 반환을 요구하는 경우에는 반환할 수 있다.[56]

　　소비자가 증거품을 제공하기로 한 사실이 명백하다면 기한 내에 보고는 하되, 이물 수거가 늦어지는 사유에 대하여 보고자 의견에 기재하여야 한다.[57]

　　이물의 종류를 육안으로 확정짓기 어려울 경우에는 우선 소비자가 주장하는 이물의 종류를 기준으로 우선 보고해야 하나, 보고기한 내에 해당이물이 보고대상 이물에 해당하지 않는다는 것이 명백히 입증된 경우에는 보고하지 않을 수 있다.[58] 소비자가 개인 정보 공개를 원하지 않는 경우에는 소비자 정보를 임의로 기재하여 접수하거나 조사기관으로 직접 서면보고 할 수 있다.[59]

　　보고의무자는 이물이 검출되지 아니하도록 필요한 조치를 하여야 하고, 소비자로부터 이물 검출 등 불만사례 등을 신고 받은 경우 그 내용을 기록하여 2년간 보관하여야 하며, 소비자가 제시한 이물과 증거품(사진, 해당식품 등)은 6개월

---

53) http://www.foodsafetykorea.go.kr/portal/safefoodlife/food/authiIntpFaqClCdDetail.do?faq_seq=196

54) 「보고 대상 이물의 범위와 조사·절차 등에 관한 규정」 제5조 제2항.

55) 자세한 사항은 「식품 이물관리 업무매뉴얼」 14면 참조.

56) http://www.foodsafetykorea.go.kr/portal/safefoodlife/food/authiIntpFaqClCdDetail.do?faq_seq=195

57) http://www.foodsafetykorea.go.kr/portal/safefoodlife/food/authiIntpFaqClCdDetail.do?faq_seq=191

58) http://www.foodsafetykorea.go.kr/portal/safefoodlife/food/authiIntpFaqClCdDetail.do?faq_seq=190

59) http://www.foodsafetykorea.go.kr/portal/safefoodlife/food/authiIntpFaqClCdDetail.do?faq_seq=193

간 보관하여야 한다. 다만, 부패·변질될 우려가 있는 이물 또는 증거품은 2개
월간 보관할 수 있다(법 제44조 제1항, 시행규칙 제57조).[60] 이 의무는 소비자가 신
고한 이물이 보고 대상이 아닌 경우에도 적용된다.[61]

Ⅳ. 이물 원인조사

이물 원인조사는 이물의 종류에 따라 제조(수입)업소 소재지 관할기관 또
는 지방식품의약품안전청장에서 주관한다.[62] 이물 분석 여부는 조사기관에서
결정하며 해당 업체에서는 이물이 훼손되지 않도록 주의하여 조사기관에 제공
하여야 한다.[63] 영업자가 보고한 경우에는 소비자 의사와 관계 없이 반드시 원
인조사를 실시하는 것을 원칙으로 하고 있다.[64] 조사기관은 보고된 내용을 접
수한 날부터 7일 이내(토요일 및 법정 공휴일은 제외한다)에 신속하게 원인조사를
실시하여야 하나, 추가조사나 성분분석 등의 특별한 사유로 조사에 상당한 시
간이 소요되는 때에는 이를 연장할 수 있다.[65] A업체가 B업체에 위탁하여 제
조한 제품의 경우에는 이물 혼입 원인조사는 동 제품을 실제 제조·가공한 수
탁자인 B업체를 조사하게 된다.[66]

조사는 영업자가 제출한 이물과 증거제품 및 이물보고서를 확인하고, 과
거 2년 이내의 이물 클레임 여부, 제품 및 이물 정보, 제조환경, 원료 및 완제
품 보관관리, 원료사용 및 제조과정, 종사자 위생 관리, 주변환경, 품질관리 등
의 사항에 대하여 조사하게 된다.[67] 참고로 수입식품에 대한 제조공정 조사는

---

60) 단, 이물이 검출되지 아니하도록 필요할 조치를 하여야 할 의무는 식품 제조·가공업자,
   식품첨가물제조업자에게만 있다.
61) http://www.foodsafetykorea.go.kr/portal/safefoodlife/food/authiIntpFaqClCdDetail.do?faq_seq=
   194
62) 「보고 대상 이물의 범위와 조사·절차 등에 관한 규정」 제6조 제1항, 제2항.
63) http://www.foodsafetykorea.go.kr/portal/safefoodlife/food/authiIntpFaqClCdDetail.do?faq_seq=198
64) 자세한 사항은 「식품 이물관리 업무매뉴얼」 24면.
65) 「보고 대상 이물의 범위와 조사·절차 등에 관한 규정」 제6조 제3항.
66) http://www.foodsafetykorea.go.kr/portal/safefoodlife/food/authiIntpFaqClCdDetail.do?faq_seq=189
67) 「보고 대상 이물의 범위와 조사·절차 등에 관한 규정」 제6조 제4항 별표 2. 자세한 사항
   은 「식품 이물관리 업무매뉴얼」 24면~25면 참조.

조사기관에서 직접 현장조사를 실시하기 어렵기 때문에 수입업자를 통해 해외 제조업소의 제조공정, 이물 선별방법 등에 대한 증빙자료를 제출토록 요청하고 이를 토대로 제조단계 혼입여부를 판단하게 된다.[68]

원인조사 과정에서 위반사실이 발견되는 경우 조사기관은 영업자에게 확인서를 징구하는 것을 원칙으로 하고 있다.[69] 행정청이 현장조사를 실시하는 과정에서 조사상대방으로부터 구체적인 위반사실을 자인하는 내용의 확인서를 작성받았다면, 그 확인서가 작성자의 의사에 반하여 강제로 작성되었거나 또는 내용의 미비 등으로 구체적인 사실에 대한 증명자료로 삼기 어렵다는 등의 특별한 사정이 없는 한 그 확인서의 증거가치를 쉽게 부정할 수 없다는 것이 판례의 입장이므로(대법원 2017. 7. 11. 선고 2015두2864 판결 등), 영업자로서는 확인서 작성에 신중을 기하여야 할 것이다.

V. 원인조사 결과 통보 및 이의신청

원인조사 결과 조사기관은 제조단계 혼입, 제조단계 미혼입, 유통단계 혼입, 오인신고, 조사불가, 판정불가 등으로 판정하여 신고한 소비자와 보고한 영업자에게 회신하게 된다.[70] 영업자보고와 소비자신고가 중복된 경우에는 소비자신고에 대해서만 회신하고, 소비자가 회신을 원하지 않으면 회신하지 않을 수 있다.[71] 영업자 또는 소비자가 조사기관이 실시한 이물 혼입 원인조사 결과에 관하여 이의가 있을 때에는 조사기관으로부터 원인조사 결과를 회신받은 날부터 30일 이내에 식품의약품안전처장에게 그 사유 및 증빙자료 등을 첨부하여 조사결과에 대해 평가를 요청할 수 있다.[72] 식품의약품안전처장은 조사방법의 객관성 및 적절성 등을 검토하여 재조사를 실시하게 할 수 있으며, 재조

---

68) 「식품 이물관리 업무매뉴얼」 25면.
69) 「식품 이물관리 업무매뉴얼」 28~31면.
70) 「보고 대상 이물의 범위와 조사·절차 등에 관한 규정」 제6조 제4항 별표 2, 「식품 이물관리 업무매뉴얼」 26면.
71) 「식품 이물관리 업무매뉴얼」 26면.
72) 「보고 대상 이물의 범위와 조사·절차 등에 관한 규정」 제7조 제1항, 제2항.

사를 요청받은 조사기관은 지체없이 재조사를 실시한 후 그 결과를 식품의약품안전처장에게 보고하여야 한다.[73] 식품의약품안전처장은 위와 같은 요청이 있거나 원인조사에 대한 과학적이고 객관적인 자문이 필요하다고 판단하는 경우에는 공무원, 학계, 소비자단체 등으로 구성된 이물전문가자문단을 구성하고 이를 통하여 원인조사 결과를 평가할 수 있다.[74]

Ⅵ. 처 분

소비자로부터 이물 검출 등 불만사례 등을 신고받은 영업자가 식품의약품안전청장, 시·도지사 등에게 거짓으로 보고하면 1년 이하의 징역 또는 300만원 이하의 벌금에 처하고(법 제98조 제2호), 소비자로부터 신고를 받고도 보고를 하지 아니한 때에는 300만원 이하의 과태료를 부과한다(법 제101조 제3항 제3호). 과태료는 보고해야 하는 건(이물)별로 계산하고 있다.[75] 이물의 발견을 거짓으로 신고한 경우에도 1년 이하의 징역 또는 300만원 이하의 벌금에 처한다(법 제98조 제3호).[76]

2년 간의 신고 기록 보관 및 6개월(부패 등 우려가 있으면 2개월)간의 이물, 증거품 보관 의무를 위반한 경우에는 영업자 준수 의무 위반으로 행정처분된다(법 제44조).[77]

이물 혼입에 대해서는 법 제7조 위반으로 위반사항에 따라 행정처분된다.[78] 보고대상이 아닌 이물이라도 제조과정에서 혼입된 경우에는 법 제7조 위반으로 행정처분될 수 있다.[79] 유통전문판매업자가 판매하는 식품 등에서 이물

---

73) 「보고 대상 이물의 범위와 조사·절차 등에 관한 규정」 제7조 제3항.
74) 「보고 대상 이물의 범위와 조사·절차 등에 관한 규정」 제7조 제4항.
75) 「식품 이물관리 업무매뉴얼」 7면.
76) 령 제67조 별표 2 2. 파.는 보고를 하지 아니한 경우뿐만 아니라 지체한 경우에도 과태료를 부과하고 있다.
77) 수입업자 등에 대해서는 수입식품안전관리특별법 제18조.
78) 구체적인 기준과 사례는 「식품 이물관리 업무매뉴얼」 8면 참조.
79) http://www.foodsafetykorea.go.kr/portal/safefoodlife/food/authiIntpFaqClCdDetail.do?faq_seq=199

이 혼입된 경우로서, 그 위반행위의 원인제공자가 해당 식품 등을 제조·가공한 영업자인 경우에는 해당 식품 등을 제조·가공한 영업자와 해당 유통전문판매영업자에 대하여 함께 처분한다.[80]

소비자로부터 접수한 이물혼입 불만사례 등을 지체 없이 보고한 영업자의 경우 영업자가 검출된 이물의 발생방지를 위하여 시설 및 작업공정 개선, 직원교육 등 시정조치를 성실히 수행하였다고 관할 행정기관이 평가하고, 이물을 검출할 수 있는 장비의 기술적 한계 등의 사유로 이물 혼입이 불가피하였다고 식약처 등 관할 행정기관의 장이 인정하는 경우에 모두 해당하는 때에는 위반 차수에 관계없이 시정명령 처분한다.[81]

위반행위의 횟수에 따른 행정처분 기준은 최근 1년간 같은 위반행위를 한 경우에 적용하며, 식품 등에 이물이 혼입되어 위반한 경우에는 같은 품목에서 같은 종류의 재질의 이물이 발견된 경우에 적용하도록 규정되어 있다.[82] 예를 들어 이전에 적발된 품목이 식품이었다면 차회 같은 종류의 재질의 이물이 발견되면 식품의 종류에 상관 없이 2차 처분 대상이 된다.[83] 최근 1년간의 기준은 같은 위반사항의 행정처분일과 그 처분 후 재적발일을 기준으로 한다.[84]

제8절 위생등급

I. 도입 배경

식품 등에 감독·단속에 관한 규제를 보다 더 강화하려는 차원에서 1973. 법 개정 당시 위생등급제가 도입되었다.[85] 위생등급 기준에 따라 위생관리 상태 등이 우수한 식품 등의 제조·가공업소, 식품접객업소 또는 집단급식소를

---

80) 규칙 제89조 별표 23 I. 11. 단서
81) 규칙 제89조 별표 23 I. 16.
82) 규칙 제89조 별표 23 I. 5.
83) 규칙 제89조 별표 23 I. 5.
84) 규칙 제89조 별표 23 I. 6.
85) 1973. 2. 16., 일부개정 사유 참조. 현행 법 제47조.

우수업소 또는 모범업소로 지정할 수 있는 것을 내용으로 한다(법 제47조 제1항). 그중 일반음식점영업은 지자체장이 지정권자로서(규칙 제61조 제1항 제2호) 모범업소와 일반업소로 구분된다(규칙 제61조 제2항).

　　하지만 일반음식점에 대해서는 지자체별로 조례에 따라 자율적으로 정한 인증이 병존하였고, 인증 과정이 부실하다거나 사후 관리도 미흡하다는 지적이 있었다.[86] 이에 따라 식생활 패턴 변화에 따른 외식산업의 증가로 먹을거리 안전 확보 차원에서 음식점에 대한 위생 강화가 필요하고, 지자체별로 위생과는 무관한 음식점 인증이 남발되어 소비자의 혼란을 야기할 우려가 있어 음식점의 위생수준을 객관적으로 평가할 수 있는 통일된 음식점 인증제도가 요구되었다.[87] 이에 2012.부터 제도 개선 방안이 추진되었고,[88] 2015. 5. 18. 법 개정으로 식품접객업소의 위생등급 지정 제도(음식점 위생등급제)가 도입되어, 2017. 5. 19.부터 시행되었다(법 제47조의2). 도입 목적은 음식점의 위생수준을 객관적으로 평가할 수 있는 음식점 위생등급제를 도입하여 음식점 간 자율경쟁을 통하여 음식점의 위생수준을 높이고 음식점의 위생에 대한 국민의 신뢰를 얻고자 하는 것이다.[89]

　　위 법 개정에도 불구하고 일반음식점에 대해서도 계속 기존의 위생등급 제도가 적용되나, 정부는 일반음식점에 대해서는 기존의 위생등급 제도(법 제47조) 및 지자체 인증 제도에서 음식점 위생등급제로 전환하는 것을 추진하고 있다.[90] 아래에서는 기존의 위생등급 제도에 대해서는 일반음식점 부분의 설명은 생략하기로 한다.

---

86) 국민권익위원회, 지방자치단체 인증 음식점 선정 및 관리체계 개선, 2014. 11., 1면.
87) 2015. 5. 18. 일부개정 사유 참조.
88) 식품의약품안전처, 2016년도 음식점 위생등급제 및 나트륨 저감화 정책설명회 자료 14면.
89) 2015. 5. 18. 일부개정 사유 참조.
90) 식품의약품안전처, 2016년도 음식점 위생등급제 및 나트륨 저감화 정책설명회 자료 19~20면.

II. 제도의 개요

1. 위생 등

위생관리 상태 등이 우수한 식품 등의 제조·가공업소, 집단급식소를 대상으로 식품제조·가공업 및 식품첨가물제조업은 우수업소와 일반업소로 구분하고, 집단급식소는 모범업소와 일반업소로 구분한다(규칙 제61조 제2항). 등급결정의 기준은 우수업소·모범업소의 지정기준에 따른다.[91]

지정권자는 우수업소(식품제조·가공업 및 식품첨가물제조업)에 대해서는 식약처장 및 지자체장이고, 모범업소(집단급식소)에 대해서는 지자체장이다(법 제47조 제1항, 규칙 제61조 제1항). 우수업소 또는 모범업소로 지정된 업소에 대하여는 해당 업소에서 생산한 식품 또는 식품첨가물에 우수업소 로고를 표시하게 하거나 해당 업소의 외부 또는 내부에 모범업소 표지판을 붙이게 할 수 있으며, 우수업소 또는 모범업소로 지정된 날부터 2년 동안은 출입·검사를 하지 아니할 수 있다(법 제47조 제2항, 규칙 제61조 제3항).[92] 시·도지사 또는 시장·군수·구청장은 우수업소 또는 모범업소에 대하여 영업자의 위생관리시설 및 위생설비시설 개선을 위한 융자 사업(법 제89조 제3항 제1호)과 음식문화 개선과 좋은 식단 실천을 위한 사업(법 제89조 제3항 제6호)에 대하여 우선 지원 등을 할 수 있다(법 제47조 제2항 후단).

식품의약품안전처장 또는 특별자치시장·특별자치도지사·시장·군수·구청장은 제1항에 따라 우수업소 또는 모범업소로 지정된 업소가 그 지정기준에 미치지 못하거나 영업정지 이상의 행정처분을 받게 되면 지체 없이 그 지정을 취소하여야 한다(법 제47조 제3항). 이 경우 우수업소 또는 모범업소 지정증, 표지판을 회수하고 지원을 중지해야 하며, 영업자는 지정증 및 표지판을 지체없이 반납해야 한다(규칙 제61조 제4항, 제5항).

---

91) 규칙 별표 19, 모범업소에 대해서는 「모범업소 지정 및 운영관리 규정」(식품의약품안전처 고시)이 있다.

92) 단 시정명령, 시설개수명령, 징역 또는 벌금형, 과태료 부과처분을 받은 업자가 운영하는 경우는 제외된다(각 호).

2. 음식점 위생등급제

일반음식점 영업자는 식품의약품안전처장, 시·도지사 또는 시장·군수·구
청장 중 1개 기관에 신청하여 식품의약품안전처장이 고시[93]하는 식품접객업의
위생등급 평가 기준에 따라 위생등급 평가를 받을 수 있다(법 제47조의2 제1항,
제2항, 규칙 제61조의2 제1항). 위생등급은 매우 우수, 우수, 좋음 3등급으로 되어
있으며,[94] 등급별로 기본분야, 일반분야, 공통분야의 세부 항목을 평가하며 평
가 항목과 수에 차이가 있다.[95] 영업자는 자율평가 결과를 첨부하여 3등급 중
신청하고자 하는 등급을 선택하여 신청한다.[96]

신청을 받으면 지정기관은 스스로 평가하거나 한국식품안전관리인증원에
위탁평가할 수 있으나[97] 실무적으로는 위탁평가로 이루어지는 것으로 보인다.
어느 경우이든 소정의 훈련을 받고 식약처로부터 지정을 받은 지정기관의 식
품위생 관계 공무원 또는 평가기관의 위생등급 평가 관련직원, 소비자식품위생
감시원(법 제33조)이 평가단을 구성하되, 소비자식품위생감시원의 경우는 참여
가 어려우면 지정기관 공무원 또는 평가기관 직원으로 대체할 수 있다.[98]

평가 결과 적합하면 평가결과를 지정기관에 송부하고, 지정기관은 그 결
과에 따라 등급이 지정되면 영업자에게 지정서와 표지판을 교부한다.[99] 만약
평가결과가 신청인이 희망하는 위생등급 기준에 미달하는 경우 지정기관은 등
급 지정을 보류하고 식품접객업소 위생등급 보류 통보서를 신청인에게 통보하
여야 한다.[100] 보류 통보서를 받을 경우 통보서를 받은 날부터 60일 이내에 재

---

93) 「음식점 위생등급 지정 및 운영관리 규정」.
94) 「음식점 위생등급 지정 및 운영관리 규정」 제4조 별표 1.
95) 「음식점 위생등급 지정 및 운영관리 규정」 별표 1의 1 내지 3. 기본분야는 전 항목을
   만족해야 하고, 일반분야는 항목별로 점수를 산정하여 합계 점수를 100점 만점으로 환
   산한 후 공통분야에서 가점 또는 감점을 하게 된다. 등급별로 85점 이상이면 해당 등급
   으로 지정된다.
96) 법 제61조의2 제1항, 「음식점 위생등급 지정 및 운영관리 규정」 제7조 별표 2.
97) 「음식점 위생등급 지정 및 운영관리 규정」 제5조 내지 제7조.
98) 「음식점 위생등급 지정 및 운영관리 규정」 제5조, 제6조.
99) 「음식점 위생등급 지정 및 운영관리 규정」 제7조 제3항 내지 제5항.
100) 「음식점 위생등급 지정 및 운영관리 규정」 제8조 제1항.

평가를 신청할 수 있으나, 재평가 신청은 최초 신청일로부터 6개월 이내에 2번에 한한다.[101] 지정 보류 통보를 받은 날로부터 6개월이 지난 경우에는 다시 평가를 신청할 수 있다.[102]

식품의약품안전처장, 시·도지사 또는 시장·군수·구청장은 위생등급 지정 결과를 지정기관 인터넷 홈페이지에 공표할 수 있다(법 제47조의2 제3항, 규칙 제61조의2 제3항). 위생등급을 지정받은 식품접객영업자는 위생등급 표지판을 그 영업장의 주된 출입구 또는 소비자가 잘 볼 수 있는 장소에 부착하는 방법으로 표시하여야 하며, 이를 광고할 수 있다(법 제47조의2 제4항, 규칙 제61조의2 제4항).

위생등급의 유효기간은 2년이며, 이를 연장하고자 할 때에는 기간 만료일부터 60일 이내에 연장신청을 해야 한다(법 제47조의2 제5항, 규칙 제61조의3 제1항). 위생등급 지정을 받은 후 기준에 미달하게 된 경우, 위생등급을 표시하지 아니하거나 허위로 표시·광고하는 경우, 영업정지 이상의 행정처분을 받은 경우, 거짓 또는 그 밖의 부정한 방법으로 위생등급을 지정받은 경우에는 그 지정을 취소하거나 시정을 명할 수 있다(법 제47조의2 제6항, 규칙 제61조의3 제3항).

위생등급 지정을 받았거나 받으려는 식품접객영업자는 지정기관으로부터 위생등급 지정에 관한 교육과 위생등급 지정 등에 필요한 검사 등 필요한 기술적 지원을 받을 수 있고(법 제47조의2 제7항, 규칙 제61조의3 제4항), 위생등급을 지정받은 식품접객업소는 출입·검사·수거 등을 2년 동안 받지 않을 수 있으며(법 제47조의2 제8항, 규칙 제61조의3 제5항), 시·도지사 또는 시장·군수·구청장은 식품진흥기금을 영업자의 위생관리시설 및 위생설비시설 개선을 위한 융자 사업과 식품접객업소의 위생등급 지정 사업에 우선 지원할 수 있다(법 제47조의2 제9항).

---

101) 「음식점 위생등급 지정 및 운영관리 규정」 제8조 제2항, 제3항.
102) 「음식점 위생등급 지정 및 운영관리 규정」 제3조 제3호.

제9절　식품안전관리인증기준(HACCP)

Ⅰ. 도입 배경 및 변천

식품안전관리인증기준(Hazard Analysis and Critical Control Point, HACCP)이란 식품의 원료 관리, 제조·가공·조리·소분·유통·판매의 모든 과정에서 위해한 물질이 식품 또는 축산물에 섞이거나 식품 또는 축산물이 오염되는 것을 방지 하기 위하여 각 과정의 위해요소를 확인·평가하여 중점적으로 관리하는 기준 을 말한다.[103] HACCP은 1959. 우주개발계획 중 우주인에게 무결점 식품을 공급 하기 위한 미국 항공우주국(NASA)의 요청으로 식품회사에서 처음으로 도입되었 다. 이후, 1993. 국제식품규격위원회(CODEX)가 식품안전성 확보수단으로 각국에 HACCP 도입을 권고하고, 1995. WTO/SPS 협정 이후 교역식품에 HACCP를 적용 토록 요구할 수 있게 되었다. 우리나라는 1995. 12. 법에 위해요소중점관리기 준 규정을 신설하고 1996.「식품위해요소 중점관리기준」을 제정함으로써 HACCP 제도를 본격적으로 도입하여 운영하게 되었다.[104]

그 후 2002. 8. 26. 개정되어 2003. 2. 27.부터 시행된 구법 제32조의2 제2 항을 통하여 일부 식품에 대해서는 HACCP 기준을 의무적으로 준수하도록 하 는 근거 조문을 마련하면서, 도입한 업소에 대해서는 일정기간 동안 출입·검 사를 면제할 수 있고 그 영업자가 영업시설의 개선을 위한 융자를 얻고자 하는 경우에는 식품진흥기금을 우선 지원할 수 있도록 하였다. 이에 따라 2003. 8. 식품위생법시행규칙을 개정하면서 어묵류 등 6개 식품류에 대하여 의무적용을 실시한 것을 시작으로 현재까지 15개의 식품류로 확대되었으며, 한편 2014. 5. 부터는 종류와 상관없이 전년도 매출액이 100억원 이상인 영업소에서 제조, 가 공하는 모든 식품은 HACCP 기준을 의무적으로 준수하도록 하였다.

---

103)「식품 및 축산물 안전관리인증기준」제2조 제1호.
104) 축산물안전관리인증원, 식품안전관리인증(HACCP) 지도사 도입 필요성 연구, 2016. 12., 식품의약품안전처 연구결과보고서, 4면.

Ⅱ. 인증 관련 업무 수행 기관

식품에 대한 식품안전관리인증업무 관련 업무는 2014. 1. 개원한 한국식품
안전관리인증원에 위탁되어 있다(법 제48조 제12항). 해당 기관은 2017. 2. 「한국
식품안전관리인증원의 설립 및 운영에 관한 법률」이 제정되면서 축산물안전관
리인증원과 통합되었고, 그에 따라 「축산물 위생관리법」에 따른 축산물 안전관
리인증 관련 업무도 같이 담당하고 있다(「축산물 위생관리법」 제44조 제2항).

Ⅲ. 식품안전관리인증기준 준수

규칙으로 정하는 식품을 제조·가공·조리·소분·유통하는 영업자는 식품
안전관리인증기준을 준수하여야 한다. 신규영업 또는 휴업 등으로 1년간 매출
액을 산정할 수 없는 경우에는 매출액 산정이 가능한 최근 3개월의 매출액을
기준으로 1년간 매출액을 산정하여 의무적용 시기를 정할 수 있고, 식품안전관
리인증기준 의무적용 대상업소 중 기준 준수에 필요한 시설·설비 등의 개·보
수를 위하여 일정 기간이 필요하다고 요청하여 식품의약품안전처장이 인정하
는 경우에는 1년의 범위 내에서 의무적용을 유예할 수 있다.[105] 적용대상 식
품, 적용기준(식품공전), 의무적용대상 및 시기를 정리한 내역은 다음 표와 같다
(법 제48조 제2항, 규칙 제62조 제1항).[106]

---

[105] 「식품 및 축산물 안전관리인증기준」 제4조 제2항.
[106] 다만, 2017. 12. 29. 식품위생규칙이 개정되면서 제62조의 경과규정을 적용한 부분은 오
기가 있는 것으로 보여 경과규정 부분은 개정 전의 것을 참조하였다.

적용대상	적용기준
모든 업체	
수산가공식품류의 어육가공품 중 (어묵)	식품공전 제4. 19. 수산가공식품류 19-1 어육가공품류 중 4) (4) 어묵
기타수산물가공품 중 (냉동 어류·연체류, 조미가공품)	식품공전 제4. 19. 수산가공식품류 19-6 기타 수산물가공품 중 어류·연체류: 단순 절단하거나 가공, 조미하여 냉동한 식품(빵가루 입힘 포함) 조미가공품: 어류 및 연체류를 주원료(50% 이상)로 하여 소스 등을 첨 가, 조미하여 그대로 냉동하거나 가열·조리 등을 거쳐 냉동한 식품
냉동식품 중 (피자류·만두류·면류)	냉동식품 중 피자류·만두류·면류: 식품공전 제4. 1. 과자류, 빵류 또는 떡류 중 4) (4) 빵류 중 피자, 22. 즉석식품류 22-3. 만두류 및 8. 면 류를 냉동한 제품
과자류, 빵류 또는 떡류 중 (빵류·떡류)	식품공전 제4. 1. 과자류, 빵류 또는 떡류 중 4) (4) 빵류, (5) 떡류
빙과류 중 빙과	식품공전 제4. 2. 빙과류 2-3 빙과
비가열음료류 (다류, 커피 제외)	식품공전 제4. 9. 음료류 중 비가열 제품 및 비가열함유제품(9-1 다류, 9-2 커피 제외)
레토르트식품	식품공전 제3. 2.의 레토르트식품에 해당하는 제품
절임류 또는 조림류의 김치류 중 김치 (주원료 배추)	식품공전 제4. 13. 절임류 또는 조림류 13-1. 김치류 중 4) (2) 김치 중 배추를 주원료로 하여 절임, 양념혼합과정 등을 거쳐 이를 발효시킨 것이거나 발효시키지 아니한 것 또는 이를 가공한 것에 한한다
즉석섭취·편의식품류의 즉석조리식품 중 (순대)	식품공전 제4. 22. 즉석식품류 22-2. 즉석섭취·편의식품류 4) (3) 즉 석조리식품 중 순대
경과규정 적용[107]	
수산가공식품류의 어육가공품 중 (어육소시지)	식품공전 제4. 19. 수산가공식품류 19-1 어육가공품류 중 4) (5) 어 육소시지

---

107) 2020. 12.까지: 연매출[의무적용 대상 식품 총매출액 기준(식품 및 축산물 안전관리인증
기준 제4조 제2항)] 1억원 이상이고 종업원[근로기준법에 따른 영업장 전체 상시근로자
기준(식품 및 축산물 안전관리인증기준 제4조 제2항)] 6인 이상인 영업자

과자류 중 (과자 · 캔디류)	식품공전 제4. 1. 과자류, 빵류 또는 떡류 중 4) (1)과자, (2) 캔디류
음료류 (다류, 커피 제외)	식품공전 제4. 9. 음료류에 해당하는 제품(9-1 다류, 9-2 커피 제외)
코코아가공품 또는 초콜릿류 중 (초콜릿류)	식품공전 제4. 3. 코코아가공품류 또는 초콜릿류 중 3-2 초콜릿류
면류 중 (유탕면 등)	식품공전 제4. 8. 면류 중 4) (4) 유탕면 및 곡분, 전분, 전분질원료 등을 주원료로 반죽하여 손이나 기계 따위로 면을 뽑아내거나 자른 국수로서 4) (1) 생면 (2) 숙면 (3) 건면
특수용도식품	식품공전 제4. 10. 특수용도식품에 해당하는 제품
즉석섭취 · 편의식품류 중 (즉석섭취식품)	식품공전 제4. 22. 즉석식품류 22-2. 즉석섭취 · 편의식품류 4) (1) 즉석섭취식품
특례	
연 매출[108] 100억 이상인 업체에서 제조 · 가공하는 식품	모든 업체(식품제조, 가공업만)

　　식품안전관리인증기준 적용업소는 선행요건[109]을 준수하고 관리계획 등을 포함하는 선행요건관리기준서를 작성하여 비치하여야 한다.[110] 또한 식품안전관리인증기준 관리계획[111]을 수립 · 운영하여야 하고, 안전관리인증기준 관리기준서[112]를 작성 · 비치하여야 한다.[113] 소규모 업소[114]에 대해서는 별도의 기준

2020. 12.부터: 모든 영업자

108) 매출액은 전년도 기준이며, 「식품 및 축산물 안전관리인증기준」 제4조 제2항 참조. 식품이 아닌 다른 품목의 매출액과는 합산되지 않는다.

109) 식품안전관리인증기준을 적용하기 위하여 미리 갖추어야 하는 시설기준 및 위생관리기준. 자세한 사항은 「식품 및 축산물 안전관리인증기준」 제5조 참조.

110) 「식품 및 축산물 안전관리인증기준」 제5조 제1항, 제3항.

111) 자세한 사항은 「식품 및 축산물 안전관리인증기준」 제6조 참조.

112) 안전관리인증기준 관리기준서는 작업장 · 업소 · 농장(축종)별로 작성하여야 한다(「식품 및 축산물 안전관리인증기준」 제6조 제6항 전단).

113) 「식품 및 축산물 안전관리인증기준」 제6조 제1항, 제3항.

114) 해당 가공품 유형의 연매출액이 5억원 미만이거나 종업원 수가 21명 미만인 식품(식품첨

이 마련되어 있다.[115] 관리기준서를 제정하거나 개정할 때에는 일자, 담당자 및 관리책임자 또는 영업자의 이름을 적고 서명하여야 한다.[116]

식품안전관리인증기준 적용업소 안전관리인증기준 팀장과 팀원으로 구성된 안전관리인증기준팀을 구성·운영하여야 한다.[117] 팀장[118]은 교육·훈련 계획을 수립·실시하고, 협력업소의 위생관리 상태 등을 점검하고 그 결과를 기록·유지하며, 안전관리인증기준 관리계획의 재평가 필요성을 수시로 검토하고, 개정이력 및 개선조치 등 중요 사항에 대한 기록을 보관·유지하여야 한다.[119]

식품안전관리인증기준적용업소의 영업자는 신규 교육훈련을,[120] 영업자 외 안전관리인증기준팀장, 팀원 기타 종업원은 신규 및 매년 1회 이상의 정기 교육훈련을 받아야 한다.[121] 단 안전관리인증기준 팀장을 제외한 팀원, 기타 종업원에 대한 신규 및 정기교육훈련은 팀장이 자체적으로 실시할 수 있다.[122]

식품안전관리인증기준적용업소의 영업자는 식품의 위해를 방지하거나 제거하여 안전성을 확보할 수 있는 단계 또는 공정("중요관리점")을 변경하거나 영업장 소재지를 변경할 때에는 변경인증을 받아야 한다(법 제48조 제3항 후단, 규칙 제63조 제4항).

Ⅳ. 식품안전관리인증기준 적용업소 인증

식품안전관리인증기준 준수와는 별개로, 식품안전관리인증기준을 의무적

가물 포함)제조·가공업소(「식품 및 축산물 안전관리인증기준」 제5조 제4항)
115) 「식품 및 축산물 안전관리인증기준」 제5조 제4항 별표 1, 제6조 제5항.
116) 「식품 및 축산물 안전관리인증기준」 제5조 제6항, 제6조 제6항 후단.
117) 「식품 및 축산물 안전관리인증기준」 제9조.
118) 팀장 자격에 대하여 정해진 요건은 없으나 반드시 있어야 한다.
119) 「식품 및 축산물 안전관리인증기준」 제9조 제2항 내지 제4항.
120) 영업자가 안전관리인증기준 팀장인 경우에는 안전관리인증기준 팀장 교육훈련을 받으면 영업자 교육훈련을 받은 것으로 본다(「식품 및 축산물 안전관리인증기준」 제20조 제4항 각 호 외 단서). 위탁급식업소와 계약을 맺고 급식을 운영하는 집단급식소의 경우 안전관리인증기준 적용업소 운영주체인 위탁급식업소 영업자나 설치신고자가 영업자 신규 교육훈련을 이수할 수 있다(「식품 및 축산물 안전관리인증기준」 제20조 제7항).
121) 법 제48조 제5항, 규칙 제64조, 「식품 및 축산물 안전관리인증기준」 제20조.
122) 「식품 및 축산물 안전관리인증기준」 제20조 제5항 단서, 제6항 제1호 단서.

으로 지켜야 하거나 자율적으로 지키기 원하는 영업자는 식품의약품안전처로
부터 식품별 식품안전관리인증기준 적용업소(식품안전관리인증기준적용업소)로 인
증받을 수 있다(법 제48조 제3항, 규칙 제63조). 인증을 받으려면 식품안전관리인
증기준에 따라 작성한 적용대상 식품별 식품안전관리인증계획서를 첨부하여
신청하여야 하고(규칙 제63조 제1항), 선행요건관리기준 및 식품안전관리인증기
준(소규모 업소는 별도 기준)을 작성하여 운용하여야 한다(규칙 제63조 제2항).

한국식품안전관리인증원장은 안전관리인증기준 적용업소의 인증 또는 연
장 신청을 받은 때에는 신청인이 제출한 서류를 심사한 후 현장조사를 실시하
여 평가하며, 보완이 필요한 경우에는 3개월 이내에 보완하도록 요구할 수 있
고, 평가 결과 이 기준에 적합한 경우에는 안전관리인증기준 적용업소로 인증
하고, 인증서를 발급한다.[123] 현장조사를 실시하고 평가하기 위하여 안전관리
인증기준 지도관[124]에 준하거나 관련교육을 이수한 관계공무원, 관련협회 등으
로 안전관리인증기준 평가단을 구성·운영할 수 있다.[125]

인증을 받으면 인증의 유효기간은 인증을 받은 날부터 3년이며, 3년의 범
위 내에서 연장할 수 있다(법 제48조의2 제2항, 제3항, 규칙 제68조의2).[126] 중요사
항이 변경된 경우에 받는 변경 인증의 유효기간은 원래 인증 유효기간의 남은
기간이다(법 제48조의2 제1항). 식품안전관리인증기준적용업소는 식품안전관리인
증기준 준수 여부와 교육훈련 수료 여부를 연 1회 이상 조사·평가받아야 한다
(법 제48조 제8항, 제48조의3 제1항, 규칙 제66조).[127] 식품안전관리인증기준적용업
소의 영업자는 인증받은 식품을 다른 업소에 위탁하여 제조·가공하여서는 아
니 된다(법 제48조 제10항).[128]

식품안전관리인증기준적용업소의 인증을 받거나 받으려는 영업자는 식품
안전관리인증기준에 관한 사항들을 지원받을 수 있다(법 제48조 제6항, 규칙 제65

---

123) 「식품 및 축산물 안전관리인증기준」 제11조 제1항 내지 제3항.
124) 「식품 및 축산물 안전관리인증기준」 제19조.
125) 「식품 및 축산물 안전관리인증기준」 제11조 제4항.
126) 연장조사를 받게 되면 그 해의 정기조사 평가는 생략할 수 있다(「식품 및 축산물 안전관
    리인증기준」 제1항).
127) 자세한 사항은 「식품 및 축산물 안전관리인증기준」 제15조, 제16조 참조.
128) 단 예외 규정이 있다(령 제33조 제1항).

조). 식품안전관리인증기준적용업소는 인증 유효기간동안 출입·검사·수거 등을 면제받을 수 있고, 영업자의 위생관리시설 및 위생설비시설 개선을 위한 융자 사업에 대하여 우선 지원 등을 받을 수 있다(법 제48조 제11항, 규칙 제68조). 참고로 2019. 12. 31.까지 식품안전관리인증기준 적용을 위해 투자한 비용의 1%(중견기업 3%, 중소기업 7%)는 소득세액 또는 법인세액에서 공제된다(조세특례제한법 제25조 제1항 8호 후단).[129]

V. 위반시 효과

법 제48조 제2항에 따른 식품안전관리인증기준 의무 준수 대상임에도 이를 지키지 않은 경우에는 3년 이하의 징역 또는 3천만원 이하의 벌금형에 처하고(법 제97조 제1호)[130], 영업허가 또는 등록취소나 6개월 이내의 영업 전부 또는 일부 정지처분을 받을 수 있다(법 제75조 제1항 제15호).[131]

식품안전관리인증기준 적용업소에 대해서는 식품안전관리인증기준을 지키지 아니한 경우, 거짓이나 그 밖의 부정한 방법으로 인증을 받은 경우, 영업정지 2개월 이상의 행정처분을 받은 경우, 영업자와 그 종업원이 교육훈련을 받지 아니한 경우, 영업자가 인증받은 식품을 다른 업소에 위탁하여 제조·가공한 경우, 중요사항에 대한 변경신청을 하지 아니한 경우에는 시정명령 내지 인증취소처분을 받을 수 있다(법 제48조 제8항, 규칙 제67조 별표 20).

식품안전관리인증 적용업소가 아닌 업소의 영업자는 식품안전관리인증기준적용업소라는 명칭을 사용해서는 안 되며, 이를 위반하면 500만원 이하의 과태료가 부과된다(법 제101조 제2항 제6호).

---

129) 구법상 용어인 위해요소중점관리기준으로 표기되어 있다.
130) 양벌규정이 적용된다(법 제100조).
131) 자세한 기준은 규칙 별표 23 Ⅱ. 1. 13 참조.

제10절 식품이력추적관리

I. 개요 및 도입 배경

우리나라에서 2003. GAP(Good Agricultural Practices, 농산물우수관리) 시범 농가를 대상으로 농산물 이력추적관리제도가 처음으로 시행되었고, 현재 이력추적관리제도는 소고기, 농수산물, 식품위생법상 식품, 건강기능식품, 수입물품 등에 대하여 시행되고 있다.[132] 아래에서는 식품위생법상 식품에 대해서만 소개하기로 한다.

식품위생법상 식품이력추적관리제도는 식품을 제조·가공단계부터 판매단계까지 각 단계별로 정보를 기록·관리하여 그 식품의 안전성 등에 문제가 발생할 경우 그 식품을 추적하여 원인을 규명하고 필요한 조치를 할 수 있도록 관리하는 것을 말한다(법 제2조 제13호). 2008. 식품위생법 개정으로 도입되었으며, 식품을 제조·가공단계부터 판매단계까지 각 단계별로 정보를 기록·관리하고(법 제2조) 식품을 제조·가공하거나 판매하는 자 중 식품이력추적관리를 하려는 자는 등록기준을 갖추어 신청하면 심사를 거쳐 해당 식품을 식품의약품안전청장이 식품이력추적관리전산시스템에 등록하도록 하였다(법 제49조 제1항, 규칙 제69조 제1항, 제3항. 제4항).

도입 당시에는 자율규제로 출발하여 2008. 영유아용 이유식제품을 대상으로 시범사업을 실시하였으며,[133] 2009. 법 개정으로 식품이력추적관리에 관한 업무와 식품안전에 관한 정보수집 및 제공 등을 효율적으로 수행하기 위하여 법인인 식품안전정보센터가 설립되면서 식품이력추적관리 시스템(www.tfood.go.kr)이 구축되었고, 2010. 식품 및 건강기능식품이력추적관리기준 고시가 통합되었다. 2013.에는 식품이력추적관리 등록의 유효기간을 폐지하되 그 기준의 준수 여부를 3년마다 조사·평가하도록 하였고, 2014.부터는 영유아식품 제조업소

---

132) 박희주, 식품 이력추적관리제도 개선에 관한 연구, 한국소비자원, 2012, 7면.
133) 박희주, 식품 이력추적관리제도 개선에 관한 연구, 한국소비자원, 2012, 26면.

등의 경우 식품이력추적관리 등록을 의무화하고, 2년마다 그 기준 준수 여부를 평가하도록 하였으며, 식품이력관리에 필요한 기록의 작성·보관 및 확인 등의 주요사항을 기존에는 고시에서 규정하던 것을 상향하여 법에서 규정하게 되었다.

II. 제도 개요

식품을 제조, 가공, 판매하려는 영업자는 누구든지 등록을 신청할 수 있다. 다만 영유아식(영아용 조제식품, 성장기용 조제식품, 영유아용 곡류 조제식품 및 그 밖의 영유아용 식품)을 제조 가공하는 업소[134]들에 대해서 등록이 의무화되어 있으며(법 제49조 제1항 단서, 규칙 제69조의2), 임산·수유부용 식품, 특수의료용도 등 식품 및 체중조절용 조제식품에 대해서는 2019. 12. 1.부터 2022. 12. 1.까지 단계별로 의무화될 예정이다[규칙 제69조의2 제2호, 규칙(제1472호, 2018. 6. 28.) 부칙 제1조 단서]. 기타 식품판매업소(령 제21조 제5호 나목 6), 규칙 제39조)[135]도 의무적으로 등록해야 한다.

등록하려는 경우에는 영업소의 명칭(상호)과 소재지, 제품명과 식품의 유형, 유통기한 및 품질유지기한, 보존 및 보관방법을 등록하게 된다(법 제49조 제1항, 규칙 제70조 제1호). 등록한 식품을 제조·가공 또는 판매하는 자는 식품이력추적관리에 필요한 기록의 작성·보관 및 관리 등에 관하여 식품의약품안전처장이 정하여 고시하는 기준(식품이력추적관리기준)을 지켜야 한다(법 제49조 제2항). 구체적인 사항은 「식품 등 이력추적관리기준」(식품의약품안전처 고시)으로 고시되어 있다. 등록을 한 식품에는 식품이력추적관리의 표시를 할 수 있다.[136]

등록을 하려는 자는 식품이력추적관리 등록신청서에 필요 서류를 첨부하

---

134) 건강기능식품에 대해서는 「건강기능식품에 관한 법률」 제22조 제1항 단서, 수입 판매하는 영업자에 대해서는 「수입식품안전관리 특별법」 제23조 제1항 단서, 조제유류에 대해서는 「축산물 위생관리법」 제31조의3 각 참조.

135) 300㎡ 이상의 매장면적을 가지고 백화점, 슈퍼마켓, 연쇄점 등에서 식품을 판매하는 영업자.

136) 법 제49조 제4항, 「식품 등 이력추적관리기준」 제6조 별표 4.

여 등록을 신청하여야 한다(규칙 제69조 제1항). 다만 등록 신청전에 등록번호를 먼저 부여받으려는 경우에는 사전신청을 할 수 있다.[137] 등록 신청을 하면 제조·가공단계부터 판매단계까지의 식품이력에 관한 정보를 추적하여 제공할 수 있도록 관리되고 있는지, 제조·가공단계부터 판매단계까지 식품의 회수 등 사후관리체계를 갖추고 있는지 등의 요건을 심사하게 된다.[138] 심사는 현지 방문을 원칙으로 하되, 일정한 경우에는 현지 방문을 하지 않고 심사할 수 있다.[139]

등록자는 식품이력추적관리기준에 따른 식품이력추적관리정보를 유통기한 경과 후 2년 이상 전산기록장치에 기록·보관하여야 한다.[140] 위 정보는 앞서 본 식약처가 운영하는 식품이력추적관리시스템과 연계되며, 그 일부는 인터넷 홈페이지를 통하여 유통기한 또는 품질유지기한이 경과한 날부터 1년 이상 공개된다(법 제49조의3 제1항 내지 제3항).[141]

등록한 영업자는 등록사항이 변경된 경우 변경사유가 발생한 날부터 1개월 이내에 식품의약품안전처장에게 신고하여야 한다(법 제49조 제3항). 식약처장은 등록한 식품을 제조·가공 또는 판매하는 자에 대하여 식품이력추적관리기준의 준수 여부 등을 자율 등록자는 3년, 의무 등록자는 2년마다 조사·평가하여야 한다(법 제49조 제5항, 규칙 제72조).[142]

Ⅲ. 위반 등의 효과

의무등록자가 등록을 하지 않은 경우에는 3년 이하의 징역 또는 3천만원 이하의 벌금형에 처하며(법 제97조 제1호),[143] 시정명령 또는 영업정지 처분을

---

137) 「식품 등 이력추적관리기준」 제3조의 2.
138) 규칙 제69조 제3항, 「식품 등 이력추적관리기준」 제4조 제2항 별표 2.
139) 「식품 등 이력추적관리기준」 제4조 제1항, 제4항.
140) 법 제49조의2 제1항, 제2항, 규칙 제74조의3, 「식품 등 이력추적관리기준」 제9조, 제10조 제1항, 제2항.
141) 공개 사항에 대해서는 규칙 제74조의4 참조.
142) 자세한 절차는 「식품 등 이력추적관리기준」 제5조 참조.
143) 양벌규정이 적용된다(법 제100조).

받을 수 있다.144) 등록을 한 경우에는 특별한 사유 없이 식품이력추적관리시스 템에 제공하지 아니한 경우에는 그 제공하지 않은 정보의 양 및 기간에 따라 시정명령 또는 해당품목 등록취소의 처분을 받을 수 있고, 식품이력추적관리기 준(위 정보 미제공 등 제외)을 지키지 않은 경우에는 시정명령, 3년 내에 2회의 시정명령을 받고 모두 이행하지 않은 경우에는 해당품목 등록취소의 처분을 받을 수 있다.145)

식품이력추적관리 등록사항이 변경된 경우 변경사유가 발생한 날부터 1개 월 이내에 신고하지 아니한 영업자는 300만원 이하의 과태료에 처하고146), 식 품이력추적관리정보를 목적 외에 사용한 사람도 300만원 이하의 과태료에 처 한다(법 제101조 제3항 제4호).147)

---

144) 법 제71조, 제75조 제15호의2, 규칙 별표 23 Ⅱ. 1. 13의2.
145) 법 제49조 제7항, 규칙 제74조의2 별표 20의2. 여기서의 등록 취소는 식품이력추적관리 의 등록을 취소하는 것으로 품목류 제조정지(법 제76조)와는 다르다.
146) 자세한 기준은 령 [별표 2] 2. 거. 참조.
147) 자세한 기준은 령 [별표 2] 2. 너. 참조.

제8장

시정명령과 허가
취소 등 행정 제재

ADMINISTRATIVE SANCTIONS, INCLUDING CORRECTIVE ORDERS
AND CANCELLATION OF LICENSES

식품위생법 제11장은 시정명령과 허가취소 등 식품위생에 관한 행정 제재를 규정하고 있다. 본 장에서는 먼저 행정 제재에 관한 일반론을 서술함으로써 영업자들로 하여금 다양한 행정 제재 규정들의 체계를 파악할 수 있도록 하였다. 그리고 앞서 위반행위별로 그 제재를 소개한 내용을 다시 강학상의 행정 제재 유형별로 묶어서 행정 제재 개별규정의 구체적인 내용 및 이에 대한 구제수단을 서술하였다.

08

시정명령과 허가취소 등 행정 제재[*]

제1절 행정 제재 일반론

국민이 행정법상의 의무를 불이행할 경우 행정목적의 실효성 있는 달성을 위하여 의무이행을 강제할 수단이 필요한데, 이와 같이 행정의 실효성을 확보하기 위한 법적 수단을 행정의 실효성 확보수단이라고 한다.

행정법상 전통적인 실효성 확보수단으로서는 행정강제와 행정벌이 인정되고 있다. 행정강제는 행정법상의 의무불이행을 전제로 하여 그 의무의 이행을 강제하는 행정상 강제집행과 급박한 상황에서 행정청이 의무이행을 명할 수 없는 경우 이루어지는 행정상 즉시강제로 나뉘어진다. 행정상 강제집행에는 대집행, 강제징수, 직접강제, 집행벌(이행강제금)이 있다. 행정벌은 행정법상의 의무 위반행위에 대하여 제재로서 가하는 처벌로, 행정형벌, 행정질서벌(과태료)을 포함한다.

전통적인 행정의 실효성 확보수단만으로 행정의 실효성을 확보하기에 불충분하거나 효과적지 않아 새로운 수단들이 등장하였다. 새로운 실효성 확보수단은 의무자에게 부담을 지우거나 권유를 함으로써 의무불이행을 사전에 예방

---

[*] 식품위생법 제11장에 해당하는 부분임.

하거나, 의무위반을 스스로 시정하도록 하는 것들을 그 내용으로 하는데, 과징
금·가산세, 명단·사실의 공표, 관허사업의 제한(수익적 행정행위의 철회·정지),
시정명령 등이 있다.

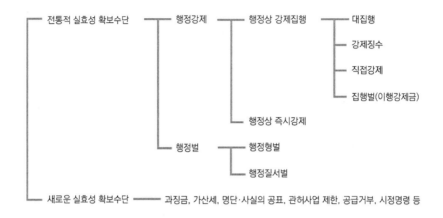

식품위생법에 규정된 행정 제재에는 직접강제, 과징금, 명단·사실의 공표,
관허사업의 제한, 시정명령 등이 있는바, 아래에서는 그러한 행정 제재의 구체
적인 내용 및 이에 대한 구제수단에 대하여 살펴보기로 한다.

제2절 행정 제재 개별규정

I. 시정명령(법 제71조, 제74조)

1. 관련 규정

가. 시정명령

식품의약품안전처장, 시·도지사 또는 시장·군수·구청장은 법 제3조에 따
른 식품 등의 위생적 취급에 관한 기준에 맞지 아니하게 영업하는 자와 이 법
을 지키지 아니하는 자에게는 필요한 시정을 명하여야 한다. 식품의약품안전처

장, 시·도지사 또는 시장·군수·구청장은 시정명령을 한 경우에는 그 영업을 관할하는 관서의 장에게 그 내용을 통보하여 시정명령이 이행되도록 협조를 요청할 수 있고, 요청을 받은 관계 기관의 장은 정당한 사유가 없으면 이에 응하여야 하며, 그 조치결과를 지체 없이 요청한 기관의 장에게 통보하여야 한다 (법 제71조).

나. 시설개수명령

식품의약품안전처장, 시·도지사 또는 시장·군수·구청장은 영업시설이 법 제36조에 따른 시설기준에 맞지 아니한 경우에는 기간을 정하여 그 영업자에게 시설을 개수(改修)할 것을 명할 수 있다. 이때 건축물의 소유자와 영업자 등이 다른 경우 건축물의 소유자는 시설개수명령을 받은 영업자 등이 시설을 개수하는 데에 최대한 협조하여야 한다(법 제74조).

2. 시정명령의 의의 및 내용

시정명령은 행정법규 위반에 의해 초래된 위법상태를 제거하는 것을 명하는 행정행위로, 그 성질은 하명에 해당한다. 식품위생법상 시정명령, 시설개수명령을 받은 자는 시정의무를 부담하게 되며 시정의무를 이행하지 않은 경우에는 영업허가 또는 등록 취소, 영업의 전부 또는 일부 정지, 영업소 폐쇄 처분을 받게 된다(법 제75조 제1항 제17호).

시정명령은 명확하고 이행가능한 것이어야 하고, 원칙상 과거의 위반행위로 야기되어 현재에도 존재하는 위법상태를 대상으로 한다. 그런데 판례는 예외적으로 장래의 위반행위도 시정명령의 대상으로 되는 것으로 보아, 과거의 위반행위에 대한 중지는 물론 가까운 장래에 반복될 우려가 있는 동일한 유형의 행위의 반복금지를 내용으로 할 수 있다는 입장이다(대법원 2003. 2. 20 선고 2001두5347 전원합의체 판결). 위법행위가 있었더라도 그 위법행위의 결과가 더 이상 존재하지 않는다면 시정의 대상이 없어진 것이므로 원칙상 시정명령을 할 수 없다.

3. 구제수단

시정명령은 행정쟁송법상 항고소송의 대상이 되는 처분에 해당하므로, 시정명령이 법령에 위반된 경우에는 행정쟁송을 제기하여 그 취소 등을 구할 수 있다. 항고소송의 제기는 처분등의 효력이나 그 집행 또는 절차의 속행에 영향을 미치지 아니하므로(「행정소송법」 제23조 제1항), 시정의무 불이행으로 인한 후속 처분을 받지 않기 위해서는 시정명령의 집행정지를 신청해둘 필요가 있다.

4. 식품위생법 관련 판례

식품위생법령의 전반적인 체계 및 내용을 종합하면, 업종별 시설기준에 관한 시행규칙 조항에서 '유흥주점 외의 영업장에 무도장을 설치한 것'을 금지하고 있다고 보기 어려우므로, 일반음식점 내 무도장의 설치·운영행위가 업태 위반으로 형사처벌의 대상이 되는 등은 별론으로 하더라도, 이러한 행위가 시행규칙 조항에 정한 업종별 시설기준 위반에 해당하여 시설개수명령의 대상이 된다고 볼 수는 없다(대법원 2015. 7. 9 선고 2014두47853 판결).

구 식품위생법 제21조, 같은법 시행규칙 제20조 별표 7이 규정하는 시설기준은 무도유흥음식점영업에 있어서 갖추어야 할 최소한의 시설기준을 정한 것이므로, 영업장의 객석면적을 위 시설기준의 최소면적 이상으로 무단확장하였다고 하여도 허가 없이 영업허가사항을 변경한 것을 이유로 영업허가를 취소 또는 정지함은 별론으로 하고 위 법 제57조의 규정에 의한 시설개수명령의 대상은 되지 않는다(대법원 1991. 7. 9. 선고 91누971 판결).

II. 직접강제(법 제72조, 제79조)

1. 관련 규정

가. 폐기처분 등

식품의약품안전처장, 시·도지사 또는 시장·군수·구청장은 영업자(「수입식품안전관리 특별법」 제15조에 따라 등록한 수입식품 등 수입·판매업자를 포함)가 법 제 4조부터 제6조까지, 제7조 제4항, 제8조, 제9조 제4항 또는 제12조의2 제2항을 위반한 경우에는 관계 공무원에게 그 식품 등을 압류 또는 폐기하게 하거나 용 도·처리방법 등을 정하여 영업자에게 위해를 없애는 조치를 하도록 명하여야 한다(법 제72조 제1항). 폐기처분명령을 받은 자가 그 명령을 이행하지 아니하는 경우에는 「행정대집행법」에 따라 대집행을 하고 그 비용을 명령위반자로부터 징수할 수 있다(법 제72조 제6항).

식품의약품안전처장, 시·도지사 또는 시장·군수·구청장은 법 제37조 제1 항, 제4항 또는 제5항을 위반하여 허가받지 아니하거나 신고 또는 등록하지 아 니하고 제조·가공·조리한 식품 또는 식품첨가물이나 여기에 사용한 기구 또 는 용기·포장 등을 관계 공무원에게 압류하거나 폐기하게 할 수 있다(법 제72조 제2항).

식품의약품안전처장, 시·도지사 또는 시장·군수·구청장은 식품위생상의 위해가 발생하였거나 발생할 우려가 있는 경우에는 영업자에게 유통 중인 해 당 식품 등을 회수·폐기하게 하거나 해당 식품 등의 원료, 제조 방법, 성분 또 는 그 배합 비율을 변경할 것을 명할 수 있다(법 제72조 제3항).

압류나 폐기를 하는 공무원은 그 권한을 표시하는 증표 및 조사기간, 조사 범위, 조사담당자, 관계 법령 등 령 제50조의6이 정하는 사항이 기재된 서류를 지니고 이를 관계인에게 내보여야 한다(법 제72조 제4항).

나. 폐쇄조치 등

식품의약품안전처장, 시·도지사 또는 시장·군수·구청장은 법 제37조 제1 항, 제4항 또는 제5항을 위반하여 허가받지 아니하거나 신고 또는 등록하지 아 니하고 영업을 하는 경우 또는 제75조 제1항 또는 제2항에 따라 허가 또는 등 록이 취소되거나 영업소 폐쇄명령을 받은 후에도 계속하여 영업을 하는 경우 에는 해당 영업소를 폐쇄하기 위하여 관계 공무원에게 다음의 조치를 하게 할 수 있다(법 제79조 제1항).

(1) 해당 영업소의 간판 등 영업 표지물의 제거나 삭제

(2) 해당 영업소가 적법한 영업소가 아님을 알리는 게시문 등의 부착

(3) 해당 영업소의 시설물과 영업에 사용하는 기구 등을 사용할 수 없게 하는 봉인(封印)

급박한 사유가 있지 않는 한 해당 영업을 하는 자 또는 그 대리인에게 문서로 미리 알려야 하고, 관계 공무원은 그 권한을 표시하는 증표 및 조사기간, 조사범위, 조사담당자, 관계 법령 등이 기재된 서류를 지니고 이를 관계인에게 내보여야 하며, 조치는 그 영업을 할 수 없게 하는 데에 필요한 최소한의 범위에 그쳐야 한다(법 제79조 제3항, 제4항, 제5항).

식품의약품안전처장, 시·도지사 또는 시장·군수·구청장은 봉인한 후 봉인을 계속할 필요가 없거나 해당 영업을 하는 자 또는 그 대리인이 해당 영업소 폐쇄를 약속하거나 그 밖의 정당한 사유를 들어 봉인의 해제를 요청하는 경우에는 봉인을 해제할 수 있으며, 게시문 등의 경우에도 또한 같다(법 제79조 제2항).

2. 직접강제의 의의 및 내용

직접강제란 의무자가 의무를 불이행할 때 행정청이 직접 의무자의 신체·재산에 실력을 가하여 의무자가 직접 의무를 이행한 것과 같은 상태를 실현하는 작용을 말한다. 직접강제는 대체적·비대체적 작위의무, 부작위의무, 수인의무의 불이행에 행해질 수 있다.

3. 구제수단

직접강제는 권력적 사실행위로 행정쟁송의 대상이 되나, 통상 신속하게 종료되므로 권리보호의 이익이 없게 되어 실제로는 행정쟁송의 실효성을 기대하기 어려운 경우가 많다. 직접강제가 종료되기 전이라면 집행정지를 신청해둘 필요성이 크다.

위법한 직접강제가 이미 종료된 경우라면 이를 통해 손해를 입은 자는 국가배상법에 따라 손해배상을 청구할 수 있다.

Ⅲ. 명단·사실의 공표(법 제73조, 제84조)

1. 관련 규정

가. 위해식품 등의 공표

식품의약품안전처장, 시·도지사 또는 시장·군수·구청장은 ① 법 제4조부터 제6조까지, 제7조 제4항, 제8조 또는 제9조 제4항 등을 위반하여 식품위생에 관한 위해가 발생하였다고 인정되는 때 또는 ② 법 제45조 제1항 또는 「식품 등의 표시·광고에 관한 법률」 제15조 제2항에 따른 회수계획을 보고받은 때에는 해당 영업자에 대하여 령 제51조에서 정한 공표방법에 따라 그 사실의 공표를 명할 수 있다. 다만, 식품위생에 관한 위해가 발생한 경우에는 공표를 명하여야 한다(법 제73조).

나. 위반사실 공표

식품의약품안전처장, 시·도지사 또는 시장·군수·구청장은 법 제72조, 제75조, 제76조, 제79조, 제82조 또는 제83조에 따라 행정처분이 확정된 영업자에 대한 처분 내용, 해당 영업소와 식품 등의 명칭 등 처분과 관련한 영업 정보를 령 제58조가 정하는 바에 따라 공표하여야 한다(법 제84조).

2. 명단·사실 공표의 의의 및 내용

명단이나 사실의 공표는 행정법상의 의무위반 또는 의무불이행이 있는 경우에 행정청이 그의 성명·위반사실 등을 일반에게 공개하여 명예 또는 신용의 침해를 위협함으로써 행정법상의 의무이행을 간접적·심리적으로 강제하는 수단을 말한다. 공표제도는 의무위반자의 명예 및 신용을 실추시킴으로써 여론의 압력을 통해 의무이행을 확보하고, 국민의 알 권리 실현에 기여하는 의미도 갖는다.

법 제84조(위반사실 공표)는 행정청이 직접 공표하는 것이고, 법 제73조(위해식품 등의 공표)는 행정청이 영업자에게 공표를 명하는 형태로 규정되어 있다.

3. 구제수단

공표의 법적 성격에 대해서 다수는 비권력적 사실행위이므로 행정쟁송의 대상이 될 수 없다고 한다. 이에 반하여 공표를 권력적 사실행위로 보거나, 비권력적 사실행위로 보면서도 형식적 행정행위 개념을 인정하여 행정쟁송이 대상이 될 수 있다고 하는 견해가 있다.

법 제73조에 규정된 공표명령의 경우에는 행정처분적 성격을 가지므로 행정쟁송으로 다툴 수 있다. 판례도 공정거래위원회가 전자상거래 등에서의 소비자보호에 관한 법률 위반으로 인하여 시정조치를 받은 사실의 공표를 명한 사안 등에서 공표명령이 행정처분임을 전제로 공표명령취소청구를 인용한 바 있다(대법원 2012. 6. 28. 선고 2010두24371 판결 등).

만약 공표가 위법한 것이라면 행정상 손해배상(국가배상)을 청구할 수 있다. 다만, 판례는 형법 제310조의 명예훼손죄의 위법성 조각과 관련하여 국가기관의 행정상 공표로 인한 명예훼손의 경우에는 그 사실이 의심의 여지없이 확실히 진실이라고 믿을 만한 객관적이고도 타당한 확증과 근거가 있는 경우가 아니라면 그러한 상당한 이유가 있다고 할 수 없다고 하여 언론 등 사인에 의한 명예훼손에 비해 보다 엄격한 제한을 가하고 있다(대법원 1993. 11. 26. 선고 93다18389 판결 등).

공표로 인하여 훼손된 명예 또는 신용을 회복하기 위하여 현행법하에서는 민법 제764조에 근거하여 민사소송으로 정정공고와 같은 명예회복에 적당한 처분을 구할 수 있다.

IV. 관허사업의 제한(법 제75조, 제76조, 제77조, 제80조)

1. 관련 규정

가. 허가취소 등

식품의약품안전처장 또는 특별자치시장·특별자치도지사·시장·군수·구청장은 영업자가 일정한 경우2)에 해당하는 때에는 령 제31조로 정하는 바에 따라 영업허가 또는 등록을 취소하거나 6개월 이내의 기간을 정하여 그 영업의 전부 또는 일부를 정지하거나 영업소 폐쇄(법 제37조 제4항에 따라 신고한 영업만 해당함)를 명할 수 있다(법 제75조 제1항). 영업자가 영업정지 명령을 위반하여 영업을 계속하면 영업허가 또는 등록을 취소하거나 영업소 폐쇄를 명할 수 있다(법 제75조 제2항).

식품의약품안전처장 또는 특별자치시장·특별자치도지사·시장·군수·구청장은 ① 영업자가 정당한 사유 없이 6개월 이상 계속 휴업하는 경우 또는 ② 영업자(법 제37조 제1항에 따라 영업허가를 받은 자만 해당함)가 사실상 폐업하여 「부가가치세법」 제8조에 따라 관할세무서장에게 폐업신고를 하거나 관할세무서장이 사업자등록을 말소한 경우에는 영업허가 또는 등록을 취소하거나 영업

---

2) 법 제75조에 따른 허가취소 등 사유는 다음 각 호와 같다.
   1. 제4조부터 제6조까지, 제7조 제4항, 제8조, 제9조 제4항 또는 제12조의2 제2항을 위반한 경우
   2. 삭제
   3. 제17조 제4항을 위반한 경우
   4. 삭제
   4의2. 삭제
   5. 제31조 제1항 및 제3항을 위반한 경우
   6. 제36조를 위반한 경우
   7. 제37조 제1항 후단, 제3항, 제4항 후단 및 제6항을 위반하거나 같은 조 제2항에 따른 조건을 위반한 경우
   7의2. 제37조 제5항에 따른 변경 등록을 하지 아니하거나 같은 항 단서를 위반한 경우
   8. 제38조 제1항 제8호에 해당하는 경우
   9. 제40조 제3항을 위반한 경우
   10. 제41조 제5항을 위반한 경우
   11. 삭제
   12. 제43조에 따른 영업 제한을 위반한 경우
   13. 제44조 제1항·제2항 및 제4항을 위반한 경우
   14. 제45조 제1항 전단에 따른 회수 조치를 하지 아니한 경우
   14의2. 제45조 제1항 후단에 따른 회수계획을 보고하지 아니하거나 거짓으로 보고한 경우
   15. 제48조 제2항에 따른 식품안전관리인증기준을 지키지 아니한 경우
   15의2. 제49조 제1항 단서에 따른 식품이력추적관리를 등록하지 아니 한 경우
   16. 제51조 제1항을 위반한 경우
   17. 제71조 제1항, 제72조 제1항·제3항, 제73조 제1항 또는 제74조 제1항(제88조에 따라 준용되는 제71조 제1항, 제72조 제1항·제3항 또는 제74조 제1항을 포함)에 따른 명령을 위반한 경우
   18. 「성매매알선 등 행위의 처벌에 관한 법률」 제4조에 따른 금지행위를 한 경우

소 폐쇄를 명할 수 있다(법 제75조 제3항).

나. 품목 제조정지 등

식품의약품안전처장 또는 특별자치시장·특별자치도지사·시장·군수·구청장은 영업자가 법 제7조 제4항, 제9조 제4항, 제12조의2 제2항, 제31조 제1항을 위반한 경우에 해당하면 령 제31조로 정하는 바에 따라 해당 품목 또는 품목류(법 제7조 또는 제9조에 따라 정하여진 식품 등의 기준 및 규격 중 동일한 기준 및 규격을 적용받아 제조·가공되는 모든 품목)에 대하여 기간을 정하여 6개월 이내의 제조정지를 명할 수 있다(법 제76조).

다. 영업허가 등의 취소 요청

식품의약품안전처장은 「축산물 위생관리법」, 「수산업법」 또는 「주세법」에 따라 허가 또는 면허를 받은 자가 법 제4조부터 제6조까지 또는 제7조 제4항을 위반한 경우에는 해당 허가 또는 면허 업무를 관할하는 중앙행정기관의 장에게 ① 허가 또는 면허의 전부 또는 일부 취소, ② 일정 기간의 영업정지, ③ 그 밖에 위생상 필요한 조치를 하도록 요청할 수 있다. 다만, 주류(酒類)는 「보건범죄단속에 관한 특별조치법」 제8조에 따른 유해 등의 기준에 해당하는 경우로 한정한다. 영업허가 등의 취소 요청을 받은 관계 중앙행정기관의 장은 정당한 사유가 없으면 이에 따라야 하며, 그 조치결과를 지체 없이 식품의약품안전처장에게 통보하여야 한다(법 제77조).

라. 면허취소 등

식품의약품안전처장 또는 특별자치시장·특별자치도지사·시장·군수·구청장은 조리사가 다음의 경우에 해당하면 그 면허를 취소하거나 6개월 이내의 기간을 정하여 업무정지를 명할 수 있다. 다만, 조리사가 제1호 또는 제5호에 해당할 경우 면허를 취소하여야 한다(법 제80조).

(1) 법 제54조 각 호의 어느 하나에 해당하게 된 경우
(2) 법 제56조에 따른 교육을 받지 아니한 경우
(3) 식중독이나 그 밖에 위생과 관련한 중대한 사고 발생에 직무상의 책임

이 있는 경우

(4) 면허를 타인에게 대여하여 사용하게 한 경우

(5) 업무정지기간 중에 조리사의 업무를 하는 경우

2. 관허사업 제한의 의의 및 내용

관허사업이란 행정청의 허가·인가·면허·등록·갱신 등과 같은 행정처분을 거쳐서 행하는 사업을 말한다. 관허사업의 제한은 행정법상 의무위반자에 대하여 허가·인가 등을 거부·취소·정지함으로써 위반자에게 불이익을 가하고 행정법상의 의무이행을 간접적으로 확보하려는 제재적 행정처분이다. 식품위생법상의 허가취소, 영업정지, 품목제조정지, 면허취소는 영업자나 조리사의 의무위반행위와 직접적인 관련성이 있는 사업을 제한하고 있다.

행정법규 위반에 대하여 가하는 제재조치(영업정지처분 등)는 행정목적의 달성을 위하여 행정법규 위반이라는 객관적 사실에 착안하여 가하는 제재이므로 위반자의 의무 해태를 탓할 수 없는 정당한 사유가 있는 등의 특별한 사정이 없는 한 위반자에게 고의나 과실이 없다고 하더라도 부과될 수 있다(대법원 2014. 12. 24. 선고 2010두6700 판결, 대법원 2012. 5. 10. 선고 2012두1297 판결[3]), 대법원 2003. 9. 2. 선고 2002두5177 판결).

규칙 제89조 [별표 23 행정처분기준]은 반복하여 같은 법규위반행위를 한 경우 가중된 제재처분을 하도록 규정하고 있다.

3. 청 문

가. 관련 규정

식품의약품안전처장, 시·도지사 또는 시장·군수·구청장은 ① 법 제48조 제8항에 따른 식품안전관리인증기준적용업소의 인증취소, ② 제75조 제1항부

---

[3] 원고의 종업원 등이 호텔의 객실을 성매매 장소로 제공한 경우, 공중위생영업자인 원고가 호텔 내에서 성매매가 이루어지는 것을 방지하여야 할 의무를 위반하였고 원고에게 그 의무위반을 탓할 수 없는 정당한 사유가 있다고 보기 어려우므로, 피고 행정청이 원고의 종업원 등의 구 성매매알선 등 행위의 처벌에 관한 법률 제19조 위반 행위를 이유로 원고에게 한 처분은 정당하다고 본 사례.

터 제3항까지의 규정에 따른 영업허가 또는 등록의 취소나 영업소의 폐쇄명령, ③ 제80조 제1항에 따른 면허의 취소 중 어느 하나에 해당하는 처분을 하려면 청문을 하여야 한다(법 제81조).

나. 청문의 의의, 적용범위 및 예외사유

청문이라 함은 행정청이 어떠한 처분을 하기 전에 당사자 등의 의견을 직접 듣고 증거를 조사하는 절차를 말한다(「행정절차법」 제2조 제5호). 「행정절차법」은 법 제81조와 같이 다른 개별법령 등에서 청문을 실시하도록 규정하고 있는 경우에는 청문을 시행하도록 하고 있다(「행정절차법」 제22조 제1항 제1호).

법 제81조 규정에도 불구하고 「행정절차법」 제21조 제4항 각 호의 어느 하나에 해당하는 경우[4]와 당사자가 의견진술의 기회를 포기한다는 뜻을 명백히 표시한 경우에는 의견청취를 하지 아니할 수 있다(「행정절차법」 제22조 제4항).

판례는 식품위생법령에 규정된 청문절차를 전혀 거치지 아니하거나 거쳤다고 하여도 그 절차적 요건을 제대로 준수하지 아니한 경우에는 가사 영업정지사유 등이 인정된다고 하더라도 그 처분은 위법하여 취소를 면할 수 없다고 판시하였다(대법원 1991. 7. 9. 선고 91누971 판결).

4. 행정 제재처분(관허사업 제한) 효과의 승계

가. 관련 규정

영업자가 영업을 양도하거나 법인이 합병되는 경우에는 법 제75조 제1항 각 호, 같은 조 제2항 또는 제76조 제1항 각 호를 위반한 사유로 종전의 영업자에게 행한 행정 제재처분의 효과는 그 처분기간이 끝난 날부터 1년간 양수인이나 합병 후 존속하는 법인에 승계되며, 행정 제재처분 절차가 진행 중인

---

4) 「행정절차법」 제21조 제4항에 따른 청문의 예외사유는 다음 각 호와 같다.
1. 공공의 안전 또는 복리를 위하여 긴급히 처분을 할 필요가 있는 경우
2. 법령등에서 요구된 자격이 없거나 없어지게 되면 반드시 일정한 처분을 하여야 하는 경우에 그 자격이 없거나 없어지게 된 사실이 법원의 재판 등에 의하여 객관적으로 증명된 경우
3. 해당 처분의 성질상 의견청취가 현저히 곤란하거나 명백히 불필요하다고 인정될 만한 상당한 이유가 있는 경우

경우에는 양수인이나 합병 후 존속하는 법인에 대하여 행정 제재처분 절차를 계속할 수 있다. 다만, 양수인이나 합병 후 존속하는 법인이 양수하거나 합병할 때에 그 처분 또는 위반사실을 알지 못하였음을 증명하는 때에는 그러하지 아니하다(법 제78조).

나. 행정 제재사유의 승계

양도인이 위법행위를 한 후 제재를 피하기 위하여 영업을 양도하는 경우가 적지 않은데, 이에 대처하기 위하여 법 제78조와 같이 명문의 규정으로 양도인의 위법행위로 인한 제재처분의 효과 또는 제재사유의 양수인에 대한 승계를 규정하는 경우가 있다. 이때 양도인의 위반행위를 알지 못한 선의의 양수인에 대한 보호에 미흡할 수밖에 없는데, 법 제78조는 양수인이 양도인의 법위반 사실을 알지 못하였음을 증명하는 경우에는 승계가 부정된다고 하여 선의의 양수인에 대한 보호규정도 마련하고 있다.

더불어, 제재사유의 승계에 관한 명문의 규정이 없는 경우에도 양도인의 위법행위로 인한 제재사유가 양수인에게도 승계되는지, 즉 행정청은 양도인의 위법행위를 이유로 양수인에 대하여 제재처분을 할 수 있는지가 문제되는바, 판례는 이 역시 긍정하고 있다(대법원 2003. 10. 23 선고 2003두8005 판결5)).

---

5) 「석유사업법」 제9조 제3항 및 그 시행령이 규정하는 석유판매업의 적극적 등록요건과 제9조 제4항, 제5조가 규정하는 소극적 결격사유 및 제9조 제4항, 제7조가 석유판매업자의 영업양도, 사망, 합병의 경우뿐만 아니라 경매 등의 절차에 따라 단순히 석유판매시설만의 인수가 이루어진 경우에도 석유판매업자의 지위승계를 인정하고 있는 점을 종합하여 보면, 석유판매업 등록은 원칙적으로 대물적 허가의 성격을 갖고, 또 석유판매업자가 같은 법 제26조의 유사석유제품 판매금지를 위반함으로써 같은 법 제13조 제3항 제6호, 제1항 제11호에 따라 받게 되는 사업정지 등의 제재처분은 사업자 개인의 자격에 대한 제재가 아니라 사업의 전부나 일부에 대한 것으로서 대물적 처분의 성격을 갖고 있으므로, 위와 같은 지위승계에는 종전 석유판매업자가 유사석유제품을 판매함으로써 받게 되는 사업정지 등 제재처분의 승계가 포함되어 그 지위를 승계한 자에 대하여 사업정지 등의 제재처분을 취할 수 있다고 보아야 하고, 같은 법 제14조 제1항 소정의 과징금은 해당 사업자에게 경제적 부담을 주어 행정상의 제재 및 감독의 효과를 달성함과 동시에 그 사업자와 거래관계에 있는 일반 국민의 불편을 해소시켜 준다는 취지에서 사업정지처분에 갈음하여 부과되는 것일 뿐이므로, 지위승계의 효과에 있어서 과징금부과처분을 사업정지처분과 달리 볼 이유가 없다.

5. 구제수단

관허사업의 제한은 제재적 행정행위로서 처분성이 인정되므로, 그 취소나 무효확인을 구하는 행정쟁송을 제기할 수 있다. 일정 기간의 영업정지의 경우 그 기간이 경과하면 권리보호의 이익이 소멸되므로 집행정지를 신청할 필요성이 크다.

6. 식품위생법 관련 판례

식품위생법 시행규칙 제89조 [별표 23] 행정처분기준 중 Ⅰ. 일반기준 제5호, 제6호의 취지 및 문언, 위 규정을 통하여 달성하려는 처분목적을 고려할 때, 일반기준 제6호에 규정한 '재적발일'은 종전의 같은 위반행위에 대한 행정처분 후에 영업자가 같은 위반행위를 한 경우로 새김이 타당하다(대법원 2014. 6. 12 선고 2014두2157 판결).

식품위생법에 의한 영업정지 등 행정처분의 적법 여부는 법 시행규칙의 행정처분기준에 적합한 것인가의 여부에 따라 판단할 것이 아니라 법의 규정 및 그 취지에 적합한 것인가의 여부에 따라 판단하여야 하는 것이고, 행정처분으로 인하여 달성하려는 공익상의 필요와 이로 인하여 상대방이 받는 불이익을 비교·형량하여 그 처분으로 인하여 공익상 필요보다 상대방이 받게 되는 불이익 등이 막대한 경우에는 재량권의 한계를 일탈한 것으로서 위법하다(대법원 2010. 4. 8. 선고 2009두22997 판결,[6] 대법원 1997. 11. 28. 선고 97누12952 판결[7]).

---

6) 지방식품의약품안정청이 유해화학물질인 말라카이트그린이 사용된 냉동새우를 수입하면서 수입신고서에 그 사실을 누락한 회사에 대하여 영업정지 1월의 처분을 한 사안에서, 이 사건 처분은 적지 않은 위생상의 위해를 야기한 원고에게 불이익을 가함과 동시에, 이로써 장래에 발생할 수 있는 위생상의 위해를 방지할 공익상의 필요에서 행해진 것으로 (식품위생법은 식품으로 인하여 생기는 위생상의 위해를 방지하고 식품영양의 질적 향상을 도모하며 식품에 관한 올바른 정보를 제공하여 국민보건의 증진에 이바지함을 그 목적으로 한다) 위 처분으로 인하여 원고가 받는 불이익이 위와 같은 공익상 필요보다 막대하다거나 양자 사이에 현저한 불균형이 발생한다고 보이지는 않는바, '구 식품위생법 시행규칙 제53조 [별표 15] 행정처분기준 ⅰ. 일반기준'을 준수한 위 처분에 재량권을 일탈하거나 남용한 위법이 없다고 한 사례.

7) 단란주점영업허가를 받은 자임에도 불구하고 당해 주점에 유흥주점영업허가를 받은 자만이 둘 수 있는 유흥접객원을 8명이나 두고 영업하여 왔을 뿐 아니라, 그 유흥접객원 중 2명은 식품위생법령상 유흥주점영업자도 유흥접객원으로 고용하여서는 아니되도록 규정된

영업허가의 취소처분이 있었다고 하더라도 그에 관한 쟁송의 수단이 남아 있는 한, 그 전에 이루어진 영업정지처분에 대하여도 행정소송으로 그 취소를 구할 이익이 있다고 할 것이므로, 영업허가취소처분에 관하여 불복하여 행정소송을 제기하고 있다면, 영업허가가 취소되었다는 사정만으로 영업정지처분의 취소를 구하는 소송이 소의 이익이 없어 부적법하게 된다고 할 수는 없다(대법원 1995. 3. 28. 선고 94누6925 판결).

대중음식점 영업정지명령을 받은 자의 종업원들이 그 영업정지기간 중에 그 음식점 건물과 같은 과수원 울타리 안의 불과 70여 미터 떨어진 곳에 농막과 평상 등을 설치하고 그 영업자의 집기 등을 이용하여 대중음식점 영업을 한 경우에 영업자가 영업정지명령을 위반하여 계속적으로 영업행위를 한 때에 해당한다(대법원 1991. 5. 14. 선고 90누8435 판결).

V. 과징금(법 제82조, 제83조)

1. 관련 규정

가. 영업정지 등의 처분에 갈음하여 부과하는 과징금 처분

식품의약품안전처장, 시·도지사 또는 시장·군수·구청장은 영업자가 법 제75조 제1항 각 호 또는 제76조 제1항 각 호의 어느 하나에 해당하는 경우에는 령 제53조 [별표 1 영업정지 등의 처분에 갈음하여 부과하는 과징금 산정기준]으로 정하는 바에 따라 영업정지, 품목 제조정지 또는 품목류 제조정지 처분을 갈음하여 10억원 이하의 과징금을 부과할 수 있다. 다만, 법 제6조를 위반하여 제75조 제1항에 해당하는 경우와 제4조, 제5조, 제7조, 제12조의2, 제37조, 제43조 및 제44조를 위반하여 제75조 제1항 또는 제76조 제1항에 해당하

20세 미만의 자이었고, 단란주점영업자가 설치하여서는 아니되는 특수조명시설(우주볼)을 설치한 것에 대하여 이미 지방자치단체장으로부터 2차에 걸쳐 시설개수명령을 받았음에도 위 명령에 응하지 않고 위 시설 중 일부를 철거하지 않은 채 영업하여 온데다가, 식품위생법령에 정해진 영업시간제한 규정에 위배하여 영업하였던 것이므로, 이와 같은 위반의 정도 및 그 내용, 위반 전력 등에 비추어 보면 지방자치단체장의 당해 영업정지처분이 재량권의 범위를 일탈하여 위법한 것이라고 보기 어렵다고 한 사례.

는 중대한 사항으로서 규칙 제92조 [별표 23 행정처분 기준]으로 정하는 경우
는 제외한다(법 제82조 제1항).

식품의약품안전처장, 시·도지사 또는 시장·군수·구청장은 과징금을 징수
하기 위하여 필요한 경우에는 납세자의 인적 사항, 사용 목적, 과징금 부과기
준이 되는 매출금액을 적은 문서로 관할 세무관서의 장에게 과세 정보 제공을
요청할 수 있다(법 제82조 제3항).

과징금을 기한 내에 납부하지 아니하는 때에는 령 제55조로 정하는 바에
따라 과징금 부과처분을 취소하고, 법 제75조 제1항 또는 제76조 제1항에 따른
영업정지 또는 제조정지 처분을 하거나 국세 체납처분의 예 또는 「지방세외수
입금의 징수 등에 관한 법률」에 따라 징수한다. 다만, 법 제37조 제3항, 제4항
및 제5항에 따른 폐업 등으로 제75조 제1항 또는 제76조 제1항에 따른 영업정
지 또는 제조정지 처분을 할 수 없는 경우에는 국세 체납처분의 예 또는 「지방
세외수입금의 징수 등에 관한 법률」에 따라 징수한다(법 제82조 제4항).

징수한 과징금 중 식품의약품안전처장이 부과·징수한 과징금은 국가에 귀
속되고, 시·도지사가 부과·징수한 과징금은 시·도의 식품진흥기금에 귀속되
며, 시장·군수·구청장이 부과·징수한 과징금은 시·도와 시·군·구의 식품진
흥기금에 귀속된다(법 제82조 제5항).

나. 위해식품 등의 판매 등에 따른 과징금 부과 등

식품의약품안전처장, 시·도지사 또는 시장·군수·구청장은 위해식품 등의
판매 등 금지에 관한 법 제4조부터 제6조까지의 규정 또는 제8조를 위반한 경
우 다음의 어느 하나에 해당하는 자에 대하여 그가 판매한 해당 식품 등의 소
매가격에 상당하는 금액을 과징금으로 부과한다(법 제83조 제1항). 과징금의 산
출금액은 령 제57조로 정하는 바에 따라 결정하여 부과한다(법 제83조 제2항).

(1) 법 제4조 제2호·제3호 및 제5호부터 제7호까지의 규정을 위반하여 제
75조에 따라 영업정지 2개월 이상의 처분, 영업허가 및 등록의 취소 또는 영업
소의 폐쇄명령을 받은 자

(2) 법 제5조, 제6조 또는 제8조를 위반하여 제75조에 따라 영업허가 및

등록의 취소 또는 영업소의 폐쇄명령을 받은 자

부과된 과징금을 기한 내에 납부하지 아니하는 경우 또는 법 제37조 제3
항, 제4항 및 제5항에 따라 폐업한 경우에는 국세 체납처분의 예 또는 「지방세
외수입금의 징수 등에 관한 법률」에 따라 징수한다(법 제83조 제3항).

2. 과징금의 의의 및 내용

과징금이란 행정법상 의무를 불이행하였거나 위반한 자에게 가해지는 금
전상의 제재를 말한다. 판례는 과징금을 "원칙적으로 행정법상의 의무를 위반
한 자에 대하여 당해 위반행위로 얻게 된 경제적 이익을 박탈하기 위한 목적으
로 부과하는 금전적인 제재"로 정의하고 있다(대법원 2002. 5. 28. 선고 2000두6121
판결 등).

또한 변형된 형태의 과징금으로 영업정지처분에 갈음하여 과징금을 부과
할 수 있는 경우가 적지 않은데, 행정법규 위반으로 영업정지를 명하여야 하나
그 영업정지처분이 일반 국민에게 큰 불편을 초래하거나 공익을 해칠 우려가
있는 경우 영업정지를 대신하여 그 영업으로 인한 이익을 박탈하는 과징금을
부과할 수 있도록 한 것이다.

영업정지처분에 갈음하는 과징금이 규정되어 있는 경우 과징금을 부과할
것인지 영업정지처분을 내릴 것인지는 통상 행정청의 재량에 속한다(대법원
2015. 6. 24. 선고 2015두39378 판결). 다만, 과징금부과처분을 하지 않고 영업정지
처분을 한 것이 비례의 원칙, 평등의 원칙 등 법의 일반원칙에 반하는 등 재량
권의 일탈·남용이 있으면 위법하다. 예를 들면, 과징금부과처분을 하지 않고
영업정지처분을 한 것이 심히 공익을 해하고, 사업자에게도 가혹한 불이익을
초래하는 경우에는 비례원칙에 반한다.

법 제83조에 규정된 과징금은 본래의 의미의 과징금이고, 법 제82조에 규
정된 과징금은 변형된 과징금이다.

3. 과징금 액수 결정에 참작할 내용

식품위생법은 과징금 부과기준을 법규명령인 대통령령에 위임하고 있다.

판례는 구 청소년보호법 시행령에 규정된 과징금처분기준에 대하여, 대통령령에 규정된 과징금처분기준은 법규명령이기는 하나 모법의 위임규정의 내용과 취지 및 헌법상의 과잉금지의 원칙과 평등의 원칙 등에 비추어 같은 유형의 위반행위라 하더라도 그 규모나 기간·사회적 비난 정도·위반행위로 인하여 다른 법률에 의하여 처벌받은 다른 사정·행위자의 개인적 사정 및 위반행위로 얻은 불법이익의 규모 등 여러 요소를 종합적으로 고려하여 사안에 따라 적정한 과징금의 액수를 정하여야 할 것이므로 그 수액은 정액이 아니라 최고한도액이라고 판시하였다(대법원 2001. 3. 9. 선고 99두5207 판결).

같은 위반행위에 대한 식품위생법의 규정에 의한 영업정지처분과 청소년보호법에 의한 과징금의 부과처분은 서로 목적하는 바가 달라 중복된 행정처분이라고 할 수 없다. 다만, 과징금의 액수를 정함에 있어서는 위 영업정지처분의 내용이 참작되어야 한다[서울고등법원 1999. 3. 24. 선고 98누13647 판결(대법원 2001. 3. 9. 선고 99두5207 판결의 원심판결)].

4. 구제수단

과징금의 부과는 행정처분적 성질을 갖고 있기 때문에 이러한 과징금 부과 및 징수에 하자가 있는 경우 행정쟁송절차에 따라 다툴 수 있다.

5. 식품위생법 관련 판례

행정청이 식품위생법령에 따라 영업자에게 행정제재처분(3월의 영업정지처분)을 한 후 그 처분을 영업자에게 유리하게 변경하는 처분(2월의 영업정지에 갈음하는 과징금부과처분)을 한 경우, 변경처분에 의하여 당초 처분은 소멸하는 것이 아니고 당초부터 유리하게 변경된 내용의 처분으로 존재하는 것이므로, 변경처분에 의하여 유리하게 변경된 내용의 행정제재가 위법하다 하여 그 취소를 구하는 경우 그 취소소송의 대상은 변경된 내용의 당초 처분이지 변경처분은 아니고, 제소기간의 준수 여부도 변경처분이 아닌 변경된 내용의 당초 처분을 기준으로 판단하여야 한다(대법원 2007. 4. 27. 선고 2004두9302 판결).

제9장

벌 칙

식품위생법 제13장은 형벌과 과태료를 규정하고 있다. 본 장에서는 형벌 및 과태료를 부과하는 구성요건을 비슷한 유형별로 분류하여 적용법조, 법정형을 한눈에 보기 쉽게 표로 정리하고, 양형위원회가 의결하여 시행하고 있는 「식품·보건범죄 양형기준」의 주요 내용을 서술하였다. 식품위생법 위반행위중에서는 「보건범죄 단속에 관한 특별조치법」이 그 형을 가중하는 경우가 있으므로 주의하여야 한다.

벌 칙*

제1절 형 벌

I. 위반행위 유형에 따른 분류

1. 허위표시

구성요건	적용법조	법정형
식품 등의 명칭·제조방법, 품질·영양 표시, 유전자변형식품 등 및 식품이력추적관리 표시, 식품 또는 식품첨가물의 영양가·원재료·성분·용도에 관하여, • 질병의 예방 및 치료에 효능·효과가 있거나 의약품 또는 건강기능식품으로 오인·혼동할 우려가 있는 내용의 표시·광고	법 제94조 제1항 제2호의2	10년 이하의 징역 또는 1억원 이하의 벌금 (병과 가능)
– 법 제94조 제1항의 죄로 형을 선고받고 그 형이 확정된 후 5년 이내에 재범	법 제94조 제2항	1년 이상 10년 이하의 징역
– 법 제94조 제2항의 경우 그 해당 식품 또는 식품첨가물을 판매한 때	법 제94조 제3항	소매가격의 4배 이상 10배 이하에 해당하는 벌금을 병과

---

* 식품위생법 제13장에 해당하는 부분임.

식품 등의 명칭·제조방법, 품질·영양 표시, 유전자변형식품 등 및 식품이력추적관리 표시, 식품 또는 식품첨가물의 영양가·원재료·성분·용도에 관하여, • 사실과 다르거나 과장된 표시·광고 • 소비자를 기만하거나 오인·혼동시킬 우려가 있는 표시·광고 • 다른 업체 또는 그 제품을 비방하는 광고 • 영유아식, 체중조절용 조제식품 등에 대하여 심의를 받지 아니하거나 심의 받은 내용과 다른 내용의 표시·광고	법 제95조 제1호 (법 제13조 제1항 제2호 내지 제5호의 규정을 위반한 경우)	5년 이하의 징역 또는 5천만원 이하의 벌금 (병과 가능)
식품 또는 식품첨가물의 표시, 기준과 규격이 정하여진 기구 및 용기·포장의 표시(집단급식소의 경우 관련 규정을 준용함), 유전자재조합식품 등 표시에 관한 기준이 정하여진 식품 등을 그 기준에 맞는 표시 없이 판매하거나 판매할 목적으로 수입·진열·운반하거나 영업에 사용	법 제97조 제1호 [법 제10조 제2항(법 제88조에서 준용하는 경우를 포함함), 제12조의2 제2항의 규정을 위반한 경우]	3년 이하의 징역 또는 3천만원 이하의 벌금
식품 등의 명칭·제조방법·성분 등에 대하여 • 질병의 예방·치료에 효능이 있는 것으로 인식할 우려가 있는 표시 또는 광고 • 식품 등을 의약품으로 인식할 우려가 있는 표시 또는 광고 • 건강기능식품이 아닌 것을 건강기능식품으로 인식할 우려가 있는 표시 또는 광고	식품표시광고법 제26조 제1항	10년 이하의 징역 또는 1억원 이하의 벌금 (병과 가능)
– 제1항의 죄로 형을 선고받고 그 형이 확정된 후 5년 이내에 재범	식품표시광고법 제26조 제2항	1년 이상 10년 이하의 징역
– 제2항의 경우 해당 식품 등을 판매하였을 때	식품표시광고법 제26조 제3항	판매가격의 4배 내지 10배의 벌금 병과
• 건강기능식품 표시기준을 위반하여 건강기능식품을 판매하거나 판매할 목적으로 제조·가공·소분·수입·포장·보관·진열 또는 운반하거나 영업에 사용한 자 • 거짓·과장, 소비자 기만, 다른 업체 비방, 부당 비교, 사행·음란, 미심의 표시 또는 광고	식품표시광고법 제27조 제1호, 제2호	5년 이하의 징역 또는 5천만원 이하의 벌금 (병과 가능)

| 표시가 없거나 표시방법을 위반한 식품 등(건강기능식품 제외)을 판매하거나 판매할 목적으로 제조·가공·소분·수입·포장·보관·진열 또는 운반하거나 영업에 사용 | 식품표시광고법 제28조 제1호 | 3년 이하의 징역 또는 3천만원 이하의 벌금 |
| 실증자료 미제출시의 표시·광고 중지명령 위반 | 식품표시광고법 제29조 제1호 | 1년 이하의 징역 또는 1천만원 이하의 벌금 (병과 가능) |

2. 유해식품

구성요건	적용법조	법정형
무허가·무신고·무등록 제조·가공, 유사 식품 등 위조·변조, 그 사실을 알고 판매·판매목적취득·판매알선, 기준·규격이 정하여지지 아니한 화학적 합성품인 첨가물을 식품첨가물로 사용, 기준과 규격에 맞지 아니하는 식품 또는 식품첨가물 판매·판매목적제조, 그 정황을 알고 판매·판매목적취득·판매알선 • 식품, 식품첨가물이 인체에 현저히 유해한 경우 • 식품, 식품첨가물의 가액이 소매가격으로 연간 5천만원 이상 • 유해식품 등으로 사람이 사상에 이른 경우	보건범죄 단속에 관한 특별조치법 제2조 제1항 제1호 제2호 제3호	무기 또는 5년 이상의 징역 무기 또는 3년 이상의 징역 사형, 무기 또는 5년 이상의 징역
보건범죄 단속에 관한 특별조치법 제2조 제1항의 경우	보건범죄 단속에 관한 특별조치법 제2조 제2항	제조, 가공, 위조, 변조, 취득, 판매하거나 판매를 알선한 제품의 소매가격의 2배 내지 5배 상당의 벌금 병과
소해면상뇌증(광우병), 탄저병, 가금 인플루엔자에 걸린 동물을 사용하여 판매할 목적으로 식품 또는 식품첨가물을 제조·가공·수입 또는 조리	법 제93조 제1항	3년 이상의 징역
마황, 부자, 천오, 초오, 백부자, 섬수, 백선피, 사리풀의 원료 또는 성분 등을 사용하여 판매할 목적으로 식품 또는 식품첨가물을 제조·가공·수입 또는 조리	법 제93조 제2항	1년 이상의 징역

법 제93조 제1, 2항의 경우 제조·가공·수입·조리한 식품 또는 식품첨가물을 판매하였을 때	법 제93조 제3항	소매가격의 2배 이상 5배 이하에 해당하는 벌금을 병과
법 제93조 제1, 2항의 죄로 형을 선고받고 그 형이 확정된 후 5년 이내에 재범한 자가 식품 등을 판매하였을 때	법 제93조 제4항	소매가격의 4배 이상 10배 이하에 해당하는 벌금을 병과
• 썩거나 상하거나 설익은 것, 유독·유해물질이 포함된 것, 병원성 미생물에 오염된 것, 불결하거나 다른 물질이 첨가된 것 또는 그 밖의 사유로 인체의 건강을 해칠 우려가 있는 것, 안전성 심사 대상인 농·축·수산물 등 중 미심사 또는 식용 부적합 판정된 것, 수입이 금지된 것 또는 수입신고 없이 수입한 것, 영업자가 아닌 자가 제조·가공·소분한 것을 판매하거나 판매할 목적으로 채취·제조·수입·가공·사용·조리·저장·소분·운반 또는 진열 • 규칙으로 정하는 질병에 걸렸거나 걸렸을 염려가 있는 동물이나 그 질병에 걸려 죽은 동물의 고기·뼈·젖·장기 또는 혈액을 식품으로 판매하거나 판매할 목적으로 채취·수입·가공·사용·조리·저장·소분 또는 운반하거나 진열 • 기준·규격이 정하여지지 아니한 화학적 합성품인 첨가물과 이를 함유한 물질을 식품첨가물로 사용하거나, 위와 같은 식품첨가물이 함유된 식품을 판매하거나 판매할 목적으로 제조·수입·가공·사용·조리·저장·소분·운반 또는 진열하는 행위	법 제94조 제1항 제1호, 제2호 (법 제88조에서 준용하는 경우를 포함)	10년 이하의 징역 또는 1억원 이하의 벌금 (병과 가능)
− 법 제94조 제1항의 죄로 형을 선고받고 그 형이 확정된 후 5년 이내에 재범	법 제94조 제2항	1년 이상 10년 이하의 징역
− 법 제94조 제2항의 경우 그 해당 식품 또는 식품첨가물을 판매한 때	법 제94조 제3항	소매가격의 4배 이상 10배 이하에 해당하는 벌금을 병과
• 기준과 규격에 맞지 아니하는 식품 또는 식품첨가물을 판매하거나 판매할 목적으로 제조·수입·가공·사용·조리·저장·소분·운반·보존 또는 진열	법 제95조 제1호 (법 제7조 제4항, 제9조 제4항의	5년 이하의 징역 또는 5천만원 이하의 벌금 (병과 가능)

구성요건	적용법조	법정형
(집단급식소의 경우 관련규정을 준용함) • 기준과 규격에 맞지 아니한 기구 및 용기·포장은 판매하거나 판매할 목적으로 제조·수입·저장·운반·진열하거나 영업에 사용(집단급식소의 경우 관련규정을 준용함)	규정을 위반한 경우. 제88조에서 준용하는 경우를 포함)	
판매의 목적으로 식품 등을 제조·가공·소분·수입 또는 판매한 영업자가 해당 식품 등이 법 제4조 내지 제6조, 제7조 제4항, 제8조, 제9조 제4항, 제10조 제2항, 제12조의2 제2항 또는 제13조를 위반한 사실(식품 등의 위해와 관련이 없는 위반사항을 제외한다)을 알게 되었음에도 지체 없이 유통 중인 해당 식품 등을 회수하거나 회수하는 데에 필요한 조치를 하지 않은 경우	법 제95조 제3호의2	5년 이하의 징역 또는 5천만원 이하의 벌금 (병과 가능)
소비자로부터 이물 발견의 신고를 접수하고 이를 거짓으로 보고한 영업자, 이물의 발견을 거짓으로 신고한 자, 위해식품 등의 회수계획을 보고를 하지 아니하거나 거짓으로 보고한 영업자	법 제98조 제2호 내지 제4호	1년 이하의 징역 또는 1천만원 이하의 벌금

3. 무허가 영업 등

구성요건	적용법조	법정형
관할관청의 허가 없이 허가 대상인 영업을 하였거나, 중요사항의 변경허가를 받지 않은 경우	법 제94조 제1항 제3호	10년 이하의 징역 또는 1억원 이하의 벌금 (병과 가능)
– 법 제94조 제1항의 죄로 형을 선고받고 그 형이 확정된 후 5년 이내에 재범	법 제94조 제2항	1년 이상 10년 이하의 징역
– 법 제94조 제2항의 경우 그 해당 식품 또는 식품첨가물을 판매한 때	법 제94조 제3항	소매가격의 4배 이상 10배 이하에 해당하는 벌금을 병과
관할관청에 등록하지 않고 등록 대상인 영업을 하였거나, 중요사항의 변경등록을 하지 않았거나, 경미한 사항의 변경신고를 하지 않은 경우	법 제95조 제2호의2	5년 이하의 징역 또는 5천만원 이하의 벌금 (병과 가능)

식품접객영업자와 그 종업원이 시·도의 조례로 정한 영업시간 및 영업행위 제한을 위반한 경우	법 제95조 제3호	5년 이하의 징역 또는 5천만원 이하의 벌금 (병과 가능)
집단급식소 운영자와 령으로 정하는 식품접객업자가 조리사, 영양사를 두고 그 직무를 수행하게 하지 않은 경우	법 제96조	3년 이하의 징역 또는 3천만원 이하의 벌금 (병과 가능)
자가품질검사 의무 위반, 영업승계 신고 의무 위반, 식품안전관리인증기준 준수 의무 위반, 식품이력추적관리 등록 의무 위반, 조리사 아닌 자의 조리사 명칭 사용	법 제97조 제1호(제31조 제1항·제3항, 제39조 제3항, 제48조 제2항·제10항, 제49조 제1항 단서 또는 제55조를 위반한 경우)	3년 이하의 징역 또는 3천만원 이하의 벌금
영업허가를 받은 자의 경미한 사항의 변경신고 의무 위반, 영업신고 및 변경신고 의무 위반	법 제97조 제1호(제37조 제3항·제4항을 위반한 경우)	3년 이하의 징역 또는 3천만원 이하의 벌금
시설기준을 갖추지 못한 영업자, 영업허가에 필요한 조건을 갖추지 못한 영업자, 영업자 등의 준수사항을 지키지 아니한 자	법 제97조 제4호 내지 제6호	3년 이하의 징역 또는 3천만원 이하의 벌금
유흥주점을 제외한 식품접객업을 하는 장소에서 유흥접객행위를 하거나 그 행위를 알선	법 제98조 제1호	1년 이하의 징역 또는 1천만원 이하의 벌금

4. 행정 제재 위반

구성요건	적용법조	법정형
관할관청의 폐기명령, 위해식품 공표명령을 위반한 경우	법 제95조 제4호	5년 이하의 징역 또는 5천만원 이하의 벌금 (병과 가능)
관할관청의 영업정지 명령을 위반하여 영업을 계속한 경우(영업허가를 받은 자만 해당)	법 제95조 제5호	5년 이하의 징역 또는 5천만원 이하의 벌금 (병과 가능)

식품의약품안전처장의 긴급대응(위해 여부 확인 전까지 해당 식품 등의 제조·판매 등을 금지)에도 불구하고 영업자가 해당 식품 등을 제조·판매한 경우	법 제97조 제1호(제17조 제4항)	3년 이하의 징역 또는 3천만원 이하의 벌금
관할관청의 출입·검사·수거조치, 폐기처분에 따른 검사·출입·수거·압류·폐기를 거부·방해 또는 기피한 자	법 제97조 제2호	3년 이하의 징역 또는 3천만원 이하의 벌금
영업정지 명령 위반(영업신고 또는 등록을 한 자만 해당) 또는 영업소 폐쇄명령 위반, 제조정지 명령 위반, 봉인 또는 게시문을 제거·손상	법 제97조 제7호 내지 제9호	3년 이하의 징역 또는 3천만원 이하의 벌금

5. 양벌규정

구성요건	적용법조	법정형
법인의 대표자나 법인 또는 개인의 대리인, 사용인, 그 밖의 종업원이 그 법인 또는 개인의 업무에 관하여, • 제93조 제3항 또는 제94조 내지 제97조의 위반행위를 한 경우 • 제93조 제1항의 위반행위를 한 경우 • 제93조 제2항의 위반행위를 한 경우 (다만, 법인 또는 개인이 그 위반행위를 방지하기 위하여 해당 업무에 관하여 상당한 주의와 감독을 게을리 하지 아니한 경우에는 그러하지 아니함)	법 제100조	그 행위자를 벌하는 외에 그 법인 또는 개인에게도 벌금을 과함 해당 조문의 벌금형 1억5천만원 이하의 벌금 5천만원 이하의 벌금

II. 양형기준[1]

1. 감경 및 가중 인자

가. 허위표시

유형	구분	감경	기본	가중
1	중소규모 유형 (5,000만원 미만)	~8월	4월~1년	10월~1년6월
2	일반 유형	4월~1년	10월~2년	1년6월~3년6월
3	대규모 유형 (5억원 초과)	8월~2년	1년6월~3년	2년~4년6월

구분		감경인자	가중인자
특별 양형 인자	행위	• 범행 가담에 특히 참작할 사유가 있는 경우 • 정품과 정품 아닌 것을 혼합하여 판매하는 등 법률위반 정도가 무겁지 아니한 경우 • 허위표시의 정도가 경미하거나 표시기준을 위반한 경우 등 • 제조된 식품 등이 유통되지 못한 경우	• 사회적 신뢰가 현저히 손상된 경우 • 실제 시중가격이 정상제품의 시중가격과 큰 차이가 있는 경우 • 범행수법이 조직적, 계획적 또는 전문적인 경우
	행위자 /기타	• 농아자 • 심신미약(본인 책임 없음) • 자수 또는 내부비리 고발	• 상습범(원산지 허위표시인 경우) • 5년 이내 동종재범(질병 예방 및 치료 효능 등 내용의 표시·광고 등 행위) 또는 동종 누범
일반 양형 인자	행위	• 실제로 취득한 부당이득의 액수가 크지 않은 경우 • 범행동기에 참작할 만한 사정이 있는 경우	• 질병예방 및 치료 효능 등 내용의 표시·광고 등 행위 • 가축에 대한 부정행위를 한 경우 • TV 등 대중매체를 통하여 적극적으로 홍보한 경우 • 단속공무원과 결탁한 경우 • 범행기간이 장기인 경우
	행위자 /기타	• 적발 후 바로 폐업·폐기 등의 조치를 취한 경우	• 범행 후 증거은폐 또는 은폐 시도 • 이종 누범, 누범에 해당하지 않는 동종

[1] 양형위원회, 2015. 5. 15. 시행, 「식품·보건범죄 양형기준」.

• 진지한 반성 • 형사처벌 전력 없음	전과(집행종료 후 10년 미만)

나. 유해식품

유형	구분	감경	기본	가중
1	가짜 등 기준·규격 위반식품 등의 제조 등	8월～1년6월	1년～2년6월	2년～4년
2	유해한 식품 등의 제조 등	1년～2년	1년6월～3년	2년6월～5년
3	광우병, 탄저병, 조류독감에 걸린 동물을 사용한 식품 제조 등	1년6월～3년	2년～4년6월	4년～7년
4	현저히 유해한 식품 등의 판매 등으로 상해의 결과가 발생	2년6월～4년	3년6월～6년	5년～8년
5	사망의 결과가 발생	4년～7년	5년～8년	7년～10년

구분		감경인자	가중인자
특별 양형 인자	행위	• 범행 가담에 특히 참작할 사유가 있는 경우 • 제조된 식품 등이 유통되지 못한 경우 • 보건범죄 단속에 관한 특별조치법위반이 아닌 경우(1, 2유형)	• 중한 상해가 발생하거나 그 위험성이 매우 높거나 다수 피해자가 상해를 입은 경우 • 허위서류나 위조 등 부정한 수단을 사용한 경우 • 식품 등의 소매가격이 1억원 이상인 경우 • 유아·어린이용 식품 등인 경우
	행위자 /기타	• 농아자 • 심신미약(본인 책임 없음) • 자수 또는 내부비리 고발	• 5년 이내 동종재범(위해식품 판매 등 행위) 또는 동종 누범
일반 양형 인자	행위	• 유해 식품 등의 제조나 유통 과정에서 중요 역할을 담당하지 않고 단순히 운반·보존·진열 행위만 한 경우 • 범행동기에 참작할 만한 사정이 있는 경우	• 단속공무원과 결탁한 경우 • 범행기간이 장기인 경우 • 상해가 발생한 경우(상해가 중하거나, 위험성이 매우 높거나, 다수 피해자가 상해를 입은 경우 제외)

			• 식품위생법 제93조 제2항을 위반한 경우(2유형)
행위자 /기타		• 적발 후 바로 폐업·폐기 등의 조치를 취한 경우 • 피해자 측의 처벌불원(상해 또는 사망의 결과가 발생한 경우) • 진지한 반성 • 형사처벌 전력 없음	• 범행 후 증거은폐 또는 은폐 시도 • 이종 누범, 누범에 해당하지 않는 동종 전과(집행종료 후 10년 미만)

2. 집행유예 참작사유

가. 허위표시

구분	부정적	긍정적
주요 참작 사유	• 동종 전과(10년 이내) • 3유형인 경우 • 사회적 신뢰가 현저히 손상된 경우 • 범행수법이 조직적, 계획적 또는 전문적인 경우 • 실제 시중가격이 정상제품의 시중가격과 큰 차이가 있는 경우 • 상습범(원산지 허위표시인 경우)	• 범행 가담에 특히 참작할 사유가 있는 경우 • 1유형인 경우 • 실제로 취득한 부당이득의 액수가 크지 않은 경우 • 제조된 식품 등이 유통되지 못한 경우 • 자수 또는 내부비리 고발 • 형사처벌 전력 없음
일반 참작 사유	• 질병예방 및 치료 효능 등 내용의 표시·광고 등 행위 • 가축에 대한 부정행위를 한 경우 • 범행기간이 장기인 경우 • 단속공무원과 결탁한 경우 • TV 등 대중매체를 통하여 적극적으로 홍보한 경우 • 2회 이상 집행유예 이상 전과 • 사회적 유대관계 결여 • 진지한 반성 없음 • 공범으로서 주도적 역할 • 범행 후 증거은폐 또는 은폐 시도	• 적발 후 바로 폐업·폐기 등의 조치를 취한 경우 • 공범으로서 소극 가담 • 집행유예 이상의 전과가 없음 • 사회적 유대관계 분명 • 진지한 반성 • 피고인이 고령 • 피고인의 건강상태가 매우 좋지 않음 • 피고인의 구금이 부양가족에게 과도한 곤경을 수반

나. 유해식품

구분	부정적	긍정적
주요 참작 사유	• 동종 전과(10년 이내) • 유해성이 크지 않다는 점이 밝혀지지 아니한 경우 • 식품 등의 소매가격이 1억원 이상 또는 의약품 등의 소매가격이 2,000만원 이상인 경우 • 유아·어린이용 식품 등인 경우 • 중한 상해가 발생하거나 그 위험성이 매우 높거나 다수 피해자가 상해를 입은 경우	• 범행 가담에 특히 참작할 사유가 있는 경우 • 제조된 식품 등이 유통되지 아니한 경우 • 자수 또는 내부비리 고발 • 형사처벌 전력 없음
일반 참작 사유	• 범행기간이 장기인 경우 • 허위서류나 위조 등 부정한 수단을 사용한 경우 • 중하지 않은 상해가 발생한 경우 • 피해 회복 노력 없음(상해·사망의 결과가 발생한 경우) • 단속공무원과 결탁한 경우 • 2회 이상 집행유예 이상의 전과 • 사회적 유대관계 결여 • 진지한 반성 없음 • 공범으로서 주도적 역할 • 범행 후 증거은폐 또는 은폐 시도	• 적발 후 바로 폐업·폐기 등의 조치를 취한 경우 • 피해자 측의 처벌불원, 상당금액 공탁, 진지한 피해 회복 노력(상해·사망의 결과가 발생한 경우) • 공범으로서 소극 가담 • 집행유예 이상의 전과가 없음 • 사회적 유대관계 분명 • 진지한 반성 • 피고인이 고령 • 피고인의 건강상태가 매우 좋지 않음 • 피고인의 구금이 부양가족에게 과도한 곤경을 수반

제2절 과태료

부과사유	적용법조	상한
• 영양표시 기준 미준수 • 나트륨 함량 비교 표시 기준 위반	법 제101조 제1항	1천만원 이하
• 식품 등의 위생적인 취급의무 위반, 건강진단 의무 위반, 식품위생교육 미비, 식중독에 관한 조사보고 의무 위반 • 검사명령 불응 • 식품 등 제조·가공사실 보고의무 미준수 • 실적보고의무 미준수 • 식품안전관리인증기준적용업소 아닌 업소가 명칭사용 • 조리사·영양사 교육 미비 • 시설개수명령 위반 • 집단급식소 설치·운영 신고의무 위반 • 집단급식소 시설 위생관리 의무 위반	법 제101조 제2항	500만원 이하
• 영업자 등의 준수사항 중 경미사항 위반 • 소비자로부터 이물 발견신고를 받고 보고의무 미준수 • 식품이력추적관리 등록사항이 변경된 경우 변경사유가 발생한 날부터 1개월 이내에 미신고 • 식품이력추적관리정보를 목적 외에 사용	법 제101조 제3항	300만원 이하
법 제82조에 따라 과징금을 부과한 행위에 대하여는 과태료를 부과할 수 없음 (다만, 제82조 제4항 본문에 따라 과징금 부과처분을 취소하고 영업정지 또는 제조정지 처분을 한 경우에는 그러하지 아니함)	법 제102조	

찾아보기

지은이 약력

박철 대표변호사

1988년 판사로 임용된 후 2010년 서울고등법원 부장판사로 퇴임할 때까지 23년간 판사로 재직하면서 주해민법과 실무제요 등 집필에 참여하였다. 2010년부터 법무법인(유한) 바른의 구성원 변호사로 활동하였고, 현재는 대표변호사로 재직 중이다. 제약회사와 시험기관의 생동성(생물학적 동등성)시험 조작 사건에서 대법원 파기환송판결을 받아낸 바 있다.

김상훈 변호사

법무법인(유한) 바른 식품의약팀장으로서 식품회사와 제약회사에서 발생하는 각종 법률문제들을 종합적으로 상담하고 분쟁을 해결해주는 역할을 하고 있다. 식품의약산업뿐 아니라 가족기업에서 발생하는 상속증여와 가업승계문제도 담당하고 있다. 고려대에서 박사학위(민법)를 취득하였고, 고려대 로스쿨 겸임교수로도 재직하고 있다.

황서웅 변호사

법무법인(유한) 바른의 파트너 변호사로서, 국가계약 및 공공입찰 관련 분쟁, 각종 인허가 및 행정처분의 효력에 관한 분쟁, 기업형사사건 등 송무 업무를 담당하고 있다. 식품의약팀에서도 이러한 경험을 기초로, 식품의약품안전처의 각종 처분 전단계에서의 대응, 행정처분 발령 이후 그 효력에 관한 분쟁, 식품위생법위반 형사사건을 전담하고 있다.

최재웅 변호사

법무법인(유한) 바른의 파트너 변호사로서, M&A, 국제거래, 컴플라이언스 등 기업관련 법률자문 업무를 담당하고 있으며, 외국계 식품 또는 건강보조식품 회사들의 법률자문 업무를 다수 수행하였다. 중국인민대학에서 석사학위를 받고 중국 현지 로펌에서 근무한 경력이 있는 '중국통'으로서 현재 식품의약팀에서 인허가 및 대관업무를 주로 담당하고 있다.

김미연 변호사

법무법인(유한) 바른의 파트너 변호사로서, 식품의약팀 간사를 맡고 있다. 검사로 재직하였던 경험을 살려 기업형사, 수사대응 사건을 담당하였고, 행정청의 영업정지처분을 다투는 사건도 다수 수행하였다. 식품회사의 경영권 분쟁, 홈쇼핑 납품용 식품 제조·공급에 관한 사건 등을 담당하면서 식품의약에 대한 관심이 커져, 식품법규 및 정책을 연구 중이다.

김경수 변호사

법무법인(유한) 바른의 소속 변호사로서, 의사 면허를 소지하고 있다. 서울행정법원 조세·도시정비 전담부, 서울고등법원 상사기업 전담부에서 각 재판연구원으로 근무하고 서울대학교 법과대학에서 행정법 박사과정을 수료하였다. 식품의약팀에서도 의약품 관련 행정 영역 자문, 의료 관련 민·형사 사건을 수행한 바 있다.

김남곤 변호사

성균관대학교 법학과 졸업, 사법연수원 제44기 수료 후, 2015년부터 법무법인(유한) 바른에서 소속 변호사로 재직 중이다. 프랜차이즈 피자 회사, 김치류 제조·유통 회사, 액상형 전자담배 회사 등의 법률자문 및 행정, 형사 소송을 맡아 수행하였다.

장은진 변호사

M&A, 국제거래, 컴플라이언스 등 기업관련 법률자문 업무를 담당하고 있으며, 외국계 식품 또는 건강보조식품 회사들의 법률자문 업무를 수행하고 있다. 현재 식품의약팀에서 표시 및 광고 관련 자문 업무를 주로 담당하고 있다.

이지연 변호사

고려대학교 법학과 졸업, 서울대학교 법학전문대학원(변시 7회) 졸업 후, 2018년부터 법무법인(유한) 바른에서 소속 변호사로 재직 중이다. 건설, 재건축 등의 업무를 주로 담당하고 있고, 최근에는 식품위생 분야에 대하여 관심을 가지고 관련 연구를 계속하고 있다.

김하연 변호사

서울대학교 경영학과 졸업, 고려대학교 법학전문대학원(변시 7회) 졸업 후, 2018년부터 법무법인(유한) 바른에서 소속 변호사로 재직 중이다. 주로 금융 관련 분쟁해결업무를 담당하고 있으며, 식품의약산업 규제에 특별한 관심을 가지고 연구를 계속하고 있다.

식품위생법해설

초판발행	2019년 2월 10일
중판발행	2023년 5월 10일

지은이	법무법인(유한) 바른 식품의약팀
펴낸이	안종만·안상준

편 집	심성보
기획/마케팅	조성호
표지디자인	김연서
제 작	고철민·조영환

펴낸곳	(주) **박영사**
	서울특별시 금천구 가산디지털2로 53, 210호(가산동, 한라시그마밸리)
	등록 1959. 3. 11. 제300-1959-1호(倫)
전 화	02)733-6771
f a x	02)736-4818
e-mail	pys@pybook.co.kr
homepage	www.pybook.co.kr
ISBN	979-11-303-3361-8 93360

정 가   22,000원